古典文獻研究輯刊

二六編

潘美月・杜潔祥 主編

第 21 冊

印本流布與宋詩嬗變（中）

蘇勇強 著

國家圖書館出版品預行編目資料

印本流布與宋詩嬗變（中）／蘇勇強 著 ─ 初版 ─ 新北市：
花木蘭文化事業有限公司，2018〔民107〕
目 4+172 面；19×26 公分
（古典文獻研究輯刊 二六編；第 21 冊）
ISBN 978-986-485-365-6（精裝）
1. 版本學 2. 宋詩 3. 詩評
011.08   107001781

ISBN-978-986-485-365-6

9 789864 853656

古典文獻研究輯刊
二六編　第二一冊　　　　　　　ISBN：978-986-485-365-6

印本流布與宋詩嬗變（中）

作　　者　蘇勇強
主　　編　潘美月　杜潔祥
總 編 輯　杜潔祥
副總編輯　楊嘉樂
編　　輯　許郁翎、王筑　美術編輯　陳逸婷
企劃出版　北京大學文化資源研究中心
出　　版　花木蘭文化事業有限公司
發 行 人　高小娟
聯絡地址　235 新北市中和區中安街七二號十三樓
　　　　　電話：02-2923-1455／傳眞：02-2923-1452
網　　址　http://www.huamulan.tw 信箱 hml 810518@gmail.com
印　　刷　普羅文化出版廣告事業
初　　版　2018 年 3 月
全書字數　552926 字
定　　價　二六編 25 冊（精裝）新台幣 48,000 元　　版權所有·請勿翻印

印本流布與宋詩嬗變（中）

蘇勇強　著

目次

第三章　北宋印本傳播方式與渠道

　　南北兩宋三百年間，城市得到了超乎以往的發展。其中最直觀的證據，就是城市及其人口數量的增加。據史家考證，北宋人口一萬至十萬的城市應不會少於一百個，東京汴梁更是人口超過百萬的大城市。城市及其人口數量的增多自然就會帶來市井生活的繁榮，同時也帶來信息交換的頻繁。如此一來，城市繁榮自然包括滿街文字符號的遮掩映襯——店鋪區額、酒旆幌子、詞曲彈唱，當然也有抄紙印本隱現其間。《清明上河圖》裏獨輪車蓋著的苫布，隱約就是舊黨人家流散的大軸或書冊的草書殘片。由此，宋代既是個市井文化發達的社會，同時也是言語文字交往頻繁的社會，其城市發達的文化必有相當一部份要落實到日常接觸的紙本之上。

　　作為社會生活的文化呈現方式之一，宋代的紙本傳播及接受在範圍和效率方面，與唐代相比已有了很大的不同。一則是城市生活，擴大並改變了人們的交往時空與交往方式。文學，尤其是詩歌作為一種精緻的語言符號系統，社會禮儀的表現形式，更加成為人們「真善美」和諧交往的理想場域。二則是為了聽聞某些因時空錯位而失落的話語，印本開始在城市書坊裏大量出現，更有效率地承擔起傳播留存的責任。三則是印本的物質條件，政府可以有目的、有針對地向地方州學、境外國家頒賜、輸出有益政教的印本書籍。這樣的變化既與印本布施、售賣傳播的特點有關，又與宋代城市發展以後的社會士庶交往有較大關係。

第一節　唐代文本傳播

　　傳播的效力，除了人類自然的表達需要，有時候有可能還是某類強勢人物或者集體引導的潮流。這類人物有時是皇帝、文壇領袖，有時候也有可能是宗教領袖或其他行業出類拔萃的人，關鍵是當下的社會更推崇哪一類強勢人物。由此促成某種風氣醞釀，進而催生出一個時代的風貌。如果社會尊崇孔子、孟子這類學者領袖，那麼這個社會的風氣必然是尊重學問和教育的。相反，當皇帝的「飛白體」、「瘦金體」流行時，想必權力的空氣會更加濃厚些。「風氣」這玩藝雖不能清楚說明，但它作為多數人共同營構的精神場域確實存在。而且這樣的傳播落實，通常依賴某些具有傳播厚勢的人或地域。唐代王維以《鬱輪袍》見賞於公主，張說因《五君詠》得蘇頲稱譽於皇帝、詩友之間。中唐韓愈、柳宗元亦因京城的傳播優勢而為天下士人所知。由此可知，皇帝、重臣、京畿、重鎮等都是傳播的強勢之源。

　　由於傳播不僅涉及信息源、圖像文字、信息受體，還與載體、時空、頻率、運輸速度等諸多因素相關。因此，我們在談論某一時代的傳播時，必須要對所涉及的範圍進行設定，唐宋兩代就運輸速度、頻率、信息源及信息受體而言，相差不大，但是就載體和時空而言卻實在是有了變化。其中，最為重要的是宋代有龐大文人群體，活躍的城市商業以及印本參與的時代流行。事實上，傳播就其表面而言，或許只是一些語言與文字位移閱讀，然就本質而言則是人類生活活動的印跡留存，更高層面上它實現著人類精神和文化財富的動態傳遞。以唐代社會而言，印本盛行以前的文明動態傳遞主要包括以下形式：

一、口頭傳播

　　人類擁有語言起始，口頭傳播實是最古老便捷的人類文明傳播方式之一，除了語言和記憶之外，它無需其他外在的物質依賴。在關公由凡入聖的歷史過程中，民間的口頭傳播顯然更具殊勳。在眾多的三國人物中，關羽所以能脫穎而出，成為後世膜拜的武聖人，關公形象本身所具有的「忠義」以及民眾期待超人保佑、拯救的心理是其根本原因，口頭傳播則是其最普遍的方式。然而，這種傳播除了便捷，無媒介依賴以外，其劣勢在於口傳記憶所傳播的內容有限，難以保持持久恆定，而且也較難保證「點對點」多次傳播後依然準確無誤。後世關公形象與《三國志》史書中真實關羽的巨大差異，證實了口頭傳播必會不斷匯入傳播者的主觀理解和闡釋，並不能完整地留存

歷史上關羽的原貌。而且這樣的主觀理解匯入，若沒有回到文本印證，不能得到及時修正，只會是越傳越離奇，越邪乎。宋代前後的文學流傳，也多次證實了口頭傳播的局限。

唐代岑參《逢入京使》說道：「馬上相逢無紙筆，憑君傳語報平安」，描述了戍邊士人託人口頭傳遞私人信息的方式。試想，這樣有限的信息傳遞能夠傳播多少有價值的內容呢？傳話遊戲的經驗說明，千里之外，若能將「平安」兩字準確傳予親人已屬不易。故「九州之廣，萬民之眾，千歲之遠」，古之治天下者，憑藉《詩》《書》之文，就可以「歷世數十，作者非一」，做到「一道德，同風俗」（《曾鞏集》卷 11《新序目錄序》）。只是口傳內容「飄乎易散」的局限不足以承擔這些，惟有典籍紙本能夠以信息固化的方式廣泛傳播。借助媒介技術（包括文字與載體的複合構成），如果能以標準固化的方式傳播，信息傳遞的實效和準確性就能得到保障。而印本甚至剔除了作者的最後一種可見的痕跡——筆跡，更能將作者那種把個人情感和親身經歷，以出人意料方式組合起來的語言文字凝固在媒介之中，實現此前從未有過的穩定傳播。〔註1〕人類的智慧和技術，可以稱之為「載體延伸」，成就了人類真善美的表達與傳播，其必然延續成為人類某種文化的存在。久之，人們逐漸開始崇拜自己延伸出來的力量，乃至載體本身，典籍崇拜由此而來。

北宋陶穀曾有詩句：「尖簷帽子卑凡廝，短勒靴兒末厥兵。」其中「末厥」二字，是北宋初年的俗語，歐陽修在天聖、景祐年間已聽聞這兩句詩。此時距離陶穀生活的年代並不太遠，但是當時人皆莫曉其義。歐陽修由此慨歎道：「王原叔博學多聞，見稱於世，最為多識前言者，亦云不知為何說也。」既然口傳並不能將詩句完整意思流傳後世，歐陽修惟有「第記之必有知者耳」，希望後世有博學之人能夠解釋「末厥」的含義。此後，經由參與《資治通鑒》編撰的劉攽考證，認為「今人呼禿尾狗為厥尾，衣之短後者亦曰厥，故歐公記陶尚書詩語末厥兵，則此兵正謂末賊爾」（《中山詩話》）。類似情形屢見於唐宋筆記。例如，北宋龔鼎臣以為「世俗稱詩曰佳什，或曰見贈見寄之什」，實為口傳之誤。雖然「有以一篇為什者，似以什為詩之別名」，然「據《詩》大小《雅》、《周頌》，凡於其始則曰某詩之什，至其中則曰某詩之什若干篇以上也。《周禮》宮正會其什伍，先儒以五人為五，二五為什。惟《魯頌》亦曰《駉》之什，至其終以數不足，故曰《駉》四篇。然則詩一篇以上稱什可也。」（《東

〔註 1〕 朱剛：《二十世紀西方文論》，北京大學出版社 2006 年版，第 49 頁。

原錄》)這足以說明，謬誤傳播的確需要文本典籍才可以糾正。胡適說：「在中國則刻印書流行以後，寫本多被拋棄了……晚唐以後，刻印的書多了，古書有了定本，一般讀書人往往過信刻板書，校勘之學幾乎完全消滅了。」(《校勘學方法論》)〔註 2〕吳聿《觀林詩話》記載：「嘗見蘇軾手寫《會獵》詩云：『向不如皋閒射雉，人間何以得卿卿。』世所傳本乃作『不向如皋』。遂以為誤用如皋為地名，特未嘗見寫本耳」。「如皋射雉」，乃《左傳》昭公二十八年記載，春秋賈國賈大夫為討好妻子，到水邊高地張弓射雉的故事。至於與蘇軾「手寫本」相對應的「世所傳本」應是印本之謂。按蘇軾原有詩句，應是「如果不去水邊高地遊玩射雉，人間哪會有夫妻恩愛」。而印本錯謬之後，變為「不去江蘇如皋射雉，人間哪會有夫妻恩愛」。由此也說明，校正謬誤不僅需要各種抄本、印本的相互印證，更需要這些文本的留存傳播。

二、驛遞附帶文本（碑拓、抄本、印本）傳播

傳播學理論認為，信息傳播與接受若要彌合時間與空間的距離，必需要借助有效的傳播工具，實現載體的延伸。由此，唐宋文學傳播，除卻紙本文字，還有傳播方式和運載工具的考量。驛遞制度是唐代館驛制度的重要組成部份，它與文學作品的傳播有一定的關係。所謂「驛遞」是通過驛傳遞送，投遞的內容分為兩類：一是錢糧等各種官物、人員、各種賞賜或貢獻之物。二是公私文書。其中公私文書的投遞與唐代文學有較密切的聯繫。「與其他時代相比，唐代郵驛還有一個最為鮮明的特色：通過郵驛傳遞信息比歷代都有所擴大，除了傳遞中央與地方的公文之外，唐代在允許官員利用郵驛系統通信方面也有了突破，官員間通信不再被禁止，私信往來，彼此唱和基本上沒有障礙，官員利用外出的驛使捎帶書信成為合法行為。這在唐代前是不可想像的」〔註 3〕。唐代以前的書信，大都通過私人捎帶。《世說新語·任誕》記載，東晉殷洪喬為豫章太守。臨赴任，京城朋友託他捎帶書信有百多封。結果，他將信全部投入水中，並祝曰：「沉者自沉，浮者自浮，殷洪喬不能作致書郵。」

通常，唐代的文書投遞又分三種：一曰因便使；二曰遣差官；三曰交郵驛。因便使，即是委託地方入京的使客或來自京城的驛夫，順帶投遞。緊急

〔註 2〕 胡適：《胡適學術代表作》下卷，嚴雲受主編，安徽教育出版社 2007 年版，第 173 頁。
〔註 3〕 田新華：《唐詩與郵驛傳播之關係》，2012 年第 1 期《新聞傳播》，第 87 頁。

文書往往是派遣專門差官投遞。而「交郵驛」，則是正常通過郵驛投遞。〔註4〕按唐代法律規定：「乘傳凡四驛，乘驛日六驛。」（《資治通鑑》卷203）以唐代三十里置一驛計算，當時乘車驛遞每天行走是120里，乘馬則是每天180里。以借助驛遞而言，唐代普通文本不太可能借助一天進程在120里至500里範圍內的「飛驛」〔註5〕傳播，更可能是進程遲緩的常規郵驛（或託驛使捎帶）。

至於當時驛使普通傳遞的速度和效率，唐人有「久客多枉友朋書，素書一月凡一束」〔註6〕的詩句，似乎要證實作者一個月就可以接到朋友的一封書信。然而，白居易《渭村酬李二十見寄》卻說：「百里音書何太遲？暮秋把得暮春詩。」而杜牧《旅宿》則說：「遠夢歸侵曉，家書到隔年。」原來每月一封的書信，其傳遞時間既可以「從暮秋到暮春」，也可以隔年才來一封。這說明，驛使傳遞私人書信既沒有官方公文的法律強制要求，速度和效率又受到距離、戰亂、氣候、道路條件、人力馬匹等多種因素的制約，所以時間長短並不能一概固定。

在私人書信往復寄送的範例中，元稹、白居易無疑是唐代文人中的典型。元稹《酬東川李相公十六韻》詩箋裏有一段話：「稹啟：今月十二日，州吏回，伏受相公書，示知小生所獻《和慈竹》等詩，關達鑒覽，不蒙罪退。而又賜詩一十韻，並首序一百二十三言，廢名位之常數，比朋友以字之。」《酬樂天東南行詩一百韻》序云：「元和十年三月二十五日，予司馬通州，二十九日與樂天於鄠東蒲池村別，各賦一絕。到通州後，予又寄一篇，尋而樂天既予八首。予時瘴病將死，一見外不復記憶。十三年，予以赦書當遷，簡省書籍，得是八篇。吟歎方極，適崔果州使至，為予致樂天去年十二月二日書。書中寄予百韻至兩韻凡二十四章，屬李景信校書自忠州訪予，連床遞飲之間，悲咤使酒，不三兩日，盡和去年已來三十二章皆畢，李生視草而去。四月十三日，予手寫為上、下卷，仍依次重用本韻，亦不知何時得見樂天，因人或寄去。通之人莫可與言詩者，唯妻淑在旁知狀。」兩篇序文中，元稹一再強調了自己身處貶謫之地無人可以相與言詩，所以他才多次託朋友捎帶或驛吏郵寄詩稿給遠方的白居易。長慶中，白居易在杭州與浙東元稹的詩文唱和主要就是通過這兩種方式進行，其文本傳遞多以卷摺或卷軸的形式寄送。

〔註4〕 李德輝：《唐代交通與文學》第4章，湖南人民出版社2003年版，第176頁。
〔註5〕 鄧沛：《唐代「飛驛」制度說略》，1999年第4期《文史雜誌》第67頁。
〔註6〕 《全唐詩》卷223《暮秋枉裴道州手箚，率爾遣興，寄近呈蘇渙侍御》，第2386頁。

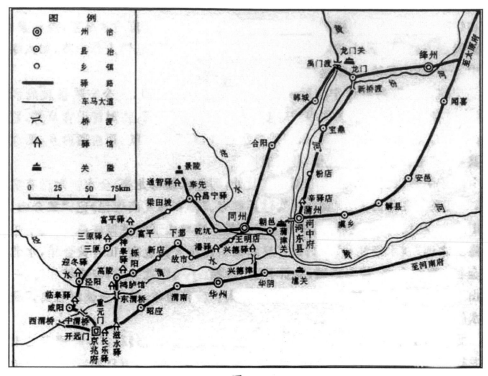

圖 14

　　《唐語林》載：「白居易，長慶二年以中書舍人爲杭州刺史，替嚴員外休
復。休復有時名，居易喜爲之代。時吳興守錢徽、吳郡守李穰，皆文學士，
悉生平舊友，日以詩酒寄興。官妓高玲瓏、謝好好巧於應對，善歌舞。從元
稹會稽，參其酬唱。每以筒竹，盛詩來往。」〔註7〕這在兩人的詩裏，亦多有
記載。白居易《秋寄微之二十韻》載：「忙多對酒饌，興少閱詩筒。」白居易
自注云：「比在杭州兩浙，唱和詩贈答於筒中遞來往。」《醉封詩筒寄微之》
云：「爲向兩州郵吏道，莫辭來去遞詩筒。」這裡所謂「詩筒」者，乃是一種
用於貯傳詩文的竹筒。唐代詩人常常用竹筒作爲郵寄詩歌詩卷的外包裝，他
們稱之爲「詩筒」〔註8〕。錢起受贈此筒，賦詩曰：「楚竹青玉潤，從來湘水
陰。緘書取直節，君子知虛心」（《裴侍郎湘川回以青竹筒相遺因而贈之》）。由此可知，

〔註7〕　（宋）王讜：《唐語林》，上海古籍出版社 1978 年版，第 54 頁。
〔註8〕　河北大學吳淑玲認爲，「詩板是唐人喜好唐詩並助其傳播的寫照，詩筒是遠距
　　　　離的詩人實現詩歌交流的重要傳播憑藉物，詩屏是當時製造唐詩傳播轟動效
　　　　應的重要方式，詩碑是唐人渴望傳名永遠的傳播心理的寫照。這些傳播的憑
　　　　藉物，都爲唐詩的當時傳播做出過重要貢獻。」詳見吳淑玲：《詩板、詩筒、
　　　　詩屏和詩碑》，中華書局《文史知識》2008 年第 7 期，第？頁。

既是竹筒貯傳，卷軸就應是唐宋文學郵驛傳遞的常態。由宋入元的韋居安，回憶咸淳初年，詩友詹夢璧曾與自己唱和，詩筒往來不輟（《梅磵詩話》卷中）。這樣的常態，決定了那時詩歌的傳播與影響往往是以年月衡量的，而非以日期計算。

《淳熙秘閣續帖》中，有一封白居易給劉禹錫的信件載曰：

　　　　冬候斗寒，不審動止何似？居易蒙免。韋楊子遞中、李宗直、
　　陳清等至，連奉三問，並慰馳心。洛下今年旱損至甚，蠲放太半，
　　經費不充，見議停減料錢。……居易再拜，夢得閣下。十一月日，
　　謹空。

根據書信可知以下內容：（1）在此之前，白居易收到過劉禹錫三封信。這是對第三封信的回覆，由白居易託來使李宗直帶回蘇州給劉禹錫。當時劉禹錫為蘇州刺史，而白居易為河南尹。（2）當時李宗直帶著劉禹錫所寫的祭文等物，到洛陽參加崔群的葬禮。崔群做過宰相，是劉、白二人的朋友，卒於大和六年八月初一日，同年十月二十四日安葬。葬禮完畢，李宗直才趕到，在洛陽沒停留多久就趕回了蘇州。這封信是同年十一月，白居易寫好交給李宗直的。（3）李宗直來的時候，攜有劉禹錫對崔群的祭文和對元稹的哀辭。（4）李宗直回去的時候，帶有白居易給劉禹錫看的《祭崔群文》和元稹墓誌。

這裡值得關注的是，信裏有「韋楊子」、「遞中」兩個詞。在《淳熙秘閣法帖》中又有白居易《與運使郎中狀》一文，其中有「運使郎中」一人。按顧學頡的考證，認為「楊子」，指楊子院，是當時漕運鹽鐵設置在楊子（今揚州）的分支機構。韋，是楊子院的主管官員，稱為韋楊子。顧學頡認為這個「韋楊子」極有可能就是韋應物。「遞中」指楊子院遞送到河南府的公文中，附有劉禹錫給白居易的信件（當係劉從蘇州委託韋楊子轉送的），此為公文中附帶寄私人信件。〔註9〕此前，劉禹錫曾經委託韋應物在公文中附帶一封致白居易的信，由是，白居易在前兩次覆信中曾經就此回覆劉禹錫，順便附了《與運使郎中狀》一文，其中略表問候。此狀的寫作時間在前面第三封信之前。

從以上事實分析，我們知道在白居易、劉禹錫、韋應物之間，曾經頻繁地利用友人攜帶、官家公文郵遞途徑來傳達私人的信件和詩文。柳宗元晚年貶謫柳州，曾有信委託劉禹錫在其死後編輯文集，以便將來保存流傳。我們

〔註9〕顧學頡：《白居易所書詩書誌石刻考釋》，《文物》1979年第8期，第57～64頁。

由此可以推測，以柳宗元身居柳州刺史，劉禹錫爲連州刺史，兩地相距甚遠。柳宗元既然委託劉禹錫整理詩文，必然要通過郵遞不斷將自己詩文稿件以竹簡方式寄給對方，這才有柳宗元作品的結集留存。傳播多以卷軸、經摺的形式抄本存在，也少有後來的集本樣式。這種傳播方式，一直延續到宋代。歐陽修等人依然是通過託人轉送、官方驛遞，向友人傳送詩稿著作。

慶曆六年，歐陽修《與梅聖俞書》：

> 某啓：貶所僻遠，特煩遣人至此，並得陳留書新集詩、見寄詩、見和詩外，雜詩一卷、碑文數本、《千字文》等，豈勝慰喜。……《遊山六詠》等，即欲更立一石，不惜早見寄也。詩序謹如命附去，蓋述大手作者之美，難爲言，不知稱意否？其他事，谷正在此數日，備見所爲，可知居此之況，不煩述也……（《歐陽文忠公集》卷149）

嘉祐五年，歐陽修《與王郎中書》：

> 某啓：辱見諭。碑文及拙詩，續當遞中奉寄。蓋以《唐書》甫了，初謂遂得休息，而卻送本局寫印本，一字之誤，遂傳四方，以此須自校對。其勞苦牽迫，甚於書未成時，由是未遑及他事。以屢失信於長者，不避忉忉。承首塗有日，旦夕當詣謁。人還且此，不能盡所懷。（《歐陽文忠公集》卷147）

前一封書信，說明梅聖俞在歐陽修貶謫期間，曾託人將詩稿、碑文、《千字文》等物送給歐陽修。後一封書信則說明歐陽修將碑文、詩稿以郵遞的方式寄送對方。北宋鄭獬記錄僧文瑩曾送一巨軸歌詩給自己。「及茲北歸，……行之凡三日，累一百七十里乃盡，因得馬上盡觀瑩師之詩，得其佳句，則必回覆而長吟」（《鄖溪集》卷14《文瑩師詩集序》）。鄭獬用了三天時間，馬上閱讀這樣的巨軸詩抄，可以知道從抄寫到傳播，閱讀的範圍和效率有限。

此外，我們還要注意到此類文本流傳中，還有一個特殊的現象，就是「圍繞主體文本的群體創作和流傳效應」。所謂「圍繞主體」，就是說傳播過程中，眾多文本圍繞某一主要文本或某一事件創作。至於群體創作，既有同時代有意識助瀾之作，亦有異代繼承改編之作。眾多文本流傳共同推動了文學故事或意象主題的影響。元稹當年創作《鶯鶯傳》，而「李紳楊巨源輩既各賦詩以張之，稹又早有詩名，後秉節鉞，故世人仍多樂道」。後續作者圍繞這一故事，又有「宋趙德麟已取其事作《商調蝶戀花》十闋（《侯鯖錄》），金則有董解元《絃索西廂》，元則有王實甫《西廂記》，關漢卿《續西廂記》，明則有李日華《南

西廂記》，陸采《南西廂記》等，其他曰《竟》曰《翻》曰《後》曰《續》者尤繁，至今尚或稱道其事」〔註10〕。類似此種情況，白居易有《長恨歌》，其友陳鴻便作《長恨歌傳》。李朝威既有《柳毅傳》傳世，「金人已取其事爲雜劇（語見董解元《絃索西廂》中），元代尚仲賢則作《柳毅傳書》，翻案而爲《張生煮海》，清李漁又折衷之而成《蜃中樓》」〔註11〕。由此可知，無論是故事的繼承，還是意象的借用，此類近似「互文」的創作與傳播，加深了社會大眾對於某一故事情節的認識，同時也構成了唐宋文本傳播中的特殊現象。

三、售賣、布施等文本傳播方式

在印刷術發明之前，抄寫的書籍、文本就以售賣、布施、贈送等方式傳播。東漢王充年輕時到洛陽，曾經到街頭書肆購買書籍，說明早在印本書籍之前，抄寫的書籍同樣有商品買賣交易。以吳彩鸞抄寫《唐韻》之勤，至黃庭堅時代還存有六本的證據，也說明當時抄書確是吳彩鸞安身立命的根本（《跋張持義所藏吳彩鸞唐韻》）。此外，寺院爲了達到弘揚佛法之目的，也專門雇有寫經手抄寫經文，或售賣或布施贈送給信眾。如敦煌有一卷《妙法蓮華經》寫卷，抄寫的工價就有注明。〔註12〕又如，《法苑珠林》（卷71）載：「唐龍朔三年（663），劉公信妻陳氏母先亡，有一經生將一部新寫《法華》，未裝潢，向趙師子處質二百錢。此經向直一千錢，陳夫將四百錢贖得，裝潢周訖，在家爲母供養。」同樣，《法苑珠林》（卷113）引《梁高僧傳》也載：「宋京師瓦官寺有釋慧果，得錢三千文，爲造《法華》一部。」另，《魏書・劉芳傳》又載：「北徙爲平齊民。芳常爲諸僧傭寫經論，筆跡稱善，捲入以一縑，歲中能入百餘匹，如此數十年，賴以頗振。」〔註13〕一旦紙本有了售賣、布施、贈送的需求，就有了重複抄本的可能，也就有了母本和子本的差異。因爲抄寫者的原因，子本的內容和母本就難免出現訛誤錯漏，乃至於有一訛再訛、一誤再誤等問題。

〔註10〕魯迅：《魯迅全集》第9冊《中國小說史略》，人民文學出版社2005年版，第86頁。

〔註11〕同上，第89頁。

〔註12〕GDCM《妙法蓮華經》卷尾題識，見《敦煌寶藏》，第1冊，新984號。寫經工價，臺靜農《談寫經生》，《大陸雜誌》第1卷，1950年11月15日，第九期。

〔註13〕王仲犖：《金泥玉屑叢考》，中華書局1998年8月版，第90頁。

元稹《白氏長慶集序》中說道：「至於繕寫模勒，衒賣於市井，或持之以交酒茗者，處處皆是（小注云：揚、越間多作書模勒樂天及予雜詩，賣於市肆之中也）。其甚者，有至於盜竊名姓，茍求自售，雜亂間廁，無可奈何！」〔註 14〕從營利的角度看，雕印所形成的大量複製品的確可以更多地獲利。但是，以「持之以交酒茗」、「衒賣於市井」的描述，並不需要雕板印刷，僅憑抄寫就可以成其狀貌。故有人說這是在描述中唐印本售賣的情況，而我卻認爲這是白居易詩抄本作品售賣的情況。

證據之一，白居易晚年將自己的集子抄寫五份，分別放在寺院，或由子孫等收藏。白居易《白氏長慶集後序》云：

> 白氏前著《長慶集》五十卷，元微之爲《序》；《後集》二十卷，自爲《序》；今又續後集五卷，自爲記：前後七十五卷，詩筆大小凡三千八百四十首。集有五本：一本在盧山東林寺經藏院，一本在蘇州南禪寺經藏內，一本在東都勝善寺鉢塔院律庫樓，一本付侄龜郎，一本付外孫談閣童。各藏於家，傳於後。其日本、暹羅諸國及兩京人家傳寫者，不在此記。又有《元白唱和因繼集》共十七卷、《劉白唱和集》五卷、《洛下遊賞宴集》十卷，其文盡在大集內錄出，別行於時。若集內無而假名流傳者，皆謬爲耳。會昌五年夏五月一日，樂天重記。〔註15〕

值得注意的是，序文中白居易提到當時日本、暹羅諸國，以及長安、洛陽人家傳寫其集本的情況，然而並未敘及刻印之事。白居易《劉白唱和集解》又云：「彭城劉夢得，詩豪者也，……。一二年來，日尋筆硯，同和贈答，不覺滋多。至大和三年春已前，紙墨所存者，凡一百三十八首。……因命小侄龜兒編錄，勒成兩卷，仍寫二本：一本付龜兒，一授夢得小兒侖郎，各令收藏，附兩家集。」〔註 16〕以白居易晚年的地位和財力，若刻印自己如此重要的文集，應該不算難事。故費力抄寫五本的理由或許是沒有印刷，又或者個人文集不需要大量傳播社會民眾，印刷手段壓根沒有進入白居易的考慮範圍。

第二個證據來自五代孫光憲。據孫光憲所記，「白少傅居易，文章冠世，不躋大位」。劉禹錫和李德裕分司東都洛陽時，「禹錫謁於德裕曰：『近曾得白居易文集否？』德裕曰：『累有相示，別令收貯，然未一披，今日爲吾子覽之。』及取看，盈其箱笥，沒於塵坌，既啓之而復卷之，謂禹錫曰：『吾於此人，不

〔註 14〕 （唐）元稹：《元稹集》卷 51，中華書局 1982 年 8 月版，第 555 頁。
〔註 15〕 （唐）白居易：《白居易集》，中華書局 1979 年 10 月版，第 1553 頁。
〔註 16〕 （唐）白居易：《白居易集》，中華書局 1979 年 10 月版，第 1452 頁。

足久矣，其文章精絕，何必覽焉！但恐迴吾之心，所以不欲見覽。』其見抑也如此。衣冠之士，並皆忌之」（《北夢瑣言》卷 1）〔註 17〕。李德裕所得白居易文集，乃是無數單篇抄紙「盈其箱笥」。

　　第三個證據是，傅增湘先生發現宋版《元微之集》「模勒」二字作「模寫」〔註 18〕；而北宋名妓添蘇因喜愛魏野詩歌，請求善書者「大署其詩於堂壁，衒鬻於人」（文瑩《續湘山野錄》）的記載。可見，至少宋代社會「衒鬻」的單篇詩歌應是抄寫，而非印刷。既然善書者可以「署其詩於堂壁，衒鬻於人」，那麼《白氏長慶集》「繕寫模勒，衒賣於市井」的記載，更有可能是唐代「善書者」抄寫售賣白居易文集的情形描述。

　　此外，據敦煌印本現今留存情況，以當時的印刷技術，印行單篇文章較有可能，然要印刷整部文集，則不太現實。而元稹在序中小注也明確說是「揚、越間多作書模勒樂天及予雜詩，賣於市肆之中」，所謂「作書模勒」，自然是指「手抄模仿」。由此可證，當時未曾有印刷白居易集的跡象，至於單篇元稹、白居易的雜詩更無雕板印刷的必要。因爲從時間和成本上權衡，墨筆一揮即可傳播閱讀，所以元白詩歌的流傳方式主要靠繕寫傳抄與售賣。

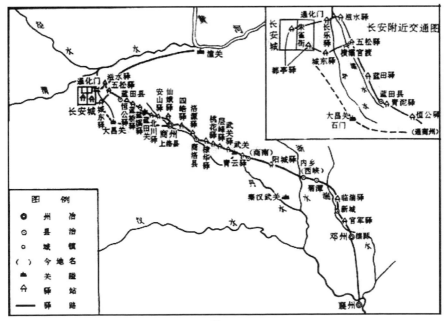

圖 15

〔註 17〕　吳文治：《宋詩話全編》第 1 冊，鳳凰出版社 1998 年版，第 2 頁。
〔註 18〕　《國立北平圖書館館刊》第 4 卷第 4 號，1930 年版。

四、官廳壁、驛亭壁柱題字等相對固定的文本傳播方式

關於固定文本的傳播方式，首先要談談較爲特殊的案例。據宋代黃休復記載，「唐末，蜀州青城縣味江山人唐求，至性純愨，篤好雅道，放曠疏逸，……或吟或詠，有所得則將稿撚爲丸，內於大瓢中，二十餘年莫知其數，亦不復吟詠。其贈送寄別之詩布於人口。暮年因臥病，索瓢致於江中，曰：『斯文苟不沉沒於水，後之人得者，方知我苦心耳。』漂至新渠江口，有識者云：『唐山人詩瓢也。』探得之，已遭漂潤損壞，十得其二三，凡三十餘篇行於世」（《茅亭客話》卷 3《味江山人》）〔註 19〕。這是唐代一種不追求時效、名利，較爲特異的傳播方式。它既不同於流動的郵驛，又區別於官廳壁柱的固定傳播，而與今天的所謂「漂流瓶」相類似。其橫亙在紙卷郵驛與壁柱之間，雖不得彰顯，仍然展現了唐人對於文本傳播的積極嘗試與選擇。

事實上，唐代最爲典型的文本傳播應該是官廳、驛亭壁柱留字傳播。官廳壁留字的傳播方式是舊任官員將自己任期的事蹟、體會、經驗以及詩文等寫於官廳牆壁之上，以便繼任官員及旁人知曉。韓愈《徐、泗、豪三州節度掌書記廳石記》載曰：「愈樂是賓主之相得也，故請刻石以記之，而陷置於壁間，俾來者得以覽觀焉。」孫樵《書褒城驛壁》一文，「書於褒城驛屋壁」。而驛站驛亭留詩留字的傳播方式，則是古人將自己的文字留於驛站或驛亭的牆壁、廊柱之上，以便友人或往來的旅客觀瞻傳播。「因爲郵驛的功能除了各種信息的傳播之外，其提供食宿等的服務也促使士子能更好地流動及出行。……大唐，國家空前統一，經濟繁榮，交通發達，政治清明，使『致君堯舜』成爲那個時代文人們的最大理想。於是經過數載的寒窗苦讀，或出行遊學，或入京趕考，或從軍戍邊，這促使旅行成爲其生活中的重要內容，因此與驛站結下不解之緣，從而出現了大批與郵驛有關的詩歌」〔註 20〕。白居易與元稹就曾有一段亭柱留詩的佳話。

元和十年（815），元稹自唐州奉召還京，春風得意，道經藍橋驛，在驛亭壁上留下一首《留呈夢得、子厚、致用》的七律。八個月後，白居易自長安貶江州，經過此處，讀到了元稹這首律詩，由此留下《藍橋驛見元九詩》。詩曰：「藍橋春雪君歸日，秦嶺秋風我去時。每到驛亭先下馬，循牆繞柱覓君詩。」從詩中可知，自打藍橋驛見到友人題詩之後，白居易打算此後沿途但凡見到

〔註19〕吳文治：《宋詩話全編》第 1 冊，鳳凰出版社 1998 年版，第 62 頁。
〔註20〕田新華：《唐詩與郵驛傳播之關係》，《新聞傳播》2012 年第 1 期，第 87 頁。

驛亭，都要下馬查找元稹的題詩。（宋）李覯由此評價說：「元和辭人白樂天輩咸有詠歌，粲於屋壁」（《旴江集》卷 23《麻姑山重修三清殿記》）。當時的詩文，就在這種類似於今天「留言欄」的方式中得以傳播。

　　唐宋社會構造傳播媒介的技術能力沒有根本性的變化，此類傳播方式也就一直延續到宋代。姚寬《西溪叢語》（卷上）載：「襄漢隱者躬耕數畝，因古冢為亭，往來題詩甚富。一日，柱間得一絕，相傳呂公作也：『冢上為亭鬼莫嗔，冢頭人即冢中人。憑欄莫起存亡意，除卻虛空總是塵。』」；《湘山野錄》（卷上）載曰：「『平林漠漠煙如織，寒山一帶傷心碧。暝色入高樓，有人樓上愁。玉梯空竚立，宿鴈歸飛急。何處是歸程，長亭連短亭。』止此詞不知何人寫在鼎州滄水驛樓，復不知何人所撰。魏道輔泰〔註 21〕然見而愛之。後至長沙，得古集於子宣內翰家，乃知李白所作。」；莊綽《雞肋編》（卷上）也記載：「鄭州去京師兩程，當川陝驛路，有紀事詩十餘韻」。行旅之人在驛站旅館留下詩文詞句，讓往來之人觀瞻並傳散開去。此種傳播方式雖然傳統低效，但是卻為唐宋兩代文人廣泛採用。

　　關於亭壁題字的傳播，宋代可資證明的事例還有很多。黃庭堅貶謫宜州，路過湖南零陵，於　野寺壁間親筆題詩一首。待南宋楊萬里為零陵丞，肩輿過寺，僅錄下一聯云：「春將國豔薰花骨，日借黃金縷水紋」（《誠齋詩話》）。此詩在黃庭堅詩集中並無記載，全靠題壁傳播。黃庭堅這樣的題字，《雞肋編》（卷中）又載：「全州興安縣（今屬廣西桂林市）石灰鋪，有陶弼商公詩云：『馬度嚴關口，生歸喜復嗟。天文離捲舌，人影背含沙。江勢一兩曲，梅梢三四花。登高休問路，雲下是吾家。』魯直題其後云：『修水黃庭堅竄宜州，少休於此。觀商公五言，歡賞久之。崇寧三年五月癸酉〔註22〕，南風小雨。』至紹興中，字墨猶存。」這裡值得關注的是黃庭堅題字的時間——崇寧三年五月初一。南宋周必大《周文忠公集》卷 51《跋曾無疑所藏黃魯直晚年帖》記載：「右友人曾無疑所藏太史黃公帖，其前一幅崇寧癸未公寓武昌，竄宜州，十二月赴

────────────

〔註21〕　魏泰，字道輔，晚號臨漢隱居，襄陽人。生活在宋神宗、哲宗、徽宗時期，
　　　　著有《東軒筆錄》，記載北宋太祖至神宗六朝舊事的筆記。

〔註22〕　黃庭堅《跋自書懶瓚和尚歌後》載：「（崇寧三年）四月辛未，余將發清湘矣。」
　　　　以天干地支記日期，四月「辛未」距離五月「癸酉」僅隔兩天。可推算，四
　　　　月辛未有可能是二十九或三十日，那麼五月癸酉有可能是初一、初二。據陳
　　　　垣《二十四史朔閏表》載，崇寧三年五月癸酉，乃是五月初一。錢大昕《宋
　　　　遼金元四史朔閏考》亦證如是。

貶時留與黃州何頡斯舉者。明年二月南過洞庭，寄家永州。五月初道由桂林，題名於行勵太師榕水閣。是月十八日至宜，有貰黎秀才宅子手約，今刻石秀峰帖中。」按此記載，崇寧三年五月十八日黃庭堅已到宜州。桂林距離宜州二百五十公里左右，黃庭堅五月在桂林治下的興安題字，又按宋人每天趕路步行的里程，兩周時間到達總是合理的。從興安至桂林，再到宜州，總共就十八天時間，這說明黃庭堅並沒有在桂林一帶逗留太久。原因或是朝廷貶斥元祐黨人的詔令已頒布全國，桂林當時的政治環境已不適合久留。〔註23〕黃庭堅《與德久帖》有「五月初三日，桂州見陸海，問知侍郎臺候甚康健，開慰無量。……冒暑，今日方至桂府，一二日即行，他日可時通書耳。千萬爲親自重」〔註24〕的記載。一則證明黃庭堅是五月初三抵達桂林；二則如果「桂府」確指桂林，那麼極有可能黃庭堅在桂林僅停留二、三日即趕往宜州貶所。此係孤證，存疑。

周煇《清波雜志》（卷10）載有《客舍留題》曰：「郵亭客舍，當午炊暮宿，弛擔小留次，觀壁間題字，或得親舊姓字，寫塗路艱辛之狀，篇什有可採者。其筆劃柔弱，語言哀怨，皆好事者戲爲婦人女子之作。頃於常山道上得一詩：『迢遞投前店，颼飀守破窗。一燈明復暗，顧影不成雙。』後書『女郎張惠卿』。迨回程，和已滿壁。衢、信間驛名夗溪，謂其水作三道來，作『夗』字形。鮑娘有詩云：『溪驛舊名夗，煙光滿翠嵐。須知今夜好，宿處是江南。』後蔣穎叔和之云：『盡日行荒迥，全家出瘴嵐。鮑娘詩句好，今夜宿江南。』穎叔豈固欲和婦人女子之詩，特北歸讀此句，有當於心，戲次其韻以誌喜耳。煇頃隨侍赴官上饒，舟行至釣臺，敬謁祠下，詩板留題，莫知其數。劉武僖自柯山赴召，亦記歲月於仰高亭上，末云『侍兒意眞代書』。後有人題云：『一入侯門海樣深，謾留名字惱行人。夜來髣髴高唐夢，猶恐行雲意未眞』」。這些詩歌既傳達了情感，又在字裏給讀者留下了審美想像的空間。假如將現今街市那些看似押韻的標語、口號與這些亭壁題詩比較，尷尬嘲笑之餘，或許便會慨歎至少在漢語的審美使用上，目下的「華夏文明」、「文學修養」並不

〔註23〕 淩鴻勳《桂林山水》記載桂林七星岩龍隱洞，「又有最惹人注目之元祐黨籍碑。徽宗時蔡京以司馬光等三百零九人爲奸黨，刊之於石，事隔數百年，其中蘇軾呂大防范純仁等名字尚多可辨。」詳見 1937 年 5 月版《旅行雜誌》第 11 卷第 5 期。

〔註24〕 《宜州家乘》載：「四月初三日庚午，晴。……鄒德久及稅各寄詩來，皆可觀。」按：鄒德久應該是在永州，負責關照黃庭堅子侄學業。

能比肩唐宋古人。在這個白話功利流行的年代，我們失去的文化與傳統，絕不僅僅是那些格律嚴謹的詩歌，而是文化的內在魂魄。因為本應傳承的人已失去了文化的魂魄，裝模作樣的結果終究是貽笑大方。

　　從上述所列舉的事例，我們看到北宋的某些詩歌就是在這樣的情形之下得以傳播，只是這樣的傳播方式相對固化，缺乏靈活性。因為文本本身並沒有空間的位移，而全靠閱讀者的閱讀、移動、交流來進行文本內容的傳播，其準確性和有效性不一定得到保證。嚴格意義上說，這還算不上是典型意義上的宋代文本傳播方式。西方學者伊尼斯說：

　　　　由於媒介的不同，根據不同傳播媒介的特徵，某種媒介可能更加適合知識在時間上的縱向傳播，而不是適合知識在空間中的橫向傳播，尤其是該媒介笨重而耐久，不適合運輸的時候；它也可能更加適合知識在空間中的橫向傳播，而不是適合知識在時間上的縱向傳播，尤其是該媒介輕巧而便於運輸的時候。……（《傳播的偏向·序言》）

如此說來，惟有紙張文本是那種適合知識在空間中橫向傳播的媒介。因此，我們這裡所講的文本傳播，是指紙張文本作為傳播主體進行傳播的傳播方式。也就是說，此種文本本身要進行移動流通，文本通過某種方式傳遞到讀者手中，由讀者閱讀而最終達到其傳播的目的。

　　唐代的文學作品傳遞除了少量拓本之外，多為手抄的作品，即便是旁人不說，我們也可估計到手抄本的傳播，其範圍實為有限。其傳播方式多為「點對點」式的，即一個手抄文本針對某一特定的傳播對象，或一個文本以時間和空間跨越為代價，實現「擊鼓傳花」式的線性傳播。類似這樣的傳播，在其抄寫之初，傳播對象多半就已經確定了。即便是像佛經那樣的抄寫文本，沒有事先約定其所傳播的對象，其傳播的範圍也往往受到當時抄寫能力的限制。這也就是說，在抄本時代，無論是經濟刺激、宗教虔誠，還是政治鼓動，文本要做到「點對面」的傳播確有相當的難度。

第二節　宋代文本傳播方式

　　按英國學者摩里士的標準，除了能量取用，人力和物力的組織能力之外，處理並傳達數量龐大的信息也是社會進步的重要衡量指標。〔註25〕隨著印本

〔註25〕〔英〕伊安·摩里士：《西方憑什麼》，臺北雅言文化有限公司 2015 年版，第 123 頁。

時代的來臨，宋代顯然已經在信息處理與傳播能力上達到了前所未有的水平，這可以從唐宋處理與傳播信息的時間和效率對比中得到驗證。回到我們所關注的文學研究，這種由傳播變化帶來的影響也顯而易見。

隨著雕版技術的普及，宋代文學作品的形式已經有了很大的變化。因為這裡邊已有相當部份是刊刻作品，從成本與傳播效能計算，原來元稹、白居易等人往來傳遞的單篇抄紙手卷（卷軸、經摺裝），如今已悄然變成了成冊頁（蝴蝶裝、包背裝）多寡的詩文集本，使得文學集本傳播成為可能。更為重要的變化，在於印本出現與網絡類似，其增廣識字及民眾日常接觸文字作品的機率大幅增加。由此，社會人群受到文字薰陶和教育的時間也相應增多了。此外，雖然唐代的文本傳播方式在宋代依然沿用，但是由於商業的介入與運作，利益驅使下的社會開始將印本納入自己特別關注的範疇，吸引更多的學者、工匠、商販投身其中。由此，印刷文本生產、傳播的效率和速度明顯優於抄本。與此同時，書籍閱讀、傳播的範圍和社會普及層面也大大地拓展了。當然，宋代所獲得的傳播優勢源於單位數量上的變化，而非質的變化。譬如北宋末年，市面街衢流布荊公詩集印本甚多。有印本《試院中》詩云「白髮無聊病更侵，移床向竹臥秋陰。」吏部官員許子禮自云見過王安石的眞本，而荊公眞本「不云『向竹臥秋陰』，卻云『臥竹向秋陰』」。另有印本《定林》詩云「定林修木老參天，橫貫東南一道泉。五月杖藜尋石路，午陰多處弄潺湲」。眞本「不云『修木』云『喬木』，不云『石路』云『去路』，不云『弄潺湲』云『聽潺湲』」。兩首詩的眞本「皆與印本不同」（《艇齋詩話》）。《王安石詩集》流傳至今，「移床向竹臥秋陰」已改回「移床臥竹向秋陰」，而《定林》詩既不是「修木」，也非「喬木」，而是「青木」。反而是「五月杖藜」改成了「六月」。顯然，這樣的詩歌竄改並不是符合作者的原意，但是印本流傳的能量卻不容小覷。

事實上，無論採用怎樣的傳播方式，影響傳播的因素只有兩個：一是時間，一是空間。最好的傳播，其實是用最短的時間，遍達最大空間範圍的傳播。但是，文學傳播更看重效果，即影響讀者，引發新一輪創作或文學現象的效力要求。至於載體選擇（金石竹木、紙張等）、運行模式（商業或小農自足）、傳播方式（內容或止於終端，內容或沒有眞正意義的終端，一直處在流通過程中）都是在單位時間和空間內實現傳播的諸多要素構成。

一、宋代驛遞的傳播效率

如果單單考慮傳播流布空間的硬體條件，唐宋兩代並無根本不同。與唐代相比，驛遞同樣也是宋代文本傳播的重要方式之一。沈括《夢溪筆談》(卷11) 曾談到，宋代的「驛傳舊有三等，曰步遞、馬遞、急腳遞。急腳遞最遽，日行四百里，唯軍興則用之。熙寧中，又有『金字牌急腳遞』，如古之『羽檄』也，以木牌朱漆黃金字，光明眩目，過如飛電，望之者無不避路，日行五百餘里，有軍前機速處分，則自御前發下三省，樞密院莫得與也。」

羅願《新安志》(卷1) 載：「五代以來，天下郵傳皆役平民。建隆二年，始命以軍人代之。六縣省遞三十五鋪，每鋪十人。歙休寧祁門黟則又有斥候三十八鋪。每鋪八人，凡六百五十四人。」同樣，清代臺灣《鳳山縣志》延續這一說法，認爲「鋪兵之設，所以傳遞公文。始於宋之建隆間，沿至於今，罔有易焉。內地十里爲一鋪，鋪各有兵，仍舊制也。邑自建置以來，有縣治必有文移之往來，有文移必有飛遞之供役」〔註26〕。根據《長編》(卷366) 記載，元祐元年二月，右司諫蘇轍曾言當時「遞鋪文字，事干軍機及非常盜賊，急腳遞日行四百里，馬遞日行三百里，違二日者止徒一年。」

關於宋代驛站傳遞文本，《湘山野錄》(卷下) 記載：

> 熙寧丙辰歲，交賊寇邕，郡倅唐著作子正盡室遇害。唐，桂州人，治平中赴京調舉，至全州，中途欲僦一僕，得一肩夫，乃遊袁州日所役舊奴也。挈重擔勁若健羽，雖鞭馬疾追，長先百步之外。恐他逸，遂遣之。其僕當日全州至唐州，凡二千七百餘里，日午已到，留書祝驛吏曰：「候桂州唐秀才至，即付之。」君後月餘方到，唐下馬於驛，驛吏前曰：「君非桂州唐秀才否？一月前，有人留一書在此。」因出示之。書面云：「呈桂州唐秀才，歸眞子謹封。」唐曰：「吾豈識歸眞子邪？」因啓封，惟一詩，曰：「袁山相見又之全，不遇先生道未緣。大抵有心求富貴，到頭無分學神仙。篋中靈藥宜頻施，鼎內丹砂莫妄傳。待得角龍爲燕會，好來黃壁臥林泉。」唐德之頗怪，因請其形貌，乃全州黜僕也，留書之日，即全州所遣之日，始悟神仙人。寶詩於篋，遇好事者則出之。及遇害，當丙辰，正合詩中謂「角龍」也。

上述這個故事，從黜僕留書驛吏轉交唐秀才的事來看，宋代驛遞的作用仍與唐代類似，肩負有傳遞公私書信（局限於官員書信），附帶詩文傳播的使命。

宋代官方的文本傳播亦有通過驛遞傳播完成者，其中部份私人書信及詩詞等也可以通過官員身份，借助驛遞完成。若能穿越時代，展目觀察唐宋驛遞傳播。除了時空、人物的差異，最大的不同恐怕還是抄紙之外有了更多的印本遞送。若以文本傳播比較，除了散件單篇以外，宋代印本中更多有如書籍之類的集本遞送傳播。據《燕翼詒謀錄》（卷 5）載曰：「景祐三年五月，詔中外臣僚許以家書附遞。明告中外，下進奏院依應施行。蓋臣子遠宦，熟無墳墓宗族親戚之念，其能專人馳書，必達官貴人而後可。此制一頒，則小官下位受賜者多。今所在士大夫私書多入遞者，循舊制也。」士大夫的「私書」借助驛遞傳播到了景祐年間已然成爲官家允許的「流行」，只是其中文學的數量尚未形成規模。此後，隨著商業介入後，這種傳播「舊制」顯然不再是印本書籍傳播的主流。

除此而外，宋代還有一些文本傳播的特例。（宋）范成大《桂海虞衡志》記載安南與廣西帥司通訊來往，「用二黑漆板夾繫文書，刻字於板上，謂之木夾文書」。廣西帥司仿其形式，以致「帥司邊州報其文書，亦用木夾」。（宋）周密《癸辛雜識》（前集）載有一種名爲「簡槧」的奏書模式，大臣將奏章內容寫於簡版之上言事。其載曰：「簡槧古無有也，陸務觀謂始於王荊公，其後盛行。淳熙末，始用竹紙，高數寸，闊尺餘者，簡版幾廢。」又，《雞肋編》（卷上）還載有一種名爲「柬版」的傳播模式。莊綽記載：「元祐中，余始見士大夫有間用蠟裹咫尺之木，以書傳言，謂之『柬版』。」據莊綽記載說，這種「柬版」傳播信息的好處是「既便報答，又免謬誤。其後事欲無跡者，廢紙而用版，浸爲金漆之類。其制甚眾，加以緘繩，有盛以囊者。」看來，這種「廢紙用木版」的傳播模式，多是爲了信息保密的需要，並沒有大規模推廣的價值，這也不是北宋文本傳播的主流模式。

至於宋代民間書信，多依靠親友、鄰里捎帶，或步行或以船、馬、驢等交通工具傳遞。通常船運能大幅減輕大宗貨物的負重，然而受制於河流水量，也不如馬匹迅捷，其中的傳播效率差異頗大，不可一概而論。從《宜州家乘》的記錄中，黃大臨與黃庭堅的書信往來，我們可以大致推測出北宋普通書信遞送的效率。崇寧四年，黃大臨到宜州探望弟弟黃庭堅，隨後離開宜州返回江西，旅途中不斷有書信寄出。詳情如下：

崇寧四年黃庭堅兄弟書信遞送表　　　　　　　　　　　表9

崇寧四年	黃大臨、黃庭堅書信往來	備　註
二月六日	黃元明離開宜州，十八里津餞別	
二月十日	收到元明二月七日柳城書信	距宜州約七十五公里
二月十三日	收到元明書信	
二月十五日	讀元明甲子日（崇寧三年十二月二十六日）書信	黃大臨來宜州時所寄
二月十九日	收到元明十二日師塘鋪寄來的書信	距離不詳
二月二十一日	讀元明乙丑日（崇寧三年十二月二十七日）書信	黃大臨來宜州時所寄
二月二十六日	收到元明二月十四日的書信	
閏二月九日	收到元明二月二十九日的書信	
閏二月二十九日	讀元明二月二十八日書信，已至長沙	距宜州約七百四十公里
三月十一日	收到元明閏月十四書信	
三月十六日	讀元明戊辰（二月二十九日）書信	
四月三日	馮孝叔送來元明己巳日的書信	
五月三日	收到元明長沙三月書信，南豐三月書信，轉達到睦州三月的書信	
七月十四日	幸子宜家的莊客回南豐，附上元明己巳的書信	

　　上述表格中，最具參考價值的是黃大臨從柳城、長沙寄往宜州的信件。古代官道路途里程難計，按今天的公路里程計算，柳城距離宜州大約七十五公里。崇寧四年二月七日，黃大臨從柳城寄出書信，黃庭堅是二月十日收到。書信在三天時間走了七十五公里，日遞二十五公里；長沙距離宜州大約是七百四十公里。崇寧四年二月二十八日，黃大臨從長沙寄出信件，黃庭堅於閏二月二十九日才收到。該信件用將近一個月時間走完七百四十公里，日遞大約二十六公里。兩項記錄統計，黃氏兄弟書信往來效率是每天傳遞二十五至二十六公里。由此可知，北宋普通人的書信傳播效率就是日遞五十里左右。無論如何，日常書信傳播畢竟還是人的交通傳輸。

臺灣學者趙效宣認為，「宋代交
通與運輸，均順其自然發展，視其當
下之需要，而取其快便者。如水便則
用水路，陸便則用陸路。故無論人或
物之傳送，每多有以陸轉水，或以水
轉陸」〔註27〕。南宋范成大自敍，「自
吳至桂三千里，除水行外，餘舟車所
通，皆夷坦，無大山」〔註28〕。按《驂
鸞錄》記錄，范成大從江蘇行至廣
西，就其方便，既走水路，也走陸路。

圖 16

根據記載，從乾道九年二月三日泛湘江，至桂林是二月二十八日，范成大用
二十五日走完長沙至桂林的旅程。〔註29〕其中，范成大一行人二月二十六從
全州興安大通驛出發，二十八日方才抵達桂林城北疊彩山下的八桂堂。以今
天興安至桂林六十五公里的道路里程，范成大每天行走是三十二公里左右。
幸好對於這段旅程，《驂鸞錄》詳記道：「二十七日，際經略安撫使印，自此
趨府，二十七里至安興縣，十七里入嚴關。兩山間，僅容車馬，所以限嶺南
北。相傳過嚴關即少雪有瘴。二十三里過秦城，秦築五嶺之戍，疑此地是。
二十八日，至滑石鋪。……二十二里，至靈川縣，秦史祿所穿靈渠在焉。縣
以此名。六十里至八桂堂，桂林北城外之別圃也。未至八桂二三里間，有小
坡橫道，高丈餘，上有石碑曰桂嶺」。兩天時間，范成大共計行走了
27+17+23+22+60=149 里，平均每天走七十五里。將范成大行走的速度和黃庭
堅兄弟的書信傳遞速度綜合考慮，宋代普通書信的傳播效率，平均每日大概
是二十五至三十七公里之間。

宋代官員間書信傳遞尚且如此周折，普通百姓間的書信傳遞當以迫要為
先，其餘雜事少有通聯。由此，宋代更具有普遍意義的文本傳播主要體現在
以商賈販運、官府賜書、寺廟施捨等渠道，或以利益、信仰，或以治國理政
之需要。

〔註27〕 趙效宣：《宋代驛站制度》，臺灣聯經出版事業公司 1983 年版，第 317 頁。
〔註28〕 （宋）范成大：《范成大筆記六種》，孔凡禮點校，中華書局 2002 年版，第 56 頁。
〔註29〕 同上，第 54～60 頁。

二、印本販賣、賜書、施捨等多種傳播方式

　　唐宋易代之際，雕版印刷開始出現。抄本雖然還在通行，但是主要局限在篇幅較少的紙質文本。至於多篇幅的書籍紙本，尤其是那些需要普及傳播的文本，如醫學、法律等書籍，通常都用印本加以傳播。其他日常書信、篇幅簡短的文牘詩文等，宋人仍然採用口傳、抄本的傳統傳播方式，我們很難想像傳奇小說這樣大篇幅的文本得到大規模的印刷傳播。然而不管怎樣，相比前代，北宋的傳播方式最大的改變就是印本漸漸成爲當下效率傳播的主流。

　　首先，北宋印本書籍傳播的途徑有多條，總體上仍可分爲官方的、民間的兩類傳播。官方傳播又分爲官家賜書、書籍買賣。對於北宋初期，印本書籍畢竟是稀罕品。因此，當時國子監刻書常常被皇帝用來獎賞賜予臣下或外蕃。《長編》（卷 475）載，元祐七年秋七月，詔諸路安撫、鈐轄司，並西京、南京（今河南商丘），各賜《資治通鑒》一部。元豐元年，黃庭堅給劉恕撰寫墓誌銘時，曾談道：「元祐七年，刻《資治通鑒》版書成」，劉恕因協助司馬光修撰《資治通鑒》，朝廷特別下詔將此書印本賜給其家，乃致於「諸儒以爲寵」〔註30〕。

　　除此以外，北宋還有多次將《大藏經》、《九經》等印本書籍賜予契丹、西夏、日本、朝鮮等外國蕃邦的史實記載，茲取以下數例爲證。

　　（1）西夏曾多次向北宋上表乞賜《九經》、《唐史》及《冊府元龜》。〔註31〕

　　（2）《長編》（卷 85）載，大中祥符八年十一月癸酉，「高麗進奉告奏使、御事民官侍郎郭元與東女眞首領何盧太來貢。……明年，辭還，賜其主詔書七函、衣帶、器幣、鞍馬及經史、《聖惠方》、曆日等。元又請錄《國朝登科記》及賜御詩以歸，從之。」

　　（3）《長編》（卷 115）載，景祐元年十一月，「趙元昊獻馬五十匹，以求佛經一藏，詔特賜之。」（《實錄》於此既書賜經，明年十二月又書獻馬求經特賜之，當是一事，誤重出爾，今止見於此。）

　　（4）《長編》（卷 120）載：「景祐四年春正月庚子，賜龜茲國佛經一藏。」
　　……

〔註30〕　（宋）黃庭堅：《黃庭堅全集輯校編年》上冊《劉道原墓誌銘》，江西人民出版社 2008 年版，第 152 頁。
〔註31〕　參見《西夏書事》卷 20、卷 36；《宋會要輯稿》禮 62 之 40、41；《涑水紀聞》卷 9 等。

此外，早在北宋初年，詩人魏野的集子就已經傳播到了契丹。據《長編》（卷75）記載，大中祥符四年（1011），「三月甲戌朔，次陝州，召草野魏野，辭疾不至。野居州之東郊，不求聞達，趙昌言、寇準來守是州，皆賓禮焉。爲詩精苦，有唐人風。契丹使者嘗言本國得其《草堂集》半帙，願求全部，詔與之。」只是當時文人印本不顯，魏野《草堂集》疑爲抄本流傳。北宋官方將印本傳播海外，除了政治教化的目的，還有文化輸出的考慮。

我們談過契丹人喜歡魏野詩歌的原因，一則是因爲「易曉，故膚俗愛之」；另一則是「平樸而常不事虛語」。事實上，「易曉」與「平樸而常不事虛語」只是魏野詩歌給予契丹人的直覺印象，以魏野「有官居鼎鼐，無地起樓臺」（《贈寇萊公》）、「驚回一覺遊仙夢，村巷傳呼宰相來」（《謝寇萊公見訪》），以及「燒葉爐中無宿火，讀書窗下有殘燈」（《晨興》）、「一聲離岸櫓，數點別州山」（《陝州平陸縣詩》）等詩句而言，其中富有情趣兼及畫面美感的智慧言辭才是契丹人喜愛的原因。由此，就不得不談到文化以「眞善」爲內核，「美趣」爲其表象的特點。談到詩歌，北宋薛田認爲「詩之作不與文偕，大率情根於意，言發乎情，點而化之，流爲章句，且綺靡者不以煙火爲尚，風雅者不以金石爲多，但務其陳古刺今，去邪守正而已」，由此評論魏野的詩歌是「每敘事感發，見景立言，非拘方體圓動能破的，故人之美惡，物之形態，時之興替，事之正變，遇事激發則可千里之外而應之」（《東觀集原序》）〔註32〕。與經史印本不同，像詩歌這類印本的輸出，並沒有多少知識傳播的意思，其更多的是宣導人的情感，以及審美過程給予讀者讀懂後的會心與娛情。所謂「文之於化人以」，即有「以文藝化人」的意謂。

因爲魏野詩歌中語詞之間組合而成的關係，透射出眞率且美趣的意義表達，「詩固無飄逸俊邁之氣，但平樸常不事虛語」（文瑩《玉壺野史》），也使得契丹人在欣賞這些詩句時更容易引起了內在情緒、肉體上或心理上的激動亢奮──即一種興奮和迷醉的心情（「詩情」）。 林逋也評價：「人憐紅豔多應俗，天與清香似有私。堪笑胡雛亦風韻，解將聲調角中吹」（《梅花三首》）。意思是從漢朝到現在，如今北方胡人女子似乎也知道梅花的韻味了。〔註33〕魏野詩歌的

〔註32〕 （宋）魏野：《東觀集》《文淵閣四庫全書》，集部，第1087冊，第351頁。
〔註33〕 《觀林詩話》載：「都下舊無紅梅，一貴人始移植，盛開，召士大夫燕賞，皆有詩，號《紅梅集》，傳於世。以半山『北人初未識，渾作杏花看』爲冠，後東坡見云：『何待北人太薄。』」。

「語言結構與詩情之間達到一種默契與和諧」，這些引發詩情的詩句，給契丹人營造了更貼近其心靈的「詩情世界」，這個世界恐與漢族士人所構建的詩情世界有所不同。法國象徵派保爾·瓦萊里認爲，「詩的世界實質上是語言（詞）——意（形）象——感（覺）情三者之間和諧、合拍的音樂關係」〔註 34〕。詩這種語言與音樂的結合，眾人在聆聽的時候有了共同的節奏，使得各自的情緒都得以宣洩、共鳴。由此，詩詞合樂的節奏感受，在時空上還有跨越語言凝聚眾心的作用，使聽眾從歌曲吟唱中找到共同的時空節奏與情緒共鳴。由此可知，契丹人當年定是從魏野詩歌中感受到了那種類似音樂和諧的「眞美」與情緒，而略去了漢族人慣於自詡的，給定的崇高——所謂儒家倫理道德中「善」的隱誨表達。一個人善的表達需要另一人以善的情感回應，否則這個社會必然會墮入冷漠。當年，范成大出使金國，「遺黎往往垂涕嗟嘖，指使人云：『此中華佛國人也。』老嫗跪拜者尤多」（《攬轡錄》）。世謂與其說是「死別」，不如說是「生離」。死別僅是單向的哀嚎，生離卻是雙方的「心目判斷」（《驂鸞錄》），哀傷來自彼此的心目相對。而詩歌的情趣構建，恰恰就來自這樣雙向的情感交流。

北宋與境外印本傳播史實表　　　　　　　　　　　表 10

北宋年月	北宋與蕃邦外國印本書籍傳播史實	來　源
雍熙元年	日僧奝然言其國有得自中國《五經》佛經《白居易集》70 卷。	《宋史》卷 491
雍熙元年	日僧奝然求印本《大藏經》，詔亦給之。	《宋史》卷 491
端拱二年	高麗遣使來貢，賜《大藏經》，歸本國。	《宋史》卷 487
淳化二年	高麗遣使求印佛經，詔以《藏經》《秘藏詮》《蓮華心輪》等賜之。	《宋史》卷 487
淳化四年	高麗王李治又上言願賜板本《九經》書，用敦儒教，許之。	《宋史》卷 487
大中祥符四年	契丹使者求魏野《草堂集》全部，詔與之。	《長編》卷 75
大中祥符八年	十一月賜高麗主詔書七函衣帶器幣鞍馬及經史《聖惠方》曆日等。	《長編》卷 85
大中祥符九年	賜高麗經史、曆日、《聖惠方》《國朝登科記》及御詩。	《宋史》卷 487
天禧三年十一月	高麗使節崔元信等入見，求佛經一藏。詔賜經還布。	《宋史》卷 487

〔註 34〕 朱立元：《當代西方文藝理論》，華東師範大學 2005 年版，第 12、13 頁。

天禧五年	高麗王李詢遣使表乞陰陽地理書、《聖惠方》，並賜之。	《宋史》卷487
景德四年七月	乙亥，交州來貢，賜黎龍廷《九經》及佛氏書。	《宋史》卷7
天聖七年	十二月西平王趙德明遣使來獻馬七十匹，乞賜佛經一藏，從之。	《長編》卷108
景祐元年	十一月趙元昊獻馬五十匹，以求佛經一藏，詔特賜之。	《長編》卷115
景祐元年十二月	癸酉，賜西平王趙元昊佛經。	《宋史》卷10
景祐三年正月	西天僧善稱等九人貢梵經、佛骨及銅牙菩薩像。	《長編》卷118
景祐四年正月	庚子，賜龜茲國佛經一藏。	《長編》卷120
至和二年三月	庚子，賜夏國《大藏經》。	《長編》卷179
嘉祐六年	西夏國主諒祚進馬五十匹，求《九經》、《唐史》及《冊府元龜》。	《宋史》卷485
嘉祐七年四月	西夏國主諒祚進馬五十匹，求《九經》、《唐史》及《冊府元龜》。	《長編》卷196
嘉祐七年四月	夏國主諒祚進馬求賜書，詔賜《九經》，還其馬。	《宋史》卷12
嘉祐八年四月	丙戌以國子監所印《九經》及正義《孟子》醫書賜夏國，從所乞也。	《長編》卷198
熙寧元年	回紇入貢，求買金字《大般若經》，以墨本賜之。	《宋史》卷490
熙寧五年十二月	〔西夏〕遣使進馬贖《大藏經》，詔賜之而還其馬。	《宋史》卷486
熙寧七年二月	癸酉，知高麗國王徽以書及土物送中書、樞密院，詔付市易務斥賣。	《長編》卷250
熙寧末年	蘇轍云：蘇軾《眉山集》印本傳入契丹多時。	《欒城集》卷42
元豐元年四月	庚申，詔除《九經》外，餘書不得出界。	《宋史》卷15
元豐八年	高麗請市《太平御覽》《文苑英華》等書，詔賜《文苑英華》一書。	《宋史》卷487
元豐八年十月	詔：夏國遣使進奉，其以新曆賜之。	《長編》卷360
元豐八年十二月	高麗國乞買《大藏經》一藏《華嚴經》一部，從之。不允買《刑法》。	《長編》卷362
元祐二年十月	丙申，詔新曆勿頒夏國，以乾順謝封冊及賀坤成節使未至故也。	《長編》卷406
元祐四年十一月	熙寧至元豐末十六七年間，高麗使者所至，圖畫山川，購買書籍。	《長編》卷435
元祐五年九月	詔：「高麗人置物，若係時政論議及言邊機等文字，婉言留納。	《長編》卷449
元祐七年	遣使來獻《黃帝針經》，請市書甚眾。然卒市《冊府元龜》以歸。	《宋史》卷487
元祐八年正月	詔依王欽臣所請，校印高麗獻書《黃帝針經》。	《長編》卷480

元祐八年正月	詔按先朝例，不許高麗所乞《太平御覽》。	《長編》卷 480
元祐八年二月	朝廷允許高麗使臣購買《冊府元龜》《國朝會要》《編敕》等書籍。	《長編》卷 481
紹聖四年八月	丙申，詔罷賜夏國曆日。	《長編》卷 490
元符二年正月	從高麗國所乞賜。詔俟人到闕給賜《太平御覽》《神醫普救方》。	《長編》卷 505
元符二年二月	從禮部言允許高麗人收買《冊府元龜》。而《資治通鑒》難令收買。」	《長編》卷 506
元符二年五月	從交州南平王李乾德所請，詔令印經院印造釋典一大藏賜之。	《長編》卷 510
大觀初	交址乞市書籍，除卜筮陰陽曆算術數兵書時務邊機地理，餘書許買。	《宋史》卷 488

注：《長編》（卷 207）載，治平三年正月癸酉，契丹改國號曰大遼。

　　關於朝廷對於臣下的賜書，王禹偁替宰臣進表說：「臣某等言：伏蒙聖慈，賜臣等新印本三史書各一部者。伏以先帝好文，校讎三史，諸儒會議，綿歷兩朝，模印方行，頒宜首及。（中謝）伏惟尊號皇帝陛下心存稽古，志在奉先。念五帝三王之書，具存道德；思列國兩漢之事，可鑒興亡。睹眞本之初成，先近臣而受賜，欲俾詳觀理亂，起發昏蒙。臣等素匪知書，仰承善誘，敢不服勤舊史，少副聖懷？庶竊慕於格言，或有裨於大政。臣等無任感天荷聖激切屏營之至。」〔註35〕然而，朝廷給臣下賜書畢竟小眾，不是印本傳播的常態。

　　由於社會對於印本的需求，售賣的作用終究被凸顯了出來。於是，宋眞宗時即頒有《國學見經書降付諸路出賣詔》。其詔曰：「國學見印經書，降付諸路出賣，計綱讀領，所有價錢於軍資庫送納。」（《宋會要輯稿》職官 28 之 2）出於教化的需要，朝廷特別允許各路地方政府可以售賣科舉及教育所需的經書印本。至於售賣的數量多寡，我們可以從當年科舉的人數得到一個基數判定。嘉祐二年春，歐陽修知貢舉，那年聚集禮部的天下貢士共有六千五百人（《歐陽文忠公集》卷 43《禮部唱和詩序》）。由此，我們可以估計當時官方經書印本售賣的量應該是比較大的。

　　當然，當時印本傳播還有一條特別途徑，即以租用印板刷印帶動印本書籍流傳。從相關歷史記載所述，我們知道官方（國子監）雕製印板，是允許吏民租用印版印刷書籍的。田錫《謝賜九經書狀》云：「右臣當州，爲無經書，

〔註35〕　（宋）王禹偁：《小畜集》卷 22《爲宰臣謝新雕三史表》；又見《全宋文》卷141。

乞自辦紙就國子監印取《九經》歸州。今月若干日，伏奉敕牒，蒙恩卻給還紙，特宣賜《九經》書並《釋文》者。伏以聖人之道，著在典墳；英主之恩，頒於郡縣。是使桐廬陋壤，化爲禮義之鄉；釣瀨遺民，永習《詩》《書》之訓。」（《咸平集》卷26）。此處，田錫道出了這樣一個事實——即當年田錫在浙江桐廬當州官時，因爲沒有儒經典籍，他請求由自己準備紙張，到國子監用墨板印製《九經》帶回桐廬郡州。然而，沒想到皇帝宣布賜予《九經》和《釋文》等書。田錫自然是大喜過望，激動之餘，不忘向皇帝上表謝恩。田錫此狀，也印證了太宗皇帝雍熙三年在給徐鉉《雕造說文牒》所說的「依九經書例，許人納紙墨價錢收贖」的情況屬實。

北宋民間書籍傳播與獲取的渠道主要包括：施捨、贈送、買賣。施捨多出現在佛經典籍的獲取。淳化元年，宋白《大宋杭州西湖昭慶寺結社碑銘並序》記有「杭州昭慶寺僧日省常，身樂明時，心發洪願，上延景祚，下報四恩，刺血和墨，書寫眞經。書之者何？即《大方廣佛華嚴經·淨行》一品也。每書一字，必三作禮，三圍繞，三稱佛名。良工雕之，印成千卷，若僧若俗，分施千人。」〔註36〕宋人莊綽也稱自己曾在京師新門裏向氏南宅，屋極中得《華嚴經》一卷，於是「嘗刊《淨行品》施於人，帖於屋柱間，凡數十年，已萬餘本矣」。〔註37〕

另外，《夢溪筆談》（卷9）載有一事。曰：「朱壽昌，刑部朱侍郎巽之子。其母微，壽昌流落貧家。十餘歲方得歸，遂失母所在。壽昌哀慕不已。及長，乃解官訪母，遍走四方，備歷艱難，見者莫不憐之。聞佛書有水懺者，其說謂欲見父母者誦之，當獲所願，壽昌乃晝夜誦持，仍刺血書懺，摹板印施於人，唯願見母，歷年甚多。……士人爲之傳者數人，丞相荊公而下，皆有朱孝子詩數百篇。」這件事情其他宋人筆記中也有記載。魏泰《東軒筆錄》（卷10）載曰：

> 司農少卿朱壽昌，方在襁褓，而所生母被出。及長，仕於四方，孜孜尋訪不逮。治平中，官至正郎矣。或傳其母嫁於關中民爲妻，壽昌即棄官入關中，得母於陝州。士大夫嘉其孝節，多以歌詩美之。蘇子瞻爲作詩序，且譏激世人之不養母者。李定見其序，大惋恨，會定爲中丞，劾軾嘗作詩謗訕朝廷。」同樣，蘇軾也曾敘此事說：「有

〔註36〕《圓宗文類》卷22，續藏經第二編第8套第5冊。轉引自《全宋文》卷57。
〔註37〕（宋）莊綽：《雞肋編》卷中，中華書局1983年版，第55、56頁。

大長者，曰朱壽昌。生及七歲，而母捨去。長大懷思，涕泣追求。

刺血寫經，禮佛懺悔。四十餘年，乃見其母。〔註38〕

如文所記，朱壽昌尋母方法實有三種：一是解官訪母，遍走四方。結果並不理想，備歷艱難。二是誦佛書，感動神佛。效果也不好；三是摹板佛書懺悔。結果是：士人為之傳者數人，丞相荊公而下，皆有朱孝子詩數百篇。可見，印本傳播的力量驚人。最終，朱壽昌得償所願，找到了生母。

　　對於印本和抄本的傳播效率，除了印本數量可以實現源發性的多點傳播以外，還與作品本身在社會受眾中的傳播形式及其審美接受程度密切相關。據宋人所記，歐陽修將《醉翁亭記》刻石以後，便不斷有人慕名前來模打拓片，由此形成作品的拓本（相當於「印本」）傳播。此外，又有太常博士沈遵據此寫成琴譜《醉翁吟》三疊，由此形成作品名聲的音樂傳播。〔註39〕第三種傳播發生在歐陽修死後，廬山道人崔閑遺憾《醉翁吟》有曲無詞，請蘇軾填詞，「然後聲詞皆備，遂為琴中絕妙，好事者爭傳」(《澠水燕談錄》卷8)〔註40〕。因歐陽修遊山而形成的三種文藝作品，分別形成三種傳播和接受形式，顯然音樂與歌詞演唱的審美接受更易於在受眾中播散開來。類似的例證，還有石曼卿。據說天聖、寶元年間，石曼卿以歌詩聞名一時，平生以《代意寄師魯》一詩最感得意。然此詩流傳不廣，世人罕稱之。曼卿死後，託夢故人關詠，稱「能令予此詩盛傳於世，在永言爾。」永言乃關詠的字。關詠醒後，「增廣其詞，度之節拍，引以聲韻」，譜成歌曲，「於是天下爭歌之」(《澠水燕談錄》卷8)。除了傳播方式的選擇，將北宋傳播與現有的文藝傳播形式對比，可知北宋社會還需要一種催化的元素注入刺激，才能進一步放大書籍的傳播效率——這種元素就是「商業利益」。

〔註38〕《蘇軾文集》卷22《朱壽昌梁武懺讚偈並敘》，中華書局1986年版，第643頁。

〔註39〕朱熹《考歐陽文忠公事蹟》記載：「醉翁亭在琅琊山寺側，記成刻石，遠近爭傳，疲於模打。山僧云：寺庫有甎，打碑用盡，至取僧堂臥甎給用。凡商賈來供施者，亦多求其本，僧問作何用，皆云所過關徵，以贈監官，可以免稅。」此文通過水陸商旅傳播開後，聞名而至滁州觀攬醉翁亭的大有人在。歐陽修在《醉翁並序》中記道：「余作醉翁於滁州，太常博士沈遵，好奇之士也，聞而往遊焉。愛其山水，歸而以琴寫之，作《醉翁吟》三疊。」北宋朱弁《曲洧舊聞》（卷3）也載道：「《醉翁亭記》初成，天下莫不傳誦，家至戶到，當時為之紙貴。宋子京得其本，讀之數過曰：『只目為《醉翁亭賦》，有何不可。』」

〔註40〕（宋）王辟之《澠水燕談錄》有詞曰：「琅然清圓，誰彈響？空山無言，惟有醉翁知其天。月明風露，娟娟人未眠。荷蕢過山前，日有心哉此絃。」

三、運營模式：商業介入推動印本傳播

相比唐代抄本傳播，宋代的印本傳播更能吸引民間商業的進入。原因只有一個，印本比抄本更容易標準化、產業化，也更容易在最短的時間內獲取較大的經濟利益。從表面看，商業介入僅僅是利益的趨動，然而結果卻是引發社會群體更多的關注熱情，進而為印本及其傳播投入了更多的人力和物力。由此，我們更加確定像單篇詩歌紙本這樣的文學作品，口傳抄寫反而是最節省成本的方式，而那些擁有冊頁厚重的，需要廣泛傳播的集本選擇印本的可能性更大。原因是紙頁彙集越多，印得越多，印版用時越長，獲利就越豐厚，這一產業所能吸納的人才和物力也就越多。

眾所周知，商業向來是民間文化傳播中較為活躍的因素。北宋民間的書籍售賣活躍，其主要動力是源於印本書籍含有較大的獲利空間。對此，有關印本書籍的造價已有說明。李致忠曾為宋代舒州公使庫所出版《大易粹言》的刊刻費用算了一筆帳。結論是刊刻一部《大易粹言》，工本費用不超過 4 貫錢，但是每部買價卻可以開到 8 貫文足，利潤在壹倍以上。〔註41〕利益驅動之下，才有民間不惜冒險將蘇軾詩文集通過邊境售賣到了外邦謀利（《欒城集》卷 42《論北朝所見於朝廷不便事》），也才有民間不顧黨禍，將元祐黨人詩文集私印售賣。

周紫芝《書浮生休生畫塒集後》記載：「政和七八年間，余在京師，是時聞鬻書者忽印張芸叟集，售者至於填塞巷衢。事喧，復禁如初。蓋其遺風餘韻在人耳目，不可掩蓋如此也。」而楊萬里《誠齋集》（卷84）載：「獨一貴戚刻板印焉，率黃金斤，易坡文十，蓋書禁愈急，其文愈貴也」（《太倉稊米集》卷67）。能夠導致「鬻者填巷」、「以黃金換取蘇軾文章刻印」的產業，應該足以誘惑各色人等參與其中，其中的利益也足以讓民間印坊有膽量挑戰官方禁忌。據說徽宗時，有「市民將教法並象法」之類的兵書，「公然鏤板印賣」（《宋會要輯稿》刑法 2 之 24），也有民間冒險印賣蘇、黃等黨人文集。然而，民間售賣傳播活躍，官府便不得不加強管理和控制。《長編》（卷 64）載有真宗景德三年九月詔書曰：「民以書籍赴緣邊榷場博易者，自非《九經》書疏，悉禁之。違者案罪，其書沒官。」又，康定元年二月，因為京師「書肆之家」，「多將諸色人所進邊機文字，鏤板鬻賣，流布在外」。為控制局面，朝廷下詔，「委開

〔註41〕《宋版書目錄》，北京圖書館出版社 1994 年 6 月版，第 40 頁。

封府密切根捉，許人陳告，勘鞫聞奏」（《宋會要輯稿》刑法 2 之 4）。這些事例從側面說明，北宋民間貿易的印本書籍種類繁多、數量可觀。

北宋之前，中外學術文化的交流主要是由政府間使節、僧侶、留學生等人員完成。而到了宋代中外文化交流的部份職責卻被商人取代了。〔註 42〕關於商人在北宋民間書籍傳播中起的作用，也多爲史料所證明。這種文化交往，在陸路有陸商參與，如邊境互市榷場的商人貿易；海路貿易又有民間海商參與，如東部沿海與日本、高麗、東南亞諸國的海外貿易。在陸商和海商的共同努力下，大量的中國書籍得以傳到境外。如北宋海商鄭仁德曾把日本僧人奝然在宋朝求賜得到的《大藏經》悉數帶到了日本。《宋史》（卷 491）載：「雍熙元年，日本國僧奝然與其徒五六人浮海而至，獻銅器十餘事，並本國《職員今》、《王年代紀》各一卷。奝然善隸書，而不通華言，問其風土，但書以對云：『國中有《五經》書及佛經、《白居易集》七十卷，並得自中國。……』其國多有中國典籍，奝然之來，復得《孝經》一卷、越王《孝經新義》第十五卷，皆金縷紅羅標，水晶爲軸。《孝經》即鄭氏注者。越土者，乃唐太宗子越王貞；《新義》者，記室參軍任希古等撰也。奝然復求詣五臺，許之，令所過續食；又求印本《大藏經》，詔亦給之。」而另一個商人孫忠，也曾把宋朝給日本國的《法華經》及其他經書販運到了日本。

同樣，當時東邊的另一個鄰國高麗，也與北宋有印本交流。按蘇頌記載，熙寧十年，高麗使者到餘杭，曾求購蘇軾集攜歸（《蘇魏公文集》卷 10）。〔註 43〕《宋史》（卷 487）載高麗國，曰：「高麗王出，乘車駕牛，歷山險乃騎。紫衣行前，捧《護國仁王經》以導。……王城有華人數百，多閩人因賈舶至者，密試其所能，誘以祿仕，或強留之終身，朝廷使至，有陳牒來訴者，則取以歸。」對於宋朝商人的到來，高麗也是十分的歡迎，因爲商人帶來了高麗國所需要的書籍。《宋史》（卷 487）記載，「每賈客市書至」，其王「則潔服焚香對之」。至於北宋與其他鄰國的書籍交往情況，可參見《北宋與境外印本傳播史實表》。

商人主導的文化傳播有售賣書籍的，也有其他傳播方式。如民間印本傳播也有以售賣印板帶動書籍（印本）傳播的情況。北宋蘇軾曾有奏議說，元祐

〔註 42〕黃純豔：《宋代海外貿易》，社會科學文獻出版社 2003 年版，第 109 頁。

〔註 43〕蘇頌詩云：「擬策進歸中御府，文章傳過帶方州」，其下有注曰：「前年高麗使者過餘杭，求市子瞻集以歸」。此詩寫於「己未九月」，「己未」乃元豐二年（1079），所謂「前年」，即熙寧十年（1077）。

四年（1089），泉州人徐戩私自爲高麗國印造了經板二千九百餘片，公然載往彼國，不報官知曉，卻收受酬答銀三千兩。蘇軾從國家安全的角度考慮，認爲高麗臣屬契丹，「情僞難測」，徐戩公然與高麗來往，略無畏忌，請求官府將其治罪。以警示閩浙百姓，杜絕奸細（《東坡全集》卷58）。然而事實證明，商業利益趨使之下，這樣的禁令是很難奏效。因爲就連蘇軾也承認，海商中「如徐戩者甚眾」（《東坡全集》卷56《論高麗進奉狀》）。

當然，民間的印本傳播不僅限於北宋國內傳至邊疆、外國，也有國外印本傳入宋朝者。遼釋行均《龍龕手鏡》（共4卷）就是從契丹民間渠道流入了北宋重新印製。〔註44〕《長編》（卷480）又載，元祐八年正月，工部侍郎兼權秘書監王欽臣言：「高麗獻到書內有《黃帝針經》，篇帙具存，不可不宣布海內，使學者誦習，乞依例摹印。」詔令校對訖，依所請。從此，在內地闕失已久的《黃帝針經》終由高麗回輸國內，並且印行天下。

以上情形充分證明了北宋由於官私印刷業的發達，印本書籍的種類、數量的增廣，也導致了宋朝的印本傳播同樣需要多樣的渠道盡快地傳播開來。徐鉉所謂「摸印流行，比之繕寫，省功百倍矣」（《徐公文集》卷23《韻譜後序》）。歐陽修又謂：「臣伏見朝廷累有指揮禁止雕印文字，非不嚴切，而近日雕板尤多，蓋爲不曾條約書鋪販賣之人。……雕印之人不知事體，竊恐流布漸廣，傳入虜中，大於朝廷不便。」〔註45〕蘇軾也說：「近歲，市人轉相摹刻諸子百家之書，日傳萬紙，學者之於書，多且易致如此，其文辭學術當倍蓰於昔人」（《李氏山房藏書記》）。在上述種種說道中，我們顯然感受到了北宋立國近百年後，利益趨使之下，活躍的印本商業貿易已難以局限在狹隘的領域。

談到宋代話本小說在市井間興起，魯迅說：「然用白話作書者，實不始於宋。清光緒中，敦煌千佛洞之藏經始顯露，大抵運入英法，中國亦拾其餘藏京師圖書館；書爲宋初所藏，多佛經，而內有俗文體之故事數種，蓋唐末五代人鈔，如《唐太宗入冥記》，《孝子董永傳》，《秋胡小說》則在倫敦博物館，

〔註44〕 這是契丹統和十五年（997年）刻的字書。（宋）江少虞《宋朝事實類苑》（卷40）載：「幽州僧行均，集佛書中字爲切韻訓詁，凡十六萬字，分四卷，號龍龕手鏡。燕僧智光爲之序，甚有詞辯，契丹重熙二年集。契丹書禁甚嚴，傳入中國者，法皆死。熙寧中，有人自虜中得之，入傳欽之家，蒲傳正帥浙西，取以鏤板。其序末舊云：『重熙二年五月序。』蒲公削去之。觀其字音韻次序，皆有理法，後世殆不以其爲燕人也。」又見於《夢溪筆談》卷15。

〔註45〕 詳見《歐陽文忠公集》卷108《論雕印文字箚子》。

《伍員入吳故事》則在中國某氏，……故上列諸書，多關懲勸，京師圖書館所藏，亦尚有俗文《維摩》《法華》等經及《釋迦八相成道記》《目連入地獄故事》也。」〔註46〕相比於《京本通俗小說》、《新編五代史平話》等宋元話本流傳，敦煌唐五代話本所以遲滯了千年，主要原因就是敦煌地處偏僻，話本流入主要爲了保存貯藏，由於傳播遲滯且無法直接進入商業市場，故其傳播影響未能顯於當世。二十世紀初被中外考古學者發現後，其傳播得以借助現代媒介與手段擴大至世界範圍之內。

　　隨著印本書籍的增加，宋人日常接觸文本信息的機率增加，傳播渠道多樣化，以及日趨濃厚的市井商業色彩，宋人的文學意識也在這樣的傳播環境中萌發起來。及至宋代中期，印、抄本廣泛流布的社會環境，實則爲蘇、黃等人，以及其後的江西詩人提供了足以閱讀借鑒的創作環境。事實上，相比「印本傳播」的說法，我更願意談「印本流布」。這是因爲印本在社會的狀態以及對於大眾影響，本身就是無所不在的浸染，以及目的漫患的「流布」，而並非全是有針對性的傳播。印本廣泛流布的結果，客觀上就構成了唐代社會所無法比擬的閱讀便利與學問風氣。臺灣大學樂蘅軍先生認爲，「宋代社會所以能成爲平鋪的平民化社會，一方面固然由於知識的下滲，另一方面尤在於絕大多數的民眾能夠脫出懵懂的境地，把平民階層和文化階層距離拉近，終至於將這一階層（平民）的氣質擴大，投射到全社會上去」〔註47〕。宋元話本中所展示的宋人市井生活，詩詞、科舉必不可少，酒樓歌舞也時有呈現，而類似柳永這類落難失意舉子回到民間亦不在少數。由此，眾多因素聚合成知識在宋代社會的普及下滲，「而『話本』之產生在瓦舍，兼有著遊藝和文學的雙重身份和氣質者，正是這種耽樂的習氣，和文化自覺心理的要求，雜糅而成的」〔註48〕。而胡適、樂蘅軍等人通過分析研究，也都認爲宋代熱衷於使用謂之「俚語」的白話文，整個社會已造成了白話的風氣，只有少數文士才固執守著「典雅」的壁壘。〔註49〕吳之振說：「宋人之詩變化於唐，而出其所自得，皮毛落盡，精神獨存。」臺靜農先生據此認爲，「宋代的散文與詩，實是唐代古文與詩的延續，這是基於文體本身發展的看法，不是有意貶抑宋代

〔註46〕 魯迅：《魯迅全集》第 9 冊，人民文學出版社 2005 年版，第 115 頁。
〔註47〕 樂蘅軍：《宋代話本研究》，臺灣精華印書館 1969 年出版，第 20 頁。
〔註48〕 同上，第 21 頁。
〔註49〕 同上，第 23、24 頁。

古文的價值」〔註50〕。實際上，如若關注到宋詩「以文字為詩」、以「議論、才學為詩」的特質，以及宋詩從白體、晚唐、西崑到追求所謂「平淡」、「江西」的詩風，自然便可體會到宋代社會知識下滲所導致白話普及對文學的影響。

〔註50〕 臺靜農：《中國文學史》下冊，臺灣大學出版中心2004年版，第485頁。

第二編　印本流布與宋詩嬗變

　　「親情」、「至善」、「審美」，這是中國古代文人「爲生民立命」所能夠找到的三大人生意義，而文學無疑又是這些人生內容的最佳載體。除了教化至善，作爲審美藝術交往的最佳載體之一，詩歌因其傳情達意，具有篇幅短小的優勢，歷來得到人們的重視。故「人之所以靈者，情也；情之所以通者，言也。其或情之深，思之遠，鬱積乎中，不可以言盡者，則發爲詩，詩之貴於時久矣」（《全宋文》卷19《成氏詩集序》）。所謂「詩之爲意也，範圍乎一氣，出入乎萬物，卷舒變化，其體甚大」，「喜焉如春，悲焉如秋，徘徊如雲，崢嶸如山；高乎如月星，遠乎如神仙；森如武庫，鏘如樂府。」「古之人欲盡其所言者，必有詩以繫之。詩生於言之不足，事有不能以言宣而見於聲辭窈眇曲折之際者，蓋有待於詩也」（《長興集》卷二三《江州攬秀亭記》）。

　　在宋人眼中，因爲詩歌「意必以淳，語必以眞。樂則歌之，憂則懷之。無虛美，無苟怨。」故詩歌的意思絕不僅限於性情抒發，而與政治、教化關係密切，更與人們對於「美善」情感的眞切回應相關。詩歌對於社會人心的作用，主要體現爲「羽翰乎教化之聲，獻酬乎仁義之醇。上以德於君，下以風於民。不然何以動天地而感鬼神哉！」（《范文正公集》卷6《唐異詩序》）

　　談到印本流布與詩歌的關係，其實不是印刷與詩歌有什麼直接關係，而是印本閱讀與詩歌創作及其傳播之間的關係。這其中最要關注的是，圍繞著印本、人和人（作者與讀者）之間的關係，以及印本在社會上大量出現所引起「傳播與閱讀」環境的變化。就詩歌創作環境而言，宋詩作者最大的優勢就是看到了比唐詩作者更多的書籍文本，同時自己的詩歌作品傳播多了一種載體選擇，而這一切都與印本有關。從北宋官方對於印本刊刻的選擇，就可

以看出當時的經史子集印本對於科舉、教育，乃至對於社會思想風氣和時代人心的影響。這樣的影響，無論是官方意志或是民間喜好，施予者與接受者，當然都更樂意用教化及（文學）審美愉悅的方式予以實現。如此，識字人群普遍接受，以真誠、審美教化人心的印本才是宋代社會普遍認可的作品，而印本與詩歌的互動關係則以如下方式呈現：① 宋代社會印本流布（印本流布影響社會環境）→宋代儒學世風與文學審美交往（社會文人群體變化，蘊含著對詩歌的審美選擇）→宋詩嬗變與印本流布的辯證關係（詩歌創作風氣變化與印本關係）；② 印本流布與宋詩學問化→宋詩「平淡」理念追求（潛藏著對詩人學問能力的要求，兼有教化與審美的糾結）→江西派詩學成形與傳播（詩歌創作依賴更多書籍閱讀、借鑒）。

第一章　北宋文人士風與文學審美風尚

　　宋代的文人士風總不免和儒家「忠義禮智信」勾連起來，與那個時代「重文偃武」的儒學風氣相關。關於文人士風，或許可以理解爲，它是某個歷史時代，由文人群體引領的，投射出當時「眞善美」評判標準的文化審美風尚。在此問題討論之前，要特別說明的是，本文之所以要探討的僅是北宋朝野士風及文學審美取向，並無天朝社會等級歧視之嫌。只是因爲從歷史文獻上看，惟有文人士風的文學審美才是我們現今所能證實和把握的。其實，人們在感覺、想像力、判斷力，以及學問經驗上的區別，早就分出來了彼此的等級，只不過這樣的等級區分併無種族優選、道德倫理的褒貶意義。這是依據文化的擁有程度來劃分社會階層，如布爾迪厄所謂的「習性」。它們通常由「特定的文化階層有特定的文化世界，並形成特定的文化觀」〔註1〕。況且，中國士子文人階層的喜好，的確也代表了當代社會的文學風氣。所謂宋人「士習拘謹」的說法，背後藏有深刻的社會淵源和時代風氣走向。「士習拘謹」說明宋人思維趨於縝密，背負的道德及思想包袱顯然更重於唐人，其背後有儒學復興，士大夫對於國家道義責任強化的影響，也是教育薰染所導致的文藝涵養使然。

　　信息冗餘度超越唐人的宋人，反而士習拘謹，其實也是宋代城市文化繁榮帶給文人的影響。宋人的這種「拘謹」具有兩面性，一方面是崇道尊經，爲官爲臣的「拘謹」；另一方面，卻是面對城市生活的文人逸興灑脫。王小波說：「中國的人文知識分子，有種以天下爲己任的使命感」，「這種想法的古怪之處在於，他們不僅想當牧師、想當神學家，還想當上帝（中國話不叫上帝，叫

〔註1〕朱剛：《二十世紀西方文論》，北京大學出版社2006年版，第431頁。

『聖人』)。」〔註2〕實際上，中國古代文人，至少宋代文人是有兩三副面孔的。第一副是符合官方的意識形態的面孔，就是那種牧師、神學家和上帝合一的面孔；另一副則是享受生活美學的文化面孔。再有一種是甘願享受庸俗人生的面孔。三副面孔雖然有所區別，但是因爲背後的人是同一個人，相互之間也難免浸染、雜糅。出於理解上的便利，我們時下談論文人士風，更多是從宋人的第二副面孔中，辨識出文學的審美風尚。

第一節　文人士風：文學審美的內在標尺

王國維曾說：「境界有二：有詩人之境界，有常人之境界。」按照文字理解，王國維既然將「常人」與「詩人」對舉，那麼其「常人」定然是指文人之外的普通人。所謂「詩人境界」就應該文人超出常人的審美境界。關於文人的審美境界，黃庭堅也說：「天下清景，初不擇貴賤賢愚而與之遇，然吾特疑端爲我輩設。」(僧惠洪《冷齋夜話》卷4)。由此理解，黃庭堅確切意識到天下的景色對世間任何人都是公平的，但是他只能感受到自己作爲文人所能感受的那份境界，所以他說「吾特疑端爲我輩設」，而對於所謂「常人」的境界感受，卻不甚了然。其中，黃庭堅以文人自信的口吻故設疑問，頗有以文化審美層次劃分社會等級的意味。

眾所周知，審美在生理層面上，是一種由感覺反射至大腦所喚起的愉悅興奮感。這種刺激需要時間或過程的持續，以便給予大腦更多品味與反饋的時間。所以，從其審美的特徵上看，其構成具有層次豐富、過程遲滯等特點。只是，什麼樣的社會生態或人群，更容易形成審美化的氛圍呢？針對審美曲折、層次豐富，以及美感留滯的特點，直觀地看，城市的繁榮更有利於審美化的氛圍構成。不是「小城故事多」，而是大城故事多至冗餘。某些司空見慣的故事，大城市裏的人都不屑談論與記憶。通常，鄉村景色只是文人審美觀照的對象，而不是促成審美氛圍成形的環境。因爲相比於農村，城市因爲具有人口數量、人等色異的優勢，對於生活的審美追求因民眾間的相互影響、感染，也更容易水漲船高的態勢。與此同時，由於農村的人口數量有限，生活簡單，其審美層次也相比於城市要簡單。由此針對人類個體而言，那些生

〔註2〕王小波：《王小波全集》第1卷《知識分子的不幸》，雲南人民出版社2006年版，第31頁。

活在城市裏的紈綺子弟相比於農村來的士子游民，對於生活的品質（包括物質、精神）要求顯然更爲豐富和講究。

作爲宋代文人社會的重要成員，范仲淹、歐陽修、蘇軾、黃庭堅等大都來自鄉村，即便某些人屬於地主鄉紳的地位，與自小生活在城裏的晏幾道、賀鑄等貴冑相比，他們在生活品味上還是稍有遜色。「滿城風絮，梅子黃時雨」(《青玉案》)、「草將野色入荒城」(《病後登快哉亭》)、「長廊碧瓦，夢雨時飄蕩」(《潟南詩話》卷 3) 的語句中，透露出賀鑄對城市生活的欣賞。然而，從「行衝落葉徑」的回城心切，到怡然在農家「坐聽隔江鐘」(賀鑄《題諸葛谼田家壁》)，宋代城鄉差距沒有今天這般巨大。村落較少與外界交流，信息交換遲緩，更多守住的是傳統的影響。在封閉、簡單的鄉村環境中，「傳統」代表一個村落眾人固守的規矩，進而形成「輿論」這類眾人的看法，這些禁錮住了個人的共同想法。因此，與城市文人比較，范、歐、蘇、黃等人學問上的淵博，那些「沒見過，聽聞過」的書本經驗間接彌補了生活經歷上的不足。隨著學問與閱歷的增長，尤其是城市仕宦的經歷，使得這些來自鄉村的文人迅速彌補了早年閱歷的不足，卻富之以更多詩、書、畫等精神層面的審美追求。相比於生活層面上的愉悅追求，這些經由風花雪月，又基於書籍閱讀，學識累積，與物質距離較遠的文藝審美追求，使得鄉村士子與城市子弟處在同一起點上。

事實上，從生命的角度考察，人們以肉體爲根基，其情感反應的生理機制大體相同。雖然肉體也可以分出等級，如身材、肌肉力量區分出人和人之間力量、速度、敏捷的不同，但是這種差異並不構成級差，也不影響生命的存在，我們大多數人在生命本體上大致平等。與靈魂的差距比較，人類肉體的差距只能等而次之，人與人之間最大的差距是來自心靈（靈魂）的距離。這裏需要說明的是，心靈（靈魂）除了先天的精神賦予，更與後天的精神活動密切關聯。所以，儘管我們出生時都擁有魂魄，彼此差距也並不如想像那般巨大，但是後天塑造的智力、想像力、審美判斷力，除魅去弊，最終還是拉開了彼此靈魂的等級。由此可知，心靈是先天遺傳與後天培植共同構造的結果。因爲北宋文人相比於平民，即如城市子弟與鄉村文人對比，均擁有相應豐富的物質文化，這些對於文化心靈的構成至關重要。如黃庭堅所言，世間景色是相同的，但是由於城鄉生活差距、學問與閱歷差距，每個人的學識、想像力、判斷力才有了等級差異。看景的人不相同，所看到的景致也不盡相同。

　　與此關聯，詩歌的水平高下，讀詩的興味感受，也與個體的心靈有關。由於詩歌的高下水平、深淺形式等，取決於人心之妙用，而心之妙用即詩人「情思」之發揮，所以皎然《詩式》說：「比興等六義，本乎情思。」（《辨體有一十九字》）。這裡的「情思」，主要是指作者創作前的主觀思維活動。「比興等六義」則指代詩歌創作手法。就「六義」本於情思而言，「情」本就包括有不同的「情感、情操」，而「思」則是詩人的「識」與「氣」。其中的「識」更涉及到作者的才情、學識與修養等等。儘管才情有先天稟賦的區別，然而學識與修養卻可以後天養成。於是，先天的才情與後天的文化養成，這些都綜合成為文人判斷真偽、善惡、美醜的智識基礎。皎然《詩式》曾經提到「以情思取境」，以及「緣境不盡曰情」（《辨體有一十九字》）。按照胡適的觀點，「情思」兼言情感與思想。情感自不待言，文學之靈魂也。而思想「蓋兼見地識力理想三者而言也……文學以有思想而益貴；思想亦以有文學的價值而益貴」（《文學改良芻議》）。

　　至於皎然所謂「氣多含蓄曰思」（《辨體有一十九字》），我們尤可以球類運動為例。當運動員有足夠的智力和情感時，要想在球場上有所表現，很大程度上取決於體力和精力。精力充沛時，運動員可以充分展現有創意的動作。然而，若體力不濟，原本有創意的想法也只能由機械性的習慣性動作取代。文學創作與之相仿，只不過其更多體現為精力對於頭腦的影響。當精力充沛，神旺氣盛時，創作主體的思緒也隨之活躍，那麼其創作力必然旺盛。反之，當精力衰減，影響到思考能力下降，所導致的情狀即為才情和靈感不足。故可用公式簡單表示如下：「才情＋學識＋修養＋氣盛（精氣旺）＝創作力」，即「情思＋氣盛（精力、思想力）＝創作力」。

　　細究王國維區分詩人與常人之境，與索緒爾區分語言和言語，俄蘇形式主義學者區分文學語言、日常語言的方式異曲同工。過去，我們以為文人經由「常人」出身，其必能超越「常人」，其語言追求美善，擁有「常人」不能領悟的「詩人之境」。然而，「常人之境」絕非概念那般容易把握。因為每個生命各有不同情感經歷與個性才情，這些都是無法量化衡量的。故「常人」也好，「詩人」也罷，如此劃分，其實也是用簡陋的方式取消了個體生命的豐富性。詩人有學問淺薄者，常人亦有閱歷豐富，善於聯想、反思者，故對於「常人」，我們只能將之設定為每個具體生命的審美感受。因此，王國維所說「常人之境」的真實含義是，未能到達較高審美意境的一般性的詩詞，而「常人」則不能完全實指現實生活中的某一類人，而僅是某些詩歌境界不高的泛

指。即便杜甫、李白，若有某些詩歌境界不高，亦可排入「常人」之列。反之，末流文人若有神來之筆，作品亦可尊賞爲「詩人之境」。作品水平的高低，才是劃分「常人」與「詩人」的標尺。由此，「常人」、「詩人」構成某種取代具體對象的結構，其可以容納任何符合條件的對象。總之，無論是靈魂等級，還是具體審美境界的辨析，我們對於常人和詩人之境的探討，終究還要根植於歷史文獻，以詩詞、筆記刊載來揭示文人士風的變化。

北宋魏野詩云：「洗硯魚吞墨，烹茶鶴避煙」(《書友人屋壁》)，林逋亦有詩云：「疏影橫斜水清淺，暗香浮動月黃昏」(《山園小梅》)。這些聯想豐富的脫俗詩句，無不凸顯出詩人與平常人審美趣味的差異。林逋雖是鄉野隱士，同樣也景仰孔孟之道、韓柳之文，也具有相當的知識水平。梅妻鶴子、詩文雅趣，外在行止與內心追求在生活中的統一，一直都是士大夫的渴求。所以，貴人鉅公識得其中的雅趣，並尊爲上品，所謂「語合慕仰，低回不忍去」(梅堯臣《林和靖先生詩集敘》)。這其實就代表了這一時代有此美趣品鑒的人群在擴大，此種審美幻象的普及反過來也推高了文人對於這類詩歌的尊崇與美譽。平常我們說這個人有「文化」，其實是描述此人「識鑒眞善」的厚重能力，及其以美的形式呈現後的狀態。文化體現在人的行爲舉止和談吐之間，智慧便在其中找到屬於自己歷史的、文學的和藝術的落腳點。如今，想像墨池洗硯，爐火烹茶，白鶴避煙的情景，不禁要問「筆墨」、「茶鶴」、「梅月」等，何以成爲宋代朝野文人映入眼簾的審美選擇呢？

英國學者休謨、博克、瑞恰茲等人認爲，由於人具有相同的生理結構，所以人們可以有共同的審美趣味。人類感官所感受的色彩、空間等場域大概一致，況且他們面對的也是類似的外部對象。然而審美趣味既有眞僞之辨，人的能力還有高下之分。審美趣味是個相當複雜的觀念，由感覺、想像力和判斷力構成的，審美的差異主要是判斷力造成的。要提高判斷力，就需學習和訓練。〔註3〕同樣是「小荷尖角」、「鴛鴦戲水」，常人看到無非只是感慨其美，文人卻能憑藉閱歷、學問，聯想出更多的鏡象構成，並通過比喻、象徵等手法，使得眼前之景呈現出更多的審美風貌。詩歌所謂「比興」者，乃是假借恰當的對象，準確形象地描述作者的心理感覺罷了。至少「心如野鶴與塵遠，詩似冰壺見底清」兩句詩，體現了文人渴望如野鶴那般超脫俗世的雅境。〔註4〕

〔註3〕朱光潛：《西方美學史》，人民文學出版社1979年版，第247頁。
〔註4〕《艇齋詩話》載：「東湖喜誦韋蘇州《贈王侍御》詩『心如野鶴與塵遠，詩似冰壺見底清』一篇，眞佳句也。」

　　細究起來，人和人之間的想像力也是有差別的，感覺也是有差別的，但是每個人都有感覺和想像力是不容置疑的，且彼此的差別未達到巨大等級差異的程度，所以博克等人特別強調了「判斷力」的標準。因此，我以為這個公式應該表示如下：在獨一無二的心靈（S）主導下，感覺＋想像力＋學問＋經驗＝判斷力。其中較大的變量是：心靈（S）、學問（K）和經驗（E），尤其是心靈的個體差異性極大。如果我們學養不夠，閱歷又不足，就會失去判斷力（準確地說是「判斷力不足」）。故朗吉弩斯認為，「除非一個人飽讀詩書，否則他就不能準確地評判文學作品」〔註5〕。換句話說，審美趣味和能力可以通過學習和訓練得以提高。但是由於個體心靈的不同，審美鑒賞中出現完全的統一性也是不可能的。要辨別審美趣味，「最好的確定方法就是把不同國家不同時代的共同經驗所承認的典範和準則當作衡量尺度」〔註6〕。即如英國學者利維斯所說，「流行的價值觀念就像某種紙幣，它的基礎是很小數量的黃金」，「一個社會中為數甚少的文化精英，正好比黃金一樣是為普遍價值的根基」〔註7〕。究竟什麼人才能引領這樣的審美趣味並形成趨勢呢？休謨認為唯有天才能設定審美趣味的標準，並引導藝術的潮流。然而這種天才也要具備天資和修養兩方面的條件。我們談論古代「詩人之境」所傳達出來的審美取向，其實就是休謨所說的「天才」決定的審美趣味取向。因為天才的情感、學識和思想心靈，我們能從古代流傳文獻中找到的「詩人之境」，實則都是那些時代的「能對優美藝術作出正確判斷的稀有的人物」（休謨《論審美趣味的標準》）流傳下來的遺存。

　　李覯曾說：「文之化於人也深矣，雖五聲八音，或雅或鄭，納諸聽聞而淪入心竅，不是過也。嘗試從事於簡策間，其讀虛無之書，則心頹然而厭於世；觀軍陣之法，則心奮起而輕其生；味縱橫之說，則思譎詭而忘忠信，熟刑名之學，則喜苛刻而泥廉隅；誦隱遁之篇，則意先馳於水石；詠宮體之辭，則志不出於奩匣：文見於外，必動乎內，百變而百從矣。」（《旴江集》卷27《上宋舍人書》）作為文化的承載之一，書籍對於人的影響如此巨大，文人群體又是當代文學風氣的主要承繼者，那麼探究北宋士風變化中的文學審美趣味，對於瞭解宋代文學觀念的構建和傳播就變得十分地重要了。

〔註5〕〔美〕查爾斯・E・布萊斯勒：《文學批評：理論與實踐導論》，中國人民出版社 2015 年版，第 32 頁。

〔註6〕章啓群：《新編西方美學史》，商務印書館 2004 年版，第 253 頁。

〔註7〕F・R・利維斯：《大眾文明與少數人文化》，劍橋 1930 年版，第 3 頁。轉自朱立元：《當代西方文藝理論》，華東師範大學出版社 2014 年版，第 380 頁。

第二節　北宋坊牆倒塌後的市井交往

文化是人類社會文明發展的產物，是各種風俗的組成。有人籠統稱之爲「人類活動的痕跡」，它的物質留存總能反映某一時代的社會生活形態。除此以外，英國文化學者威廉姆斯曾說：「文化遠不止是對新的生產方法或對新興工業本身的反應。它還關注在此過程中形成的種種新的個人及社會關係。……文化顯然還是對政治、社會新發展的反應。」〔註8〕

通常情況，生產發展促進了社會分工，同時也使得社會開始呈現出複雜的生活狀態。人們的思想因社會的多樣化而豐富，其尋求審美趣味的途徑才有了多種選擇的可能性。其中，城市作爲社會發展高級階段的存在方式，因其強大的組織管理和能量獲取能力，更加體現出社會文明進步的綜合成就。同樣，相比於早期的鎮集、部落，城市給了人們更多的生活滿足，城市裏貨物與人員的流動更爲活躍、頻繁，語言與信息交流也附帶得以豐裕，足以容納更多外來文化的進入，其審美文化也因此呈現出豐富的色彩。

北宋定都開封，純是取漕運之便。由於政治決策的機緣，借助各方漕運繁榮起來的汴梁，在十一世紀已吸引百萬人口聚集，可謂商品、信息與文化交流的典型城市。客觀上，逐利、貪欲其實人類社會發展的動力。「人爲財死，鳥爲食亡」，說明人的社會需求比動物更豐富，擁有愈多錢財，就意味著可以購買並享有更多的社會勞力和服務。而「興利生財的一大門道，就是信息交流、人來貨往。甲地充裕的，乙地可能既罕且珍。不停互通有無，會形成愈來愈複雜的多重網絡，將許多社群連結進來，在社會每一階層運作」〔註9〕。學者李春棠說：「商品交換的發展，是決定社會交往發展水平的主要條件」。〔註10〕雖然宋代的生產方法與前代相比，其物質條件並沒有出現革命性的變化，但是隨著城市功能的發展完善，商品交換的時空擴展的確在改變人們之間的忠信關係，進而對當時的社會文化產生影響。

北宋由於戰爭的破壞以及社會商品經濟的發展，一方面坊牆的作用逐漸弱化，後周時東京「居民已面街而居，臨街設肆，坊牆實際上已不復存在，

〔註8〕 朱剛：《二十世紀西方文論》，北京大學出版社2006年版，第430頁。
〔註9〕 〔英〕伊安・摩里士：《西方憑什麼》，臺北雅言文化有限公司2015年版，第154頁。
〔註10〕 李春棠：《坊牆倒塌以後：宋代城市生活長卷》，湖南出版社1993年版，第16頁。

起碼說主要街道兩旁是如此」〔註11〕，而另一方面由坊變市的趨勢日益明顯，「臨街開店之後，市區擴大到全城，大街小巷，橋頭路口，都成了商品交換的地方，一下子把北宋以前封閉式的『市』，變為全城性的敞開的市，城內外均可為鬧市」〔註12〕。因此，首先是出於經濟利益，人們不再受里坊的束縛，交流的時間和機會也在擴展、增加。對此，李春棠認為「嚴密封閉的街區結構的鬆弛、變裂，在唐代後期就開始了，這是一個緩慢的長過程，直到北宋中期，坊市制才徹底崩潰。從此，城市裏所有通衢小巷都成了市場，而且夜市不禁。就連東京這條最莊嚴肅穆的御街，也變得熙熙攘攘，喧鬧嘈雜，完全從冷漠中走了出來」〔註13〕。

因為攸關切身利益，越是人類群體聚集的城市，各類人等技能與知識的協調運用，就越能保證城市向著發達的文明運轉。自給自足的家族封閉雖然維繫血緣的純正與家族穩定，但是保守排外的院牆傾向只會令先進的思想與技藝無法匯入，最終導致文明推進緩慢，無法實現發展與超越。一個村落的弊端與文明停滯，或許僅是因為無人識出某種病症（污染）而導致的人口凋零，不是每個村落都有貴州石阡仡佬族人的運氣，可以幸運拾到老鷹嘴裏墜落的靈芝，解除流行多時的瘟疫。相反，城市的人才聚集交流卻能有效杜絕這樣的愚昧落後。於是，市井中分工明確的人們，弱化了血緣關係，湧現出公共職業群體。他們憑著「忠信」服務社會，以情感或物質（金錢）回報彼此，以知識和技能的集結締造出特有的文明範式。從鄉村到城市，人們逐漸習慣用流行的通貨分享服務。文化便在城市文明進程中，百變百從地以「真善美」的方式見證了人類區別於動物存在的特質。於是，城市文化的多層次與豐富性，更能滿足人們社會生活的需要。當然，從中我們也可從城市文化中辨別出文學繁榮與變化的影子，如樂蘅軍所說，宋代城市的繁榮，刺激展現出人生欲望的各種姿態，「人性在溫度頗高的空氣中，已掙脫若干傳統的束縛，而蠢蠢欲動，再加上其他質素的催化、導引，其形而下的固仍沉澱為癡愚頑惱的人生眾相；其形而上的則化為文學的（或藝術的）形式表現出來」〔註14〕。生理滿足之後，必要走向心理的追求。此外，根據德國學者布洛赫的觀點，

〔註11〕 周寶珠：《宋代東京研究》，河南大學出版社 1992 年版，第 233 頁。
〔註12〕 同上，第 234 頁。
〔註13〕 李春棠：《坊牆倒塌以後：宋代城市生活長卷》，湖南出版社 1993 年版，第 15～17 頁。
〔註14〕 樂蘅軍：《宋代話本研究》，臺灣精華印書館 1969 年版，第 19 頁。

城市日益發展繁榮，帶動整個社會生產商品化的節奏加快，惟有文學藝術既可以成為生產方式愈加社會化條件下的「精神避難所」，又「保存著商品社會所失落和異化的東西，保存著一塊審美的淨土」〔註15〕。

　　儘管「文化之進步就是基於器具的進步……各文化之地域發展也與歷史的發展差不多。東西文化之區別，就在於所用器具不同」（《東西文化之比較》）〔註16〕，然而各個種族文化在歷史上的呈現形式依然存有較大差異。在《清明上河圖》中，依稀可以看到城市沿街店鋪林立，市井商販活躍的情景。那時代城市活躍的具體表現：一是商販突破了交易的限制，臨街店肆侵街現象嚴重；二是商品經濟帶出夜市的繁榮。以汴京為例，當時的「夜市直至三更盡，才五更又復開張。如要鬧去處，通曉不絕」（《東京夢華錄》卷3）。《東京夢華錄》、《鐵圍山叢談》等書記載了龍津橋〔註17〕、州橋、馬行街等地夜市的盛況，所謂「上元五夜，馬行南北幾十里，夾道藥肆，蓋多國醫，咸巨富，聲伎非常，燒燈尤壯觀，故詩人亦多道馬行街燈火」。夜市三更盡，鬼市子五更始〔註18〕，東京人每天在市井活動的時間居然可以長達二十二小時。後世學者生動想像當時情形是「人聲鼎沸的酒店營業到天亮（宵禁於1063年解除），戲臺五十家，家家可容數千看客，商店多到要侵入唯一供聖駕出入的通關大道」〔註19〕。每個人在情感與金錢的趨使下，不遺餘力地貢獻出自己的智慧和技藝。因此，周寶珠評價東京的夜市，「為商品交換開創了新路子，增加了時間，擴大了交易量，促進了城市經濟的發展。同時，也豐富了人們生活、娛樂，改變了城市夜間的面貌」。

　　因為夜市的出現，從天上俯瞰或許僅是城市夜半的些許燈火，一旦躑躅步入其間，映入眼簾的卻是「各色食品，應有盡有。不管冬日夏月，直到半

〔註15〕　朱立元：《當代西方文藝理論》，華東師範大學出版社2005年版，第197頁。
〔註16〕　胡適：《胡適學術代表作》下卷，嚴雲受編，安徽教育出版社2007年版，第156頁。
〔註17〕　《東京夢華錄》（卷2）載：「出朱雀門，直至龍津橋。自州橋南去，當街水飯、爊肉、乾脯……直至龍津橋須腦子肉止，謂之雜嚼，直至三更。」按：龍津橋夜市也是半夜三更收攤。
〔註18〕　《東京夢華錄》（卷2）有「潘樓東街巷」載：「潘樓東去十字街，謂之土市子，又謂竹竿市。又東十字大街，曰從行裹角茶坊，每五更點燈博易，買賣衣物、圖畫、花環、領抹之類，至曉即散，謂之『鬼市子』。」按：東京鬼市子是每日五更開始，天亮即散。
〔註19〕　〔英〕伊安‧摩里士：《西方憑什麼》，臺北雅言文化有限公司2015年版，第307頁。

夜三更，都可以到這裡來大飽口福。這種甚囂塵上的夜生活，徹底打破了嚴禁夜市的古老傳統」〔註 20〕。進入城市後，一方面人們不再像村落那樣貼近「孝親」的血緣關係，城市更偏向萍水相逢的社會「忠信」往來。另一方面，市井生活既宣洩個性寂寞，也豐富了人和人之間的情感構成。相比貧乏孤寂的農村，城市裏的高門大院、亭臺樓閣，以及各種飾品、珍玩都豐富了文學作品所能反映的生活內容，如蘇軾感言：「譬如城市間種種物有之，欲致而為我用」。貼近城市生活，我們才有了感官的豐富刺激，審美的追求才能更自覺地切入心靈。若我們單一地考察市井人們的交往，言語文字的使用必然與當時的生活狀態密切相關，白天或是「賣花擔上看桃李」，夜晚則是「拍酒樓頭聽管絃」（《六一詩話》）。

《東京夢華錄》（卷 2）記載：「北山子茶坊，內有仙洞、仙橋，仕女往往夜遊，吃茶於彼。……下橋南斜街、北斜街，內有泰山廟，兩街有妓館。……以東牛行街、下馬劉家藥鋪、看牛樓酒店，亦有妓館。……直南抵太廟街、高陽正店，夜市尤盛。……向東曰東雞兒巷，向西曰西雞兒巷，皆妓館所居。」我們可以想像，當時夜市繁華，必然伴隨歌樓、妓館、酒館的喧鬧；市井文人間的往來增多，必然伴隨有更多的語言或文字的往復交流。所謂「宋都汴，民物康阜，遊樂之事甚多，市井間有雜伎藝」〔註 21〕。自有市場開放和夜市以後，陡然增加的生活內容拓展了文人的思想意識，激發了柳永等人的創作熱情，也成為他們筆下樂於表現的文學映象。除了俚語俗話，其間市井人物的文學交往，更加耐人尋味。日本學者將這種日常的市井空間稱之為「多樣的現實與意識相互關聯的具有流動性並帶有複雜性質的『場』」〔註 22〕。以我個人的理解，所謂的「場」其實就是具有不同意識、各色人等頻繁交往的社會市井。這樣的市井交流在宋代呈現出門第意識降低，家族血緣外交往增多的社會現實形態。

據史書記載，經歷晚唐五代，汴梁市井的說話伎藝在此時已是十分盛行。北宋張齊賢敘述，後晉楊凝式在東京認識擅長「合生」、「嘲弄」的民間談歌

〔註 20〕 李春棠：《坊牆倒塌以後：宋代城市生活長卷》，湖南出版社 1993 年版，第 15～17 頁。

〔註 21〕 魯迅：《魯迅全集》第 9 冊《中國小說史略》，人民文學出版社 2005 年版，第 116 頁。

〔註 22〕 〔日〕平田茂樹等編：《宋代社會的空間與交流》，河南大學出版社 2008 年版，第 1 頁。

婦人楊苧羅，曾以「姪女」呼之。〔註23〕在張齊賢筆記裏，詳細談到楊苧羅與「俗講」僧人雲辨之間的文學嘲弄。《洛陽縉紳舊聞記》（卷1）記載：

> 雲辨於長壽寺五月講，少師詣講院與雲辨對坐。歌者在側，忽有大蜘蛛於簷前垂絲而下，正對少師於僧前。雲辨笑謂歌者曰：「試嘲此蜘蛛，如嘲得著，奉絹兩足。」歌者更不得思慮，應聲嘲之，意全不離蜘蛛，而嘲戲之辭正諷雲辨。少師聞之絕倒。久之，大叫曰：「和尚取絹五足來。」雲辨且笑，遂以絹五足奉之歌者。嘲蜘蛛云：「喫得肚鼉撐，尋絲繞寺行。空中設羅網，只待殺眾生（蓋譏雲辨體肥而肚大故也。）」……

由此記載，可知五代以來的民間「嘲弄」伎藝，實則是用詩歌韻文的方式嘲笑戲弄對象。其實，長壽寺「五月講」是僧徒在寺院中舉行的「俗講」活動。當時講經人爲了吸引聽眾，不得不儘量發揮自己的想像力，利用生動的描摹和譬喻來說明佛經要義。所以，講經時每講一段經文，就要通俗地講解一段。僧人講解時，通常有說有唱，大量採用賦體的形式鋪陳描寫。在詠唱時多用七言歌行和五言詩體，講經活動富有文學藝術魅力。由此也形成了所謂的「講經文」——即僧人「俗講」時使用的底本。雲辨擅長「俗講」，對詩賦文學自然也是在行的，只是沒想到此次僧俗交鋒，最後以民間女藝人的完勝告終。

　　文學的交往與口語說話的交往，最大的不同就是可以使用更爲審美化的言語或文學修辭技巧。所謂「鼓天下之動者在乎風，通天下之情者在乎言，形於風，可以言者，其惟詩乎」（《全宋文》卷19《文獻太子詩集序》）。人們在日常交往過程中，有些不便明說的話，借助文學語言的含蓄、蘊藉、複義的特點，可以獲得更好的表達效果，這樣的生活也才更有意趣。顯然，在這樣的交往中，「嘲弄」作爲一種媒介，在雲辨和歌者之間構成了一個審美交往的模式。在此模式裏，歌者將自己對於「雲辨」肥胖身軀特殊的「審美心理感受」，借助「蜘蛛」形象（中介）寄託，通過詩歌表達呈現給聽眾。而聽眾則通過這樣的文學媒介，與歌者進行著潛在的精神溝通。同樣情況，北宋梅堯臣也曾以鴨子比喻宣城太守呂士龍喜歡身材短肥的娼妓，用所謂「莫打鴨，打鴨驚鴛鴦」這樣看似白話的文學辭語嘲謔（《侯鯖錄》卷8）。

〔註23〕吳文治：《宋詩話全編》第1冊，鳳凰出版社1998年版，第50頁。

在這類交往對話中，作者使用看似日常的語言（或文字），卻通過「隱喻」、「象徵」的文學手段，建構或重建的都是關於「肥胖」〔註24〕的文學審美形象。正如欲斥責自家女兒學習愚笨不慧，若直接責罵：「你怎麼那麼蠢？真是笨死了！」口語的粗俗雖然能宣洩自己的憤怒情緒，但是此類話語既不善，更不雅。一則與自家身份教養不符，不好讓外人知曉這樣的粗俗言語居然是學者嘴裏說的；二則對於這樣罵人的言語，女兒表面雖不敢造次，但是內心難免抗拒，不肯接

圖 17

受。對於教育孩子，並無益處。若自己調整好情緒，對女兒說：「你怎麼像麥兜豬一樣？」麥兜豬是港產動畫片中的一隻叫「麥兜」的小豬形象，說過許多搞笑的語錄經典，帶給觀眾既可愛，又有些傻乎乎的印象。借助「湯姆貓」、「麥兜豬」〔註25〕這樣含蓄多義的形象中介，一則緩衝、柔和了情緒，二則便利了接受。於是，對女兒所說的話就有了兩層或多層的意思：一層意思是「你怎麼和麥兜豬一樣傻乎乎的呢？」；第二層意思是「爸爸愛你，你也很可愛，但是你怎麼會這樣不開竅，教都教不會？」話語中，既是一種委婉的批評，更有「憾其不爭」的憐愛。形象、含蓄的文學言語，尤其是那些借物言喻的言語，更增了趣味，其實是用「真善美」三者平衡恰當的話語，在對話者之間建立起一種具有審美愉悅的言語交往方式。五代至北宋以來，市井俗講、嘲弄、小說等民間伎藝對於社會士庶交往，起到的就是這樣一種既與傳統詩教作用相類似，又具有審美（愉悅）想像作用的對話交往模式。聽眾與人

〔註24〕 按：不知何以鴨就是肥胖的隱喻象徵？其實，鴨與鴛鴦在斤兩胖瘦上也差不多。或許是鴛鴦羽毛的別致，才更突顯了鴨肥胖的形象，而鴛鴦卻始終保持了楊玉環的嫵媚動人。

〔註25〕 當多數讀者並不知曉「麥兜」，作者就要尋找另一個讀者熟悉的形象，譬如「卡通豬」、「豬八戒」等，對「麥兜」做出必要解釋，使得讀者可以通過早已熟悉的形象，與「麥兜」建立起形象上的嫁接聯繫。這就等同於艾略特與龐德所謂詩歌需要尋找的「客觀對應物」或「意象」。

物合而爲一，借助文學媒介，共同附合了某種社會公認的倫理道德理念或審美形象認同。

　　北宋士庶文學交往的第二個例證是石曼卿與僧俗友人的往來。《湘山野錄》（卷下）記載，石曼卿好飲酒，曾對僧秘演說：「館俸清薄，不得痛飲，且僚友鑽之殆遍，奈何？」秘演給他想出一法子，就是讓一位姓牛的朋友請喝酒。牛姓朋友「高貲好義，宅在朱家曲，爲薪炭市評，別第在繁臺寺西〔註26〕，房緡日數十千」。因爲羨慕秘演的朋友多爲清貴高雅之士，多次請求介紹認識。秘演將牛生引見給石曼卿。見面後，石曼卿談起「繁臺寺閣虛爽可愛，久不一登」。牛生趕忙附和，離席答道：「學士與大師果欲登閣，乞預寵諭，下處正與閣對，容具家藪在閣迎候。」官府旬休，石曼卿果然與秘演同登繁臺寺閣。牛生早早在閣上陳設酒食，「器皿精靉，冠於都下」。石曼卿、秘演二人在閣上「高歌褫帶，飲至落景，曼卿醉喜曰：『此遊可紀。』」於是，石曼卿用巨筆題曰：「石延年曼卿同空門詩友老演登此。」牛生請求在這段遊記中，寫上自己的名字。石曼卿不好拒絕，遂補題曰：「牛某捧硯。」歐陽修聽聞此事，以詩戲道：「捧硯得全牛。」根據牛生所用酒食器皿有「冠於都下」的記載，說明這事眞的發生在北宋都城裏，而繁臺寺至金人佔領汴京後依然存在。〔註27〕

　　宋代坊牆拆廢之後，人與人之間的交往相較前代更爲便利。市場擴大、夜市繁榮，人們的往來交流也有了更大的愇裕度。日本學者也認爲，「從宋代坊牆制、市制的崩潰，鎮市、草市的發達，夜禁的廢止，可以看出宋代爲一個商業流通在空間和時間都不斷擴大的時代」〔註28〕。其實宋代也有夜禁時

〔註26〕　按：實爲天清寺。繁臺位於開封東南三華里處，原是一座自然形成的，長約百步的寬闊高臺。周世宗柴榮顯德二年（955）在此臺上建寺，落成之日，恰逢柴榮生辰「天清節」，於是寺院便取名「天清寺」，爲柴榮的功德院。北宋龐元英《文昌雜錄補逸》（卷1）載：「天清寺繁臺，梁孝王常按歌吹臺。阮公詩云：『駕言發魏都，南向望吹臺。簫管有遺音，梁王安在哉？』後有繁氏居其側，里人呼爲繁臺。」

〔註27〕　（元）托克托：《金史》（卷131）記載，金朝正大年間，李懋有異術，曾「遊京兆，行省完顏合達愛其術，與俱至汴京，薦於哀宗。遣近侍密問國運否泰，言無忌避。」李懋當時在汴京所居之地就是繁臺寺。（宋）龐元英《文昌雜錄》（卷1）載：「天清寺繁臺，梁孝王常按歌吹臺。……後有繁氏居其側，里人呼爲繁臺。」

〔註28〕　〔日〕平田茂樹等編：《宋代社會的空間與交流》，河南大學出版社2008年版，第5頁。

間，只是當時有「通宵營業的區域」，而負責巡鋪的兵卒也不能嚴格地實行。〔註 29〕《東京夢華錄》(卷 2) 記載，舊曹門街北山子茶坊，「仕女往往夜遊吃茶於彼」；汴京城裏「大抵諸酒肆瓦市，不以風雨寒暑，白晝通夜，駢闐如此」。

無論晝夜，歌樓酒肆、市井買賣，都需要話語文字的交往，而社會生活的活躍豐富，又驅動人們增廣見聞，思想和話語更爲豐盈，宋人的詩詞歌賦自然多有與此生活相關的內容、情趣。從語言的指稱過程來看，語言現象通常是物質世界的能動反映。雖然索緒爾認爲語言的意義與語言的外部環境沒有關係，但是個人言語的使用總要遵從社會爲個人行使言語機能而採用的規約，於是語言符號就有了社會的部份，需要得到社會成員的識別和認同。〔註 30〕如孟元老所回憶的那樣，「新聲巧笑於柳陌花衢，按管調弦於茶坊酒肆。……簫鼓喧空，幾家夜宴」(《東京夢華錄·序》)。這自然也是唐宋社會除 (朝代) 時間順序之外最大的區別。白樊樓是東京城有名的酒樓，《東京夢華錄》(卷 2) 記載：「白樊樓後改爲豐樂樓，宣和間更修三層相高，五樓相向，各有飛橋欄檻，明暗相通。」宋話本多稱其高峻，喚作「樊樓」，有「京師酒肆之甲，飲徒千餘人」(周密《齊東野語》卷 11) 的說法。當然，世俗社會顯然無法滿足文人的全部審美追求。因此，文人對於世俗社會最好設定爲簡單的欲求，流連市井純粹是衝著某家酒樓的魚燒得特別好吃，或某茶店有特別好喝的茶，不做其他非份之想。除了吃飯品茶之外，一旦還期待遇到某位琴棋書畫絕倫的美貌女子，對於世俗社會寄寓了超出現實的奢求，那麼良好的願望通常只能換來失望。

事實上，文人對於城市最直接的貢獻，就是將自己看到的生活影像，通過自己審美感受，用文字形象、優美地表現出來。城市文人最有閑暇，也最有能力將生活美學化、藝術化。劉子翬少年時在東京曾見過樊樓。靖康之後，回憶往事，作《汴京紀事詩》20 首。第 18 首詩云：「梁園歌舞足風流，美酒如刀解斷愁。憶得少年多樂事，夜深燈火上樊樓。」由此筆墨呈現，太平日久的宋人逐漸擺脫了簡單的生活需求，在繁榮的城市裏逐漸發展起將生活慵裕與審美趣味相結合的士庶風氣，市井文人也暫時忘記了自然的山水美景，開始更多爲城市的生活情致籠罩、吸引。另一方面，突破家族血緣的市井人

〔註 29〕 〔日〕久保田和男：《宋代開封研究》，上海古籍出版社 2010 年版，第 138 頁。
參見《宋會要》兵三之六至七。
〔註 30〕 朱剛：《二十世紀西方文論》，北京大學出版社 2006 年版，第 268 頁。

際關係，的確給人們展現了另一種生活好感。眞與美只是生活的兩面，相比於農村的自然狀態，城市顯然可以營造更具誘惑的審美幻象，使得人們對這樣的多態生活飽含熱情。這樣的審美誘惑就是人生美好的誘惑，對於文人來說，恐怕要到晚年才能覺悟參透，返樸歸眞。

據史料記載，當年東京汴梁除了樊樓、任店這樣的飯館酒樓，還有一種名爲「分茶」的店鋪，同樣呈現了士庶人等的審美交往。《東京夢華錄》（卷2）介紹御街向南走，過了州橋有炭張家酒店、李家香鋪、曹婆婆肉餅等多家店鋪之外，還有一家名「李四分茶」的店鋪。北宋早期飲茶方式主要是煎茶，隨後過渡到點飲。烹點技藝出現，才有了「分茶」、「鬥茶」的風氣。對於「分茶」，錢鍾書認爲「分茶」於宋含兩義，一指茗事，一指沽

圖 18

酒市脯，雖著茶字，無關品茗。然楊萬里關於「煎茶不似分茶巧」、「二者相遭兔甌面，怪怪奇奇眞善幻。紛如擘絮行太空，影落寒江能萬變」（《澹庵坐上觀顯上人分茶》）的描述，卻也證實「分茶」是當時一種神奇技藝，通過「點茶」〔註31〕使茶湯表面形成圖文物象。宋初陶穀讚歎「饌茶而幻出物象於湯面者，茶匠通神之藝也」（《清異錄》卷上《生成盞》）。孫機《中國古代物質文化》一書，詳細介紹「只有當茶末極細，調膏極勻，湯候適宜，水溫不高不低，水與茶末的比例不多不少，茶盞預熱好，沖點時水流緊湊，擊拂時攪得極透，盞中的茶才能呈懸浮的膠體狀態。這時茶面上銀粟翻光，沫餑洶湧；一盞茶就算點成了」〔註32〕。區別於現今的沸水泡散茶，以宋人熬煮「飲食」茶葉末子

〔註31〕 學者孫機認爲，「至晚唐時，又興起了一種在茶瓶（湯瓶）中煮水，置茶末於茶盞，再持瓶向盞中注沸水沖茶的『點茶法』。此法最早見於唐·蘇廙《十六湯品》，它本是蘇氏所撰《仙芽傳》卷9有『作湯十六法』，但該書其他部份已佚，僅這一部份以上述名稱保存在宋初陶穀的《清異錄》中。此法特別重視點湯的技巧，強調水流要順通，水量要適度，落水點要準確，同時要不停地擊拂，以生出宜人的沫餑。由於它能發揮出末茶的特點，故成爲宋元時飲茶方式的主流。」詳見《中國古代物質文化》，中華書局2014年版，第58頁。
〔註32〕 孫機：《中國古代物質文化》，中華書局2014年版，第63頁。

稱爲「喝茶」而言,既成了「沫餑」,這種「點茶繪畫」的技藝是有可能的。故伊永文箋注《東京夢華錄》,認爲「分茶爲泡茶注水相融之際,高下疾徐,擊拂撥弄幻成字畫之類物象。分茶已與風行於世琴棋書畫並肩而立也,其伎藝獨特,鮮有能者,然市井飲食商家多趨名藝絕技,紛紛以『分茶』標榜,以示品味高尚而相召顧客耳。故臨安大凡麵食店,亦謂之『分茶店』,此繼東京食店之風,實與分茶無涉,只取誠爲飲食活動審美精神矣」〔註33〕。準確地說,此種「點茶繪畫」技藝是宋代流行的一種名爲「茶百戲」更高級的茶道。茶百戲作爲一種高水平的沏茶技藝,它能使茶湯瞬間呈現山水雲霧、花鳥蟲魚等圖案變化,是宋代士大夫喜愛與崇尚的一種文化活動。當年,南宋楊萬里贊曰:「分茶何似煎茶好,煎茶不似分茶巧……紛如擘絮行太空,影落寒江能萬變」(《澹庵坐上觀顯上人分茶》)。這樣的描述或許類似於至今保留於日本茶道,以茶筅攪拌茶葉粉末起泡沫,其後點染成圖案的抹茶過程。從楊萬里「怪怪奇奇眞善幻」的詩句,到伊永文所謂「分茶標榜,以示品味高尚」,乃至「只取誠爲飲食活動審美精神」的說法,都證實北宋市井多趨於名藝絕技。

城市繁榮,有錢有閒階層的出現,文人士風的醞釀呼應,才能推動市井生活趨向審美趣味化。最初,每種技藝都是功能性的,後來才發展出了象徵性和欣賞性。按照英國學者科林伍德以功利性、實用性劃分技藝與藝術的標準〔註34〕,「分茶」作爲一種兼具實用性和情感表現的技藝,它已超越了茶飲本身,更呈現出一種生活的美學情趣,其實是北宋士庶生活趣味由「生活眞實」轉向「文藝美善」的徵象。寬泛地看,審美其實就是一種更曲折縈繞、愉悅感覺延長的人類活動。喝茶固然可以一飲而盡,但是生活審美精緻化的人卻更看重觀賞、品味的過程,將美好的感覺在曲折委婉的「分茶」過程中儘量延長。有些人僅憑著喝茶講究,便步入了雅士的行列。此後,宋人將茶具、茶葉品質上的追求,不斷推向時代審美的極致。青瓷、汝窯、建盞、龍鳳團茶等極品茶具與茶製品在宋代出現,以及徽宗皇帝的《大觀茶論》都充分佐證了那個社會的生活美學趣味。

除了那時分茶、鬥茶的精彩,我們還可以設想石曼卿、秘演、牛生三人在繁臺寺閣飲酒至夜晚的情景。這樣的士庶交往,在夜禁森嚴的唐代長安城

〔註33〕 （宋）孟元老:《東京夢華錄箋注》上冊,伊永文箋注,中華書局 2006 年版,第 94 頁。
〔註34〕 朱剛:《二十世紀西方文論》,北京大學出版社 2006 年版,第 45 頁。

裏是很難想像的。〔註35〕唐代也有記錄夜宴的詩，那是因爲皇帝寒食節禁中
宴請諸臣，才有「千官盡醉猶教坐，百戲皆呈未放休。共喜拜恩侵夜出，金
吾不敢問行由」（張文昌《寒食內宴詩》）的例外。當然，更難想像的還包括北宋士
庶除了飲酒以外，還有許多與「高歌」、「遊記」相關的文學言語往來。牛生
雖然因爲富裕，枉做了一回「冤大頭」，但仍以能夠參與文人雅宴作爲自己的
榮耀。由於新型城市生活的出現，北宋士庶間的詩酒唱和，書畫賞題等，逐
漸成爲個人與社會的新型交往關係。

　　雖然「沉浮閭井間，得酒不擇處所，遇屠販如衣冠」（黃庭堅《王力道墓誌銘》）
在那個時代依然視爲士大夫中的另類處世方式，但是依史料所記，北宋士庶
之間若是文學交往，等級其實並不那麼森嚴，更趨於彼此的審美認同和欣賞。
《宋景文公筆記》（卷上）記載，相國晏殊當年「不自貴重其文，凡門下客及官
屬解聲者，悉與酬唱」。沈括《續筆談》載張詠知成都時，有一文吏犯事。張
詠怒曰：「唯致仕可免。」此人遂投牒乞致仕，附獻一詩。其間兩句曰：「秋
光都似宦情薄，山色不如歸意濃。」張詠看罷，十分欣賞，自降階執此人手，
曰：「部內有詩人如此而不知，詠罪人也。」最後，張詠還其牒，禮爲上客。
類似這樣的文學交往，在當時的範圍甚至涉及下層妓女。那麼，士庶跨越等
級，彼此情願交往的基礎究竟是什麼呢？

　　由於宋代文人普遍出身中下層士庶，科舉詩賦卻給他們帶來人生際遇的
重大變化。這也使得文人階層逐漸構建起以「詩賦評價」、「儒學治世」爲特
徵的社會文化價值觀念。這種由國家政權設定的，基於現實利益的「詩賦至
上」觀念，在宋代文人社會的形成過程中逐漸成爲得到大多數人擁護的精神
現實——即詩賦創作水平映襯個人的靈性和品格。雖然唐代也有科舉取士，
但是相比於那時貴族式的錄取方式，宋人徹底打破了傳統以政治、經濟，甚
至是血統爲等級劃分社會階層的方式，他們更願意以「詩賦審美評價」作爲
欣賞、衡量彼此的標準。據趙德麟《侯鯖錄》（卷7）記載：

　　　濠守侯德裕侍郎藏東坡一帖云：「杭州營籍周韶，多蓄奇茗，嘗
　　與君謨（蔡襄）鬥勝之。韶又知作詩，子容過杭，述古飲之，韶泣

〔註35〕 按：唐代「夜禁」，以擊鼓爲號。（唐）長孫無忌《唐律疏義》（卷26）載：「諸
　　犯夜者，笞二十，有故者不坐。（閉門鼓、開門鼓前行者，皆爲犯夜。故，謂
　　公事急速及吉、凶、疾病之類。）〔疏〕議曰：《宮衛令》：『五更三籌，順天
　　門擊鼓，聽人行。畫漏盡，順天門擊鼓四百槌訖，閉門。後更擊六百槌，坊
　　門皆閉，禁人行。違者，笞二十。」

求落籍，子容曰：『可作一絕。』韶援筆立成，曰：『隴上巢空歲月驚，忍看回首自梳翎。開籠若放雪衣女，長念觀音《般若經》。』韶時有服，衣白，一座嗟歎。遂落籍。」

宋話本《蘇長公章臺柳傳》將這類士人與妓女的交往故事嫁接到蘇東坡身上。蘇東坡守杭州時，請佛印西湖飲酒，有歌妓陪侍清唱。

唱罷。佛印問東坡曰：「此妓者，何人也？」東坡曰：「此妓是西湖上有座酒樓唱的，喚做章臺柳。那女子能文章，好歌唱，每日只是怨恨落在風塵裏。今日著他唱奉長老飲酒。」佛印大喜。東坡向章臺柳道：「聞知汝能文章，怨落在風塵裏。汝果有此意乎？我今日出了題目與你做一篇，若做得好，納了花冠褙子，便與你從良嫁人去，敢是我娶了你。」那女子聞言，乃上前深深地道個萬福道：「妾果有此意，若得相公如此，山海之恩不忘。」東坡曰：「你既有此心，便將你『柳』爲題，要見從良娶你的意思，或詩或詞，□□做來，只不要見『柳』字。」那女子將起筆來作一詞，乃是《沁園春》：

弱質嬌姿，黛眉星眼，畫工怎描？自章臺分散，隋堤別後，近臨綠水，遠映紅蓼。半占官街，半侵私道，長被狂風取次搖。當今桃腮杏臉，難比好妖嬈。

春朝曉露才消。暗隱黃鸝深處嬌。千絲萬縷零零風拂水，隨風隨雨，晴雪飄飄。欲告東君，移歸庭院，獨對高堂舞細腰。從今後，無人折損柔條。

作罷，呈上東坡相公。東坡與佛印二人看了，言道：「不枉了這女子，如此聰明！」

同樣是名士大夫和歌妓，等級懸殊；同樣是憑藉文學兌現脫籍的承諾，一詩一詞而已。只是話本故事換了人名，換了地方場景，當然也換了故事敘述的言語。繁臺寺閣裏，牛生由於文化差異，無法直接參與石曼卿、秘演的活動，但是在城市官民之間暫時忘記社會等級，通過文學審美愉悅實現交往，的確才是北宋士庶雙方最樂於接受的方式。當然，普通民眾只是士人筆下的素材，士庶雙方能夠交往的前提，大多取決於庶人虔心靠攏士人文化，言行契合文人品味。

如今，宋人的日常言語我們已無法聽到了，現在能看到的都是轉化成文字的書面白話。即使有《鬧樊樓多情周勝仙》、《趙伯升茶肆遇仁宗》這類宋

元話本存世，如「兄弟，你看著鋪，我回去見我爹則個」（宋話本《楊溫攔路虎傳》）、「兒讀書良苦，常深夜閱書，學中乏炭薪，故爲凍損耳」（施德操《北窗炙輠錄》卷下）等話語，到底哪種言語才是眞實貼近北宋市井的語言，我們已很難判明。生活在元末明初的《水滸傳》作者施耐庵、羅貫中是否操的還是宋朝的口語，小說中魯智深、李逵聒噪的「洒家」、「醃臢潑才」、「直娘賊」、「幹鳥」、「淡出鳥來」、「奪了鳥位」等口語渾話，是否就是宋朝市井的粗鄙話語？

從根本上推究，世俗日常說話往往不擇言語。由於平常人文化水平有限，語言率眞則難免走向庸俗。與之比較，文人更樂意以曲意求眞，其心境也更願意接受美善的言語。《中山詩話》記載蘇舜欽身材高大魁偉，與宋中道並排站立。往下渺視宋中道，笑道：「交不著。」據稱，這是京師的市井口語。「交不著」意思就是嘲笑兩人身高差距如此之大，根本無法交往。蘇舜欽由此也得了「錐宋」的綽號，有所謂「闢如利錐末，所到物已破」的說法——大概是說蘇舜欽嘴如錐子，破物傷人。只是這些話語，今天聽起來似乎並不粗鄙。

仔細分析城市與鄉村，與村落人際交往不同，城市裏血緣關係疏離，需以「忠信」取信於人。於是，某些原本屬於親人之間的眞話，甚至是惡語，依靠家族血緣的維繫，話語雙方並不會過份在意。然而，當鄉野村民進入城市，若再用眞話傷人，用眞話說出惡俗的感受，必不能爲他人所接受，這就要求彼此言語交流以審美適度爲宜，公共領域裏的話語過份粗鄙並不是最佳選擇。據說《東京夢華錄》採用的就是鄙俚的宋代語言，孟元老自稱「不以文飾，蓋欲上下通曉爾」（《東京夢華錄·序》）。伊永文箋注引據多本宋人筆記，也欲證明「《東京夢華錄》誠非偶然，乃宋之俗語大盛風氣而成」〔註36〕。然而，將《東京夢華錄》通篇閱讀，以宋元話本的語言及我們今天的言語比較判斷，其雖不似文言，卻也並沒有過份粗陋鄙俚的話語，反而更接近宋人筆記裏的書面語。而羅貫中、施耐庵《水滸傳》的小說敘述語言，也接近於孟元老的《東京夢華錄》。究其原由，蓋因文人欲以筆記傳人，個體話語進入了公共領域，就不得不考慮將口語轉變成書面語的美善。

按胡適的說法，白話除了日常口語的特點外，它與文言最大的區別，就是白話是感受生活得來的活文字，而文言距離當初具體產生的語境已遠，更多是失去具體感覺，張冠李戴地盜用古人存貨的死文字（《建設的文學革命論》）。

〔註36〕（宋）孟元老：《東京夢華錄箋注》，伊永文箋注，中華書局 2006 年版，第 6 頁。

因爲我們硬是不能相信，唐宋皇帝每天都在用文謅謅的文言說話，其更有可能常說「瓜慫」、「弄啥嘞」這樣的地方口語。顯然，按胡適的標準，孟元老「欲上下通曉」的語言更貼近於白話，顯然是「用活的工具替代死的工具」（胡適《逼上梁山》）的努力。鄙俚語言雖然靠近我們的肉體和欲望，有鮮活生動的優勢，但是其缺點卻是沒有深度的內涵和講究，少了如儒學禮儀般的那種含蓄與雅蘊。故依本人判斷，北宋市井雖然多有俗言俚語，但是在崇尚儒學禮儀的宋代，整體社會風氣並非以鄙俚爲尚，反而是以士大夫的雅言蘊語爲尊。宋人筆記中，多記士大夫交往常以詩詞題字解頤度日，所謂「茅屋松窗小隱家」、「賴有詩書銷百日」（《庚溪詩話》卷下）。官員相會，亦常以吟詠詩詞爲樂。蔡肇從王安石遊，「一日語及盧全《月蝕》詩，辭語奇嶮。介甫曰：『人少有誦得者。』天啓立誦之，不遺一字」（《庚溪詩話》卷下）。一旦，生活從平庸走向雅、趣兩途，語言文學必然也隨生活循行，詩歌自然也由白體淺易，走向雅致與美趣，甚至走上理趣的道路。具體到北宋士庶跨越等級的交往，彼此就高不就低，更多情況下是通過文學的語言，借助某種伎藝或社會活動進行的。

通常，民風淳樸顯然更貼近於原始自然，處於沒有開化（或教化）的生活狀態，而市井風氣乃是生活在某一城市地域人們共同養成的，反映某一時代文明教化的狀況。我們可以說「狂野非洲」、「狂野印度」、「狂野亞馬遜」，但不會稱文明進步多時的歐洲、美國、日本「狂野」。即便有「狂野」、「野性」，那也是某個偏僻山野，如黃石國家公園之類，才配這樣的稱呼。民風淳樸乃由社會簡單所致，市井風氣卻是社會發展的醞釀使然。因此，不僅民風淳樸經不起文明的侵蝕，需要構造出某種複雜的教化來維持社會的相對穩定。「大抵天下治則文教盛」、「天下亂則文教衰」（《旴江集》卷 27《上李舍人書》）。即便是堯舜、孔孟活動的中原故地，若一旦缺乏教化，沒有共同的道德堅守，風氣亦會敗壞。類似魯智深、李逵等人的污穢俗語，更多可能出現在「文明逆轉」、「不尊儒生」〔註37〕的元代市井，而與關心愛人，講究仁義的宋代士林社會無緣。

〔註37〕 周良宵《元代史·序文》認爲宋亡之後，元王朝統一中國，並在政治社會領域帶來了某些落後的影響，「它們對宋代而言，實質上是一種逆轉。這種逆轉不單在元朝一代起作用，並且還作爲一種歷史的因襲，爲後來的明朝所繼承。……明代的政治制度，基本上承襲元朝，而元朝的這一套制度則是蒙古與金制的拼湊。從嚴格的角度講，以北宋爲代表的中原漢族王朝的政治制度，到南宋滅亡，即陷於中斷。」詳見周良宵、顧菊英：《元代史》，上海人民出版社 1993 年 10 月版，第 5 頁。

胡適當年考證《水滸傳》成果，一則認為水滸故事在元朝戲曲中種類甚多，成形於元朝；二則認為「元朝文人對於梁山泊好漢的見解很淺薄平庸，他們描寫人物的本領很薄弱。……元朝文學家的文學技術，程度很幼稚，決不能產生我們現有的《水滸傳》」（《〈水滸傳〉考證》）〔註38〕；三則宋、元時代決不能產生這樣一部奇書。明朝文人受禍最多，而《水滸傳》的理想過於強烈，故這書的著者自己隱諱也最深。施耐庵最有可能是明朝中葉一個文學大家的假名。〔註39〕因此，羅貫中、施耐庵還原梁山好漢的口語時，最有可能使用的是其生活年代的市井語言。何況，作為《水滸傳》小說中所塑造的典型人物，這些口語、渾話展現人物性格是形象生動的，但是將之用於故事敘述卻是不宜。因為在市井話本小說中，這種話語雖能體現出人物的真實內心，也可以幫助讀者閱讀塑造出人物的性格形象，但是這類言語與真正的文學言語比較，在「善」與「美」方面有所欠缺。若整部小說中，作者以這樣的穢言口語敘述，《水滸傳》作為市井傳抄存世猶有可能，歷經百世沉澱成為名著則難以想像。因此，《水滸傳》所使用的語言其實和《東京夢華錄》一樣，是從宋元日常口語提取的，介於士人文言與庶人白話之間的書面話語。文白夾雜，實則是作者在真誠（粗俗）與美雅之間的權衡結果。既不失掉生活的真實，也不要在庸俗中墮落，這才是推崇儒家「忠信」的北宋士庶在日常交往中最好的，能夠彼此溝通的語言。那麼，自詡以粗俗為美的社會，其實是文明的墮落與妥協。由此可知，文學的語言其實是真、善、美三者關係協調配合，符合時代需要的審美言語。在小說特定場合、情節，某些人物的言語或許需要真實多些，美善少些；而在另一些人物，另一個情節和場合，譬如詩詞作品，則有可能需要更多的委婉、含蓄，乃至美言雅語。三者因地因時的恰當配合，才有可能成就優秀的文學作品。一味文言雅化，或以粗鄙為榮的語言，皆非書面文學的最佳選擇。

至於詩歌，古人認為詩人與常人乃是境界的不同，其外在表現就是語言表達的不同。與世俗口語聒噪的「廢話」比較，詩歌乃是精練斟酌後的美善言語。芸芸眾生中，只有老天厚愛之人，才具備作詩的天賦。趙湘《王象支使甬上詩集序》說：「詩者，文之精氣，古聖人持之攝天下邪心，非細故也。

〔註38〕　胡適：《胡適學術代表作》上卷，嚴雲受主編，安徽教育出版社2007版，第85頁。
〔註39〕　同上，第95頁。

由是天惜其氣，不與常人，雖在聖門中猶有偏者，故文人未必皆詩」（《南陽集》卷4）。按此說法，詩歌作為典型的文學語言，更是考慮真、善、美三者協調的言語產物。詩歌或借景、借物抒情達意，言語凡有寓託，其中介物（意象）就需通過象徵、隱喻等等手法，給讀者以更多的遐想。不管這樣的想像、象徵、隱喻是趨向美或是醜，它們總是通過形象、含蓄，以及「複雜多義」將人和人之間的關係引向趣味和審美，這也與儒家以「仁義禮樂」協調人和人之間的關係兩相符合。什麼才是良好的人際關係呢？當然是待人以真誠、善良和審美情感，詩歌的語言若真實直露而不避俗氣險惡，則有失（待人）美善；若太過矯飾唯美，則有失作者內心的真實與善良，兼有雕琢麗句，用典荒僻之句，這與繁瑣講究的儒家禮儀類似，直接阻滯並遮蔽了作者內心真實情志（情思）之表達。詩歌過度雕琢、講究用典用律，與過份講究禮儀細節的情形一樣，是對詩歌本源和目的的雙重迷失。這樣詩句，既無法讀懂，又談何感動人心呢？

北宋張洎從教化「至善」的角度，認為詩歌本有「疏通物理，宣導下情」的作用，所謂「詩人失正，采詩官廢，淫詞曼唱，半成謔談。後世作者雖欲立言存教，直以業成無用，故留意者鮮。有如山僧逸民，終老躭玩，搜難抉奇，時得佳句，斯乃正始之音。翻為處士之一藝爾！」（《許昌詩集序》）。市井庶民「淫詞曼唱，半成謔談」，雖欲雅而難得，然終以雅言佳句為風標，「一聯一句，感悟人心」，所謂「使仁者勸而不仁者懼」，「發典籍之英華者也」。民間處士也均以此聞名，如林逋「疏影橫斜水清淺，暗香浮動月黃昏」。儘管「山園小梅」這樣的事情僅與個人審美情調有關，但是這樣的審美文字傳播實則有助於他人心靈的淨化。

北宋朝臣擁有傳統的價值和信仰，以及「親情、至善、審美」等共同的觀念。儘管古人更倚重「親情」熬煮歲月，救贖靈魂，然在社會生活中，審美陶冶獲取愉悅，才是時人日常樂於享用的方式。對於審美，古代文人享受的無非是焚香、品茗、聽雨、賞雪、賞月、酌酒、蒔花、尋幽、撫琴等內容。所以，文人共同氤氳形成的文化品味，普遍欣賞林逋的詩詞及其養鶴、賞梅、賞月的孤山野趣。在審美趣味上，朝中士大夫同樣欣賞隱匿文人所喜歡的「孤山遠村」、「行雲流水」、「梅花仙鶴」。宋人對於「鶴」的選擇，通常是因為「眾禽中，唯鶴標緻高逸」，且漢民族文化傳承中，早就有「鳴鶴在陰，其子和之」（《周易·中孚卦》）、「鶴鳴于九皋，聲聞于天」（《詩經·鶴鳴》）等詩歌意象（《庚溪

詩話》卷下）。然而，直抒性情怎可少了心靈的細膩迴旋，而託物寄情，如雲鳥那般淡然遠去，脫俗自由才是認眞思考人生的共同追求。梅堯臣評價林逋時說：「其談道，孔孟也；其語近世之文，韓李也；其順物玩情，爲之詩則平淡逐美，詠之令人忘百事也。其辭主乎靜正，不主乎刺譏，然後知其趣向懷遠，寄適於詩爾。君在咸平景德間已大有聞，會朝廷修封禪，未及詔聘，故終老而不得施用於時。凡貴人鉅公一來，語合慕仰低回不忍去」（《林和靖先生詩集敘》）。按照梅堯臣的描述，林逋的審美情趣首先符合宋代社會公認的儒學價值體系——平淡地對待世間名利（具體），卻分外看重宇宙的道義（抽象）；其次這種情趣順物玩情，是當時士大夫內心欲求而難得的生活狀態。因爲這種「順情合律」更符合農業社會遲緩的人生，與世俗官場的勾心鬥角異趣神離，身處名利卻不屑名利，心中始終裝著山水田園的夢，故才那麼令人神往。只有根植在由時間主導的人生，審美虛幻的文學滿足才能托起那些好高鶩遠的靈魂。

通常情況，關愛自己的士大夫無法在政治中心立足的時候，他們首先想到的是與自然和諧的「歸隱」。然而這種中國式的「歸隱」並不意味著他們審美趣味的改變，他們只是將自己所心儀的審美或趣味在排序上加以適當的調整，如梅堯臣所謂「順物玩情」、「主乎靜正，不主乎刺譏」（《林和靖詩集原序》）。一旦歸隱，寫出田園詩的人未必只有陶淵明、孟浩然，也同樣可以是王維、范成大或晏殊。所謂「帝鄉明日到，猶自夢漁樵」（許渾《秋日赴闕題潼關驛樓》），按南大趙順宏博士的說法，他們之間的審美追求只有排列順序的不同——只有「差序性」，而並沒有根本的「差異性」。由此可見，中國士庶文人在審美取向上確有其共性特點。作爲市井言語，不管是「直娘賊」、「醃臢潑皮」，還是「淡出鳥來」，畢竟都是個人當時思想、情緒的眞實表達。如同某些垃圾用到合適就是寶貝，某些近似「廢話」的口語，在正確的場合就能突現其用途。市井口語與詩歌那種「直而婉，微而顯」的文學語言的確有所差別，文學語言更有容納思想和情感的能力，構成「有能量的漩渦」及其意象的呈現。〔註 40〕肯定地說，文人更願意使用詩性語言在文學的場域裏馳騁，所謂

〔註40〕1914 年 9 月，龐德在《漩渦主義》的文章中，提出「意象並非一個意念。它是一個能量輻射的中心或者集束——我只能稱之爲漩渦。意念不斷地湧進、湧過、湧出這個漩渦。」1915 年 1 月，龐德在《關於意象主義》一文中，進一步闡釋說：「意象不僅僅是一個意念（idea）。意象是一個融合在一起的意念的漩渦或者集合，充滿著能量。」

「非陳詩何以展其義？非長歌何以騁其情？」(《詩品序》)。此外，由於市井文人更多時間生活在城市的生活氛圍之中，所以他們通常會表現出兩種看似截然不同的審美創作傾向：一是因為可以疏通心境的關係，對於久違的自然美景表現出無限的嚮往與喜愛；二是除了那些貶謫、流寓、遊宦的時日，城市文人更為便捷的創作還是以目下的生活情景、內心感觸作為直接的創作源泉。

這也再次證明，與某些政治或道德言語宣稱自己是正人君子，注定要為大眾謀幸福的情況不同。文學言語作為個人與大眾的中介和渠道，其實是個人的表達，其內容、語詞又與個人的生存狀態、社會環境密切相關。艾略特所謂「非個人化情感」、「客觀對應物」〔註41〕的說法，真實表達的是文學作品要反映那些普遍性的東西，配合大多數人的情感，而不應該自顧自地無病呻吟。「飛鳥沒何處，青山空向人」(劉長卿《餞別王十一南遊》) 兩句詩，其實根本不必追問是作者是誰，因為它真就寫出了唐宋文人遠遠凝望青山飛鳥的淒迷、悵惘等共性感受。作為詩歌這樣的文學作品，僅是因為它宣導出人類共性的思想、情感和美感，乃至於道德，才會引起更多同類的共鳴。又因為文學使用「雅而蘊」的佳句，善而美的言語表達，令人內心愉悅，故能獲得大眾的企羨。於是「直而婉，微而顯」，由真實趨向美善的文字便成為禮儀社會裏士庶言語表達的典範和榜樣。北宋社會重視儒法禮儀，士庶之間的文學交往，恰如此狀。

第三節 北宋文人間的文學（詩賦）往來

人類是社會性存在的動物，只有確認彼此的存在方式，才能發現自身的存在價值和意義。這種動物最重要的社會性特點是「獨樂樂，不如眾樂樂」(《孟子‧梁惠王章句下》)。當我們詬病華夏民族沒有宗教，僅以「孝親觀念」維繫文明的時候，同時也要理解這樣的「親情救贖」方式，其實是人類存在價值最古老、最本源的確認——即赫爾德所謂「不要獨自一人感受，而要用聲音表

〔註41〕 艾略特認為，「在藝術形式中表現情感的方式就是找到『客觀對應物』」。這裡說的不是詩人個人的情感，而是普遍意義的情感，詩人要表現這些情感就必須找到與這些情感密切相關的形象、情節等等適當的媒介，一旦找到適當媒介把它寫在詩裏，就能使讀者立即感受到詩歌要表現的情緒。「客觀對應物」賦予情感以形式，詩人愈能把各種情感密集地表現在某種形象或文字裏，詩也愈有價值。艾略特的「客觀對應物」與龐德所說「意（情結）象（客觀呈現）」有類似重疊之處。

達出你的感覺」。審美給人愉悅享受，親情給人溫暖。人類在世間苟活，親情維繫並拯救著多數人的靈魂。故杜詩所及，「君臣之外，非父子兄弟，即朋友黎庶」。蘇洵落第歸蜀，其兄寄詩云：「人希野臺休安枕，路入靈關穩跨驢」（《碧溪詩話》卷 10）。詩間飽含溫度的慰藉，亦非宗教可比。

　　人生憂艱，多有別情離緒。然而「與其道盡悲傷的數目，不如用相同的雙唇，輕輕的唱歌吧」（日本動畫片《千與千尋》主題歌）。當人類以歌唱的方式表達自己的感受時，那便不僅僅是哀嚎乞求，而是在韻律、節奏中尋求自身的審美滿足。而這樣的自我確認自然也包括人們更願意「與人樂」，而不是獨樂。故「魏晉以來，作詩唱和，以文寓意」（《潭南詩話》卷 2）。作為「與人樂」的方式之一，唱和不知始於何時何地？然而，唱和無疑也和別的藝術形式一樣，具有確認彼此「詩意存在」的意義，可以暫時忘卻世俗的煩惱。畢竟，無論卷幅書寫或是口傳背誦，「薦紳類能傳誦」（《憂古堂詩話》），已經貼了文人階層雅然識字的標籤。因此，楚國「下里巴人」和「陽春白雪」的故事說明，眾人唱和不僅僅是雅俗的問題，還事關每個人存在感的獲取，同時也是文學前置（突出）審美過程的表現。

　　關於詩歌唱和，（宋）龐元英說：「和詩最難，唯唐賢尤工於此」。因為賈至、王維、杜甫等人關於大明宮的和詩尤其出色，以致於北宋建待漏院時，採三位唐賢的唱和詩為屏風（《文昌雜錄》卷 2）。宋承唐制，文學唱和的風氣自然也在君臣、朝野之間延續流轉。曾鞏《館閣送錢純老知婺州詩序》曰：「朝廷常引天下文學之士，聚之館閣，所以長養其材而待上之用。有出使於外者，則其僚必相告語，擇都城之中廣宇豐堂、遊觀之勝，約日皆會，飲酒賦詩，以敘去處之情，而致綢繆之意」（《元豐類稿》卷 13）。《宋史》卷 209《藝文志》記載唐宋兩代名為「唱和」的詩集，如《劉白唱和集》、《汝洛唱和集》，就有十八種之多。《大曆浙東酬唱集》、《西崑酬唱集》等名為「酬唱」的詩集又有若干。據王珪《華陽集》（卷 50）記載，仁宗朝，晁仲衍「與侍讀錢公明逸篇章寄酬間則命僚友終日賡唱，凡數十百首，……曰《河內唱和集》」。

　　通常，一個社會的風氣形成，與該社會的主流人群的活動關係密切。而一個地域的民間主流性格，與該地域的顯著特徵和主要功能相關。假若某個地域主要以旅遊吸引遊客，那麼這這該地域的民間多有虛辭詭言之人，多數人都有天上掉餡餅、地上撿到錢的期待。若某個地域以歷史文化聞名，作為當地居民若不能說出幾樁先皇軼事都是一種恥辱。北宋社會徹底擺脫了唐代遺

留的貴族脈象，平民中的讀書人有了更多主導國家政治和文化的機會。在東京汴梁這樣的政治、經濟和文化中心，且不言經濟，至少京城的政治和文化均以文臣官僚爲主導。加之，北宋「流行」的傳播「且以聖人之化，自近及遠，由內及外。是以京師者風俗之樞機也，四方之所面內而依仿也……至於發一端、作一事，衣冠車馬之奇，器物服玩之具，且更奇製，夕染諸夏。」(《王文公文集》卷32《風俗》) 京師流行對於全國有示範作用，故北宋社會的主流風氣更多依賴文人群體醞釀成形，因爲國家的意識形態建立以及話語權屬於文官而不屬武將。這種風氣醞釀，除了杯酒釋兵權，文官主政，形成「優武崇文」的風尚，更常見的是帝王君臣之間頻繁以詩歌唱和，文臣彼此以文才推崇稱賞，進士及第更是以詩賞賜。《中山詩話》記載：「太宗好文，每進士及第，賜聞喜宴，常作詩賜之，累朝以爲故事。仁宗在位四十二年，賜詩尤多，然不必盡上所自作」； 陳岩肖《庚溪詩話》(卷上) 亦載：「仁宗皇帝當持盈守成之世，尤以斯文爲急。每進士聞喜宴，必以詩賜之」。又，《麟臺故事》(卷5) 載：「仁宗每著歌詩，間命輔臣、宗室、兩制、館閣官屬繼和。天聖四年四月乙卯，內出《後苑雙頭牡丹藥花圖》，以示輔臣，仍令館閣爲詩賦以獻。」當時，皇帝樂於接受的批評形式，自然也是委婉的詩歌。《二程語錄》(卷14) 載：「太祖初有天下，士卒人許賞二百緡，及即位，以無錢，久不賜。士卒至有題詩於後苑。太祖一日遊後苑，見詩，乃曰：『好詩。』遂索筆和之，以故每於郊時各賜賞給，至今因以爲例，不能去。」(《遺書卷第22下》)

從這些與文學相關的事例，我們更需透過現象看到本質。唱和的本質便是宋朝皇帝們私底下 (朝堂之外) 更願意以情感的、藝術的方式表達自己符合儒家「眞善」的內心，或者至少他們希望臣民看到自己符合「眞善」儒者的表現。晏殊認爲這一傳統源於皋陶之賡載歌，儒臣們能各摛華藻，「匪太平之特異，豈榮遇之及茲」(《晏元獻遺文》)；而范祖禹則認爲「群賢之詩，文采相輝，增諸琰刻，遂使私室上有聖神雲漢之章，次有擧朝公卿大夫清風之誦，……足以見邦國風化之厚也」(《范太史集》卷34《謝史館王相公別啓》) [註42]。徽宗時，有大臣謝表云「十年去國，門前之雀可羅；一日歸朝，屋上之烏亦好。」徽宗賞識，親題於所御扇 (《憂古堂詩話》)。按國內慣常評論文學的「衛道」思維，這類君臣唱和有些不務正業，而且脫離了所謂社會現實的苦難，與樂府民歌

〔註42〕吳文治：《宋詩話全編》第2冊《范祖禹詩話》，鳳凰出版社1998年版，第918頁。

相比，多少有些不關心民間疾苦的意思。然而，從文學的視角看去，這樣的君臣和詩，其實正是以審美愉悅的文學方式表達了最符合人性的情感內容。所謂「詩家之工，全在體物賦情，情之所屬惟色，色之所比惟花」〔註43〕。北宋張載說：「《虞書》『詩言志，歌永言，聲依永，律和聲』，求之得樂之意，蓋盡於是。詩只是言志，歌只是永其言而已。」其意是說，詩是表達人的情志的，歌僅是將聲音拉長，是語言的延長而已。因此，詩自然是士大夫需要抒情言志的首選，而歌只是發出聲音，延長聲音，則顯然要低一層次，更通行於民間。更何況，君臣唱和古已有之，名正言順。（宋）高承《事物紀原》（卷4）載曰：「唱和，帝舜與皋陶乃賡載歌，則唱和之初也。」舜帝與臣子尚且如此唱和，北宋君臣更不在話下。歐陽修曾將自己的「唱和詩編次成三卷，共有一百七十三首，亦有三兩首不齊整者，且刪去」〔註44〕，並且認為自己的唱和詩「其存者，皆子細看來，眾作極精，可以傳也。盛哉盛哉！然其中亦有一時乘興之作，或未盡善處，各白諸公修換也」（《歐陽文忠公集》卷148《與梅龍圖摯字公儀書》）。唱和之詩，近似於遊戲之作，逞技情趣而矣，其實無所謂「盡善」。因為這類詩歌在本質上符合文學前置（突出）語言本身，審美功能主導的特徵，其交際功能往往隱藏在審美表現功能的影子裏。而詩歌對於「詩教」、「傳道」等實用功能的破解及其審美、娛樂功能的加強，就是對於詩本身性質的回歸。在這樣的唱和過程中，詩歌中語詞違背普通語言規律的運用也得到極大的自由解放。

通常，文人與常人最大的不同，在於常人喜歡用購買、佔有書畫、玉石等寶貝的方式裝點自己，附庸風雅；而文人即使貧窮得一文不名，不能擁有世上任何一件物件，其源於自然風物和書籍所帶給他的財富，卻能使其想像的世界也別有情趣、豐富多彩。因為未能料想閱讀想像與文藝創作便是文人隨身攜帶的財富。所以北宋沈括嘲笑，「唐人作富貴詩，多紀其奉養器服之盛，乃貧眼所驚耳。如貫休《富貴曲》云：『刻成箏柱雁相挨。』此下里鬻彈者皆有之，何足道哉！又韋楚老《蚊詩》云：『十幅紅綃圍夜玉。』十幅紅綃為帳，方不及四五尺，不知如何伸腳？」（《夢溪筆談》卷14）。殊不知，詩詞歌賦流傳

〔註43〕吳文治：《宋詩話全編》第1冊《陳輔之詩話》，鳳凰出版社1998年版，第333頁。

〔註44〕據《禮部唱和詩序》載，嘉祐二年，歐陽修等五人負責貢舉，鎖院五十天裏唱和酬詩。最終，歐陽修將之編次錄了一百七十三首，以傳於六家。按：歐陽修此次唱和形成的一百七十三首詩，應該就是他與梅摯提及的唱和詩。

才是他們眞的財富和價值所在。至於眞正的富貴者，心中所愛絕非日常凡物，實新奇有感者。如王維「出則陪岐薛諸王及貴主遊，歸則厭飫輞川山水，故其詩於富貴山林，兩得其趣。如『興闌啼鳥換，坐久落花多』之句，雖不誇服食器用，而眞是富貴人口中語」（《歲寒堂詩話》卷上）。

中國歷史上兩次最著名的文人雅集，其中一次就發生在北宋。文人雅集，最初發生在東晉，即王羲之、孫綽、謝安等 41 人因修禊事，在紹興蘭亭「曲水流觴」的雅集。第二次就發生在北宋，駙馬都尉王詵在自己府中西園，邀請李公麟、蘇軾、黃庭堅、米芾等十五位文人參與，詩畫酬和的「西園雅集」。兩次聚會之所以能被後人記憶，公認爲雅集，除了是當時著名文人的聚會，我以爲更重要的是有與文學相關的成果留傳下來，或以詩文，或以書畫。顯然，兩次雅集也有所不同，其區別在於：一是西園雅集，更多借助了書面文字作爲媒介，其文學（詩畫）交往，過程審美的意味更爲濃厚；二是蘭亭雅集主要目的是「修禊事」（消災祈福），眾人以飲酒賦詩、話語閒談、辭藻論辯爲主，只求當下語言玄妙精彩，更無積極傳播的意識，王羲之僅是事後做序記載此事；三是晉人並不以「文學雅集」爲目的，而是一次消災祈福活動，實用性目的明顯。其間言語交流、曲水流觴只是此次活動附帶的內容。而宋人雅集則是以文學（詩畫）品評，審美爲尚，馳騁的是個人學識與才情。當時能夠參與雅集的文人，往往是蘇軾、黃庭堅等詩書畫俱佳的人士，即米芾所謂「以文章議論，博學辨識，英辭妙墨，好古多聞，雄豪絕俗之資，高僧羽流之傑，卓然高致」（《西園雅集圖記》）。

這兩次雅集除了時代不同，我們更要看到其背後不同的審美傾向。從士大夫的身份，與魏晉文人相比，北宋文人由於時代和社會的原因，以及儒家思想的強勢影響，導致他們有更大的道德堅持。畢竟，道德的體現，也是符合時代對於「眞善美」社會氛圍自覺的要求。只是宋人因緣自己從書籍閱讀而來的知識水平和藝術水準，導致他們不可能僅僅滿足用詩文的方式去說教。文學必然會在這個時代，在這群文人群體的醬缸中醞釀，最終釀出看似平淡，實則兼顧華實美質、有品格韻致的文學。所以，這一時代裏，時而會有道學的聲音，時而會有太學、西崑的聲音，其歷史存在本身就是在尋找最適合的文學範式，拿捏出最有「尺度感」的宋代文學表達。因此，從雅集本身來說，王羲之的「蘭亭雅集」是祭祀活動附帶的一次文人聚會，非自覺性的文藝雅集，而「西園雅集」卻是符合時代自覺的文藝審美活動，宋人因此找到了更高級的生活方式。

　　按米芾所描述的聚會情形，元祐二年的「西園雅集」是駙馬王詵引發的故事，然而其深層原因是北宋文人注重個人生存質量，詩意審美趣味使然。所謂「韓幹畫馬名獨垂，冰紈數幅橫素絲。諸公賦詩邀我和，我如鈍椎逢利錐」（劉攽《次韻蘇子瞻韓幹馬贈李伯時》）。相比於前人，蘇軾、黃庭堅等宋代文臣顯然更喜歡這樣的文學交往。北宋王辟之描述蘇軾，認爲「子瞻文章議論獨出當世……至於書畫，亦皆精絕，……。子瞻雖才行高世，而遇人溫厚，有片善可取者輒與之傾盡城府，論辯唱酬，間以談謔，以是尤爲士大人所愛」（《澠水燕談錄》卷4）。因爲這類文學往來，彼此形成的交流碰撞，不僅獲取精神的快慰，彼此還能互相啓發，獲得創作的靈感。此中的情形，或許即如賈平凹所說，「文章就是這麼你用我的、我用你的，一個玻璃缸的水養一群魚，你吐了我吃，我吐了你吃」（《廢都》第48章）。

　　除了西園雅集，北宋年間有記載的文人聚會尚不止此。元豐五年，文彥博出守洛陽，曾邀請富弼、席汝言、王尚恭、趙丙、劉幾、馮行己、楚建中、王慎言、王拱辰、張問、張燾、司馬光等年齡超過七旬的友人聚會，名曰「耆年會」。時「人爲一詩，命畫工鄭奐圖於妙覺佛寺，凡十三人」（《夢溪筆談》卷9）。此外，在「西園雅集」前後，黃庭堅也不止一次記載了他與蘇軾、李公麟等人的詩畫交往經歷。元祐元年正月十二日，蘇軾與李公麟爲柳仲遠畫了《松石圖》。按黃庭堅記載，當時柳仲遠猶嫌不足，又取杜甫詩『松根胡僧憩寂寞，龐眉皓首無住著。偏袒右肩露雙腳，葉裏松子僧前落』之句，請李公麟以此詩意畫《憩寂圖》。緣此，蘇轍題詩云：「東坡自作蒼蒼石，留取長松待伯時。只有兩人嫌未足，兼收前世杜陵詩。」宋人樂意將自己對於生活的映象升成了圖式，通過嫻熟的技法表現出來。

　　元祐年間，蘇軾、王安石、黃庭堅、陸佃等人在京城的活動見諸詩文，內容多涉及題詩作畫、拜訪品茗等等。且有多次聚會畫家李公麟齋舍，彼此賦詩作畫的記載。元祐四年，陸佃《書王荊公遊鍾山圖後》記載「六月六日，伯時（李公麟）見訪。坐小室，乘興爲予圖之。其立松下者，進士楊驥、僧法秀也」（《陶山集》卷11）。陸佃請李公麟畫的是王安石退居金陵，騎驢遊鍾山的情景。人物場景構圖，頗類唐代韓滉所畫的《文苑圖》。陸、李、王三人之間的書畫交往，於此可見一斑。

當然，蘇、黃等人觀畫品題的聚會並非始於元祐，元符年間就有先例。《跋郭熙畫山水》記載，元符三年九月丁亥，黃庭堅招蘇軾兄弟觀摩郭熙在「元豐末爲顯聖寺悟道者作十二幅大屏」。此畫「高二丈餘，山重水複，不以雲物映帶，筆意不乏。」所謂「不以雲物映帶」的意思是畫面山水各具姿態，不需要用雲霧繚繞來區分彼此。正因如此，蘇、黃等三人看後，「以爲郭熙因爲蘇才翁家摹六幅李成驟雨，從此筆墨大進。觀此圖，乃是老年所作，可貴也。」很顯然，這樣高水平的文人書畫品評，提高的是彼此的審美鑒賞能力。（宋）曾敏行《獨醒雜誌》（卷3）記載：「東坡曰：『魯直近字雖清勁，而筆勢有時太瘦，幾如樹梢掛蛇。』山谷曰：『公之字固不敢輕論，然間覺褊淺，亦甚似石壓蛤蟆。』二公大笑，以爲深中其病。」所謂「談笑有鴻儒，往來無白丁」，文藝和學問一樣，其修

圖 19

養水平提高大多依賴於群體成員彼此審美品鑒、語言文字的頻繁交流。這些有才學的鑒賞交流，也同時提升了蘇、黃等人的藝術眼光和書畫審美水平。畢竟，相比於書信傳遞、詩文閱讀的遲滯等待、書不盡言，面對面的言語溝通更有利於彼此的思想交流。

崇寧三年五月，黃庭堅貶謫宜州，途經桂林，繫舟南門。因觀桂林山水，留《到桂州》詩一首離去。詩云：「桂嶺環城如雁蕩，平地蒼玉忽嵯峨。李成不在郭熙死，奈此百嶂千峰何。」詩中的「蒼玉」、「嵯峨」的確符合桂林的山勢特點，只是不解「桂嶺」何以「環城如雁蕩」？所謂雁蕩者，「因山頂有湖，蘆葦茂密，結草爲蕩，南歸秋雁多宿於此，故名雁蕩」。實際上，桂林的

山峰皆孤拔峭立，山頂不可能有湖，更不會有蘆葦。我們注意到，黃庭堅在詩裏提到「李成不在郭熙死」。李成、郭熙是與蘇軾、黃庭堅同時代的山水畫家，而郭熙與蘇、黃交往更爲緊密。李成死於公元 967 年，郭熙死於公元 1085 年，崇寧三年（1104）郭熙離世已近二十年矣。李成、郭熙畫山水以「高遠、深遠、平遠」的三遠構圖法著稱，如李成《喬松平遠圖》、《寒林平野圖》（圖19）；郭熙《早春圖》、《窠石平遠圖》之類。郭熙《林泉高致》說：「學畫花者，以一株花置深坑中，臨其上而瞰之，則花之四面得矣」。這也成爲蘇軾、王晉卿、李世南、黃庭堅等西園雅集人士繪畫、賞畫的標準，蘇軾有《書李世南秋景》（二首），又有《書王定國所藏煙江疊嶂圖》題畫詩，對於李世南、王晉卿著眼於高遠、平遠的江景秋色均有讚賞。

因此，當我們嘗試跳出狹隘的、委身平地的視角，以「三遠構圖法」來觀察桂林山水時，就會發現黃庭堅獨特的審美眼光真的跳出了境外，從「平遠——高遠」的視野抓住了桂林山水有如「雁蕩」的特徵。想像以鳥的視野從高處眺望，桂林環城的山峰共同組成一個近似圓形的山頂，而鳥瞰城內河溪縱橫，灕江、桃花江（陽江）蜿蜒城中，即如山頂有蘆葦叢生的湖泊。若有秋雁宿之，結草則爲雁蕩。由此，我們似可明白，李成、郭熙畫山水的「三遠構圖法」實則是從鳥瞰（平飛或高飛）的視角來觀察、描摩山水景色。

南宋劉克莊以「千峰環野立，一水抱城流」詩句形容桂林山水，基本上是用平地視角來欣賞桂林山水。周去非評黃庭堅詩，實誠地認爲「桂山得雁山之秀，雁山不若桂山之多。若置諸大龍湫龍鼻泉之側，則雄偉之氣亡矣。桂山之高曾不及雁山之半，故無尊雄之勢，謂可與相頡頏者，過矣」（《嶺外代答》卷1）。周去非作爲南宋任職桂林的永嘉人，又多了客卿懷鄉的心境，他們顯然都不具備黃庭堅、郭熙那樣「高遠」的審美視野，更缺乏黃庭堅當年的人生感悟——即人有時候要像風箏一樣，將自己置身於半空的境界（局外），以高遠——平遠的視野來審視對象，反省自己。所謂「自近山而望遠山，謂之平遠。……平遠之意沖融而縹縹緲緲。……高遠者明瞭，深遠者細碎，平遠者沖淡」（《林泉高致》）。高遠—平遠地看透、看淡眼前寓目的一切。既不要墮落，也不需無根地仙去〔註45〕，這樣的審美理解和哲理感悟對於人生何等重要。

〔註45〕　《道山清話》云：「（黃庭堅）八歲時，有鄉人欲赴南宮試。庶率同舍餞飲，皆作詩送行。或令庭堅亦賦詩，頃刻而成。有云：『君到玉皇香案前，若問舊時黃庭堅，謫在人間今八年。』」又，仁宗皇祐三年（1051）《牧童詩》云：「騎

然而，黃庭堅詩中無意透露的這些見識，讀者真的有收穫麼？其實，客觀地看，無論是黃庭堅，還是周去非都沒有準確把握到桂林山巒參差排列，雲霧煙靄層次分出的遠山近景。近處山峰往往青綠明晰，後聳一山則如施薄紗或淡淡白霧籠住，再遠一峰，其紗霧又多了一層。〔註46〕如此類推，濃淡適度的層巒疊嶂與煙雨灘江才能營構出類似「九馬畫山」那樣多層次的審美幻象。客觀上看，煙雨霧迷與黃昏幕色對於山巒所起的審美效果是一致的，它們或以朦朧繚繞，或以黑魆的輪廓形象，模糊了山巒的細節。模糊、朦朧客觀上「懸擱」，甚至「隱藏」了對象那些非美屬性給人感覺上的不適，由此造成「看不透」的距離，喚起欣賞者審美的想像，對象客體也由此呈現出某種神秘與詭異。

從宋代文人階層的行為表現來看，文化藝術交往不僅停留在思想和藝術，甚至還推廣到了他們生活的其他領域。北宋士人科舉出身，懂詩自不必說，而許多文人兼通書畫、音律也屬尋常，其審美情趣推及品茶、沐浴等生活的各個領域。於是，我們看到蘇軾、黃庭堅等文臣的交往活動還包括多次到太平興國寺浴室院雅聚。

按《汴京遺跡志》引《宋會要》所說，興國寺乃唐龍興寺，開寶二年重修，太平興國元年皇帝賜予匾額。《長編》（卷18）載，太平興國二年正月，太宗皇帝「以新龍興寺為太平興國寺」。因為太宗皇帝多次臨幸，此寺享有國寺的待遇。太平興國七年六月，又在寺內建成譯經院，詔天息災等人譯經。此後，該寺在仁宗年間火焚延及太祖御容所在的開先殿，又於慶曆六年七月重新修繕（《長編》卷159）。神宗、哲宗朝仍享榮寵。由於興國寺聞名天下，當年歐陽修〔註47〕、蘇軾父子等赴京趕考都借寓此處（《興國寺浴室院六祖畫贊並敘》）。

牛遠遠過前村，吹笛風斜隔壟。多少長安名利客，機關用盡不如君。」按：黃庭堅的人生視野非常人可比。

〔註46〕 桂林遠山的薄霧，大概是古人所說的「靄」，即山本身的氣息與包裹其外的空氣融合，共同形成莊子所謂「野馬」的氣氛場域。嵐、霧、靄等，都是空氣與山林等相遇，由於冷熱差異所形成的氣象呈現。

〔註47〕 張耒《明道雜志》載：「歐陽文忠公應舉時，常遊京師浴室院。」詳見（元）陶宗儀：《說郛》卷43下《明道雜志》，《文淵閣四庫全書》，子部，第878冊，第359頁。

關於浴室院聚集，黃庭堅元祐三年六月丁亥有文字記載：「故人陳季常，林下士也。寓棋簟於此。蘇子瞻范子功數來從之。故予過門必稅駕焉。」這段記載是友人陳慥（字季常）把棋、簟（席子）放在浴室院，蘇軾與范百祿經常來此與之下棋。而黃庭堅在元祐三年六月丁亥日以前，每次路過此處，解駕休息時也一定會去浴室院與朋友們相聚。至於疑問陳季常等人「寓棋簟於浴室院」的原因，黃庭堅有跋文解釋，首先是「此寺井泉甘

圖 20

寒，汶師碾建溪茶常不落第二」。所謂汶師，名慧汶，號法眞，與蘇、黃等人交好。其次，蘇軾等人來此寺廟，還因此處有「達磨西來六祖師壁畫」。黃庭堅說此壁畫「湮伏不聞者數十年。得蜀人蘇子瞻乃發之」〔註48〕。足見「觀畫談禪」，也是他們除了喝茶、下棋之外的樂趣所在。

據此，可以判斷蘇軾等人常遊於此，除了寺廟盛名，此處井泉甘寒，汶師泡茶工夫了得，可以參禪、詩會，兼及遊觀、賞畫。此外，由於浴室院作爲寺院的重要組成，還兼爲廣大僧俗信眾提供免費沐浴。〔註49〕據史載，唐宋以來，官員旬休有休沐制度。《宋史》（卷3）記載，建隆九年，宋滅南唐之後，太祖給弟趙匡義、兒子德芳及大臣薛居正、沈義倫、曹彬、潘美、錢儼等論功行賞，加進官爵。「己未，著令旬假爲休沐」，正式著令旬假爲休沐之日。此後，宋朝官員旬休之日，便有沐浴之實。既有「旬沐」的政令，官府自然希望官員們能利用這個休息日清理個人衛生，處理一些自家的瑣碎雜事。然而，恩令施行之後，官員於「沐浴」之外，逐漸又增加了許多內容。《宋史》（卷283）載，丁謂「善談笑，喜爲詩。至於圖書、博弈、音律，無不洞曉。每休沐，會賓客，盡陳之。」可見，士大夫旬休日，除了沐浴之外，還有詩畫、音樂、下棋等各種活動內容。黃庭堅與蘇軾、陳季常等人在六月前多次

〔註48〕　（宋）黃庭堅：《跋浴室院畫六祖師》，《豫章黃先生文集》第27，《四部叢刊》
　　　　　第164冊。
〔註49〕　《中國宗教》，國家宗教事務局2005年第3期，第34頁。

到浴室院下棋，冬春季節的沐浴自然是免不了的。而黃庭堅在京城所養成的攜友下棋、沐浴的習慣，也一直延續至晚年。

崇寧元年四月，黃庭堅曾於江西萍鄉護法院僧堂，「齋起受溫浴」（《書船子和尚歌後》）。此外，黃庭堅生前曾撰《乞浴疏》、《黃龍山設浴疏》、《設浴口語》等文章，認爲沐浴有「受斯法施，介我壽祺」的功效。在貶謫黔江時，儘管黃庭堅發誓「不復弈棋！自今日以來，不信斯言，有如黔江云！」（《書博弈論後》），卻也因爲「不甚暑氣」，「欲傚一閒寂僧舍中沐浴」（《答瀘州安撫王補之》）。據《宜州家乘》記載，從正月十七日到七月二十九日半年多的時間，黃庭堅就有 11 次的沐浴記錄，同時也未遵守「不復弈棋」的誓言，在宜州與唐次公、袁安國、區叔時等人有多達九次的下棋記錄。有時，黃庭堅甚至一天裏大半時間都在與人下棋。

除了蘇軾、黃庭堅、陳季常、范百祿外，當年參與興國浴室院雅集的還有秦觀。關於這段記憶，秦觀多年後談道：「元祐三年，余被召至京師，從翰林蘇先生過興國浴室院，始識汶師。後二年復來，閱諸公詩，因次韻：『聊移小榻就風廊，臥久衣巾帶佛香。白髮道人還省記，前年引去病賢良。』」對於浴室院的印象，秦觀有詩云：「滿城車馬沒深泥，院裏安閒總不知。兒輩未來鉤箔坐，長春花上雨如絲」（《興國浴室院獨坐時兒子湛就試未出》）。據詩文記載，可以判斷秦觀至少有兩次到過興國寺浴室院，第二次甚至還寓居在院內。寓居的原因是兒子秦湛元祐五年到京城參加科舉考試。春試期間，京城春雨不歇，滿城泥濘。由上述記載，蘇、黃選擇浴室院雅集的原因，是因爲此處可以「參拜」、「遊觀」、「坐臥」、「沐浴」、「下棋」、「參禪」、「品茗」等，活動豐富，較爲契合士人的複合型（詩書畫品鑒）審美口味。當時文人的雅集往來，既實現了審美的愉悅，又馳騁了彼此的文才智慧，實現了跨越身份等級的文化和精神的認同，這也可以視作文學唱和方式的變形。可以想見，受到此種文化氛圍的薰染，每個當事者都會以自己能夠參與其中，獲得朋輩認同爲榮。這也成爲蘇、黃等人晚年共同的集體回憶。

通常情況下，每個人在社會上獲得的地位和名聲，尤其是文學的名聲，除了世襲因緣以外，更多的還要靠自己爭取。有學者說，中世紀的中國與西方最大的不同，就是平民家的子弟可以通過科舉持續進入社會上層的行列，而西方貴族和平民之間幾乎沒有這樣渠道。文臣以進士及第，首先是進士的頭銜給予了他們基本的社會地位和身份認同，但是若想獲得同輩，尤其是士

人階層的推崇，則更多要靠自己文學、理政等相關才能，以及這樣的名聲在
社會上的傳播推動。在同樣的社會歷史環境中，若是一個沒有科舉功名的人，
又想在社會上獲得與蘇、黃同等的地位，除了時代寬容，君主賞識，如唐太
宗手下的馬周，更重要的前提條件是：第一，自己本身在文藝方面確有異才；
第二，比較宋代隱士、僧侶這類在野人士的文學成就，可以看出文學群體的
雅集交流以及市井文化的影響，更能推高彼此的文藝水平。相比之下，城市
文人更有機會擁有這樣的雅集交流及文化影響；第三，社會上擁有眾多的親
朋、故舊聯繫，這些人自然構成在某一社會蛛網中的傳播結點，其中知識階
層兼有口頭與文本的雙重傳播能力。第四，異才得到社會某些傳播結點的認
可，並由此得到那個時代社會的關注，於是以言語、文字的方式傳播散開。
由此看來，傳播和審美交往、口頭傳播與文本傳播之間的相互呼應印證，就
構成了這些文臣在社會上名聲顯達的根本緣由。

第二章　北宋印本選擇與儒學士風

　　北宋是一個強調文治的王朝，而雕版印刷的推動又使得儒家典籍在建國後得到迅速的恢復和發展。隨之而來的便是一個儒學復興的文化運動。中唐韓愈總結佛教入侵中國，以為學識貧乏，思想懶惰是根本原因。因為「當時群臣識見不遠，不能深究先王之道，古今之宜，推闡聖明，以救斯弊」(《諫佛骨表》)，所以才抵擋不住佛教對於社會百姓的影響。如今北宋建國，天下太平，經濟復興，文人日益飽學。又值胡虜威脅朝廷安全，種種社會歷史因素，都籲請人們對夷狄外道提出質疑，並期許重振本土儒學。儒學復興在北宋初由柳開、石介等人開始，途經張載、邵雍、二程等人，直到南宋朱熹集其大成。另外，北宋文治、科舉等複雜的社會背景，客觀上也預示著，為了應和這樣的儒學運動，具有強大文學審美和傳播能力(口頭與文本)的士子文臣身處其中，需要將之與詩文進行「文以載道、以文化道」的審美結合，才是儒學真正為社會所接納並形成運動思潮的重要驅動力。大中祥符年間，石介《石曼卿詩集序》稱「民風豫而泰，操筆之士率以藻麗為勝」(《徂徠集》卷 18)，然而慶曆以後社會卻已釀成了天下士學古文，仰慕韓愈排佛而尊孔(《都官集》卷 8)的潮流。相比於柳開、石介等人的憤青熱情，後起的歐陽修、蘇軾等人更具有文學傳道的力量。

　　北宋初期，文人以李昉、徐鉉等人為代表。這些文人，他們或是人格有先天缺陷，以降臣身份難談節義，或是貪生怕死，貪圖富貴享受而又奸滑異常，人品、文品皆無可贊之處。關於這一時期士風，華南師大馬茂軍總結道：「宋明理學的光環往往誤導了人們對宋初百年士風的看法，宋初士風承襲晚唐五代餘風，道德節義觀念缺位。宋初百年士風演進的過程，是宋代儒學復

興的過程，是道德逐步興起、士風由頹廢消沉逐步走向高昂的過程。」〔註1〕對此，諸葛憶兵也說：「唐末五代，士風敗壞，宋代帝王『與士大夫治天下』，從君王到士大夫都致力於士風的建設，最終形成了宋代知識分子新的精神風貌。宋代『重文輕武』的基本國策，演化為宋人『以文為貴』的思想意識，為宋代士大夫營造了新的生存環境，成為宋代士風轉變的時代文化大背景。」〔註2〕士大夫持有道德、學問，不像舊式武人那般無知無畏。以學問為根基，養成「守道尊君」的情懷更適合擁抱這個由（五代）戰亂換來的新朝。所以，「以文為貴」的另一目的，就是「以德為貴」，以順從君主為貴，其治世維穩的特徵尤為明顯。由此可見，北宋的士林風氣轉變基本上呈現以下兩方面的特點：一是由崇武向「以文為貴」的轉變；二是儒學精神逐步滲入士人群體，構建起一個傳統與現實相結合的儒家價值體系。而北宋士人也由五代的所謂「浪子人格」逐步轉向官僚、學者和才子三位一體的「才子人格」。〔註3〕此種士風的時代轉變直接導致了宋代文人有了更多的學問自覺意識，更有意識地承擔起儒學和文學振興的雙重任務。進而，北宋文學獨特的審美取向也隨之醞釀成形。范仲淹、梅堯臣為代表的文人對於「梅妻鶴子」林和靖為人處世風格的欣賞已透露出宋代士人審美傾向性的轉變，這種審美取向的人格基礎就是作者本心的眞淳與良善，而這種本心又與儒家所提倡的仁義道德並行不悖。宋人最終在「道德至善」與「審美救贖」之間找到了平衡點，由此形成了人生立命的意義。

中國古代官員通常都兼有文人與官員雙重身份，由此客觀上造成他們在文學上兼具審美理想和道德教化的兩副面孔。只是，因為要在人間混世，某些文臣在改換面孔的選擇時機上卻屢屢出現問題，需要以審美面孔示人時，有人卻擺出道學的面孔、世俗的面孔，需要以教化面孔示人時，有人卻戴上了審美的面孔，難隱天眞。這樣的錯位，才導致了歷史上所謂的「悲劇際遇」。從另一角度看，每個人身上所擁有的眞、善、美，若分別代表三副面具，某些文人的文藝表達則以眞善取勝，而某些文人則是奇美著稱。

〔註1〕 馬茂軍：《論宋初百年士風的演進》，《華南師範大學學報》2004 年第 4 期，第 64 頁。

〔註2〕 諸葛憶兵：《范仲淹與北宋士風演變》，《中國人民大學學報》2006 年第 5 期，第 150 頁。

〔註3〕 張再林：《中唐——北宋士風與詞風研究》，蘇州大學 2002 屆古代文學專業博士學位論文，第 54～61 頁。

　　對於北宋文學的面貌，范仲淹《唐異詩序》曾說：「五代以還，斯文大剝；悲哀為主，風流不歸。皇朝龍興，頌聲來復。大雅君子，當抗心於三代。然九州之廣，庠序未振，四始之奧，講議蓋寡。其或不知而作，影響前輩，因人之尚，忘己之實。吟詠性情而不顧其分，風賦比興不觀其時。故有非窮途相濫。仰不主乎規諫勸誡。抱鄭、衛之奏，責夔、曠之賞，遊西北之流，望江海之宗者有矣！」《范文正公集》卷6）。這些評議觀點基本上還是沿襲傳統詩教的路子，認為好的詩歌傳統在五代之後未能及時找回，於是就有了「人心不古」的嗟訝感慨。每當「社會轉型時期，已有的道德體系不完備，自己都說不清；於是就哀歎：人心不古，世道窳漓，道德武器船不堅，炮不利，造新船新炮又不敢」〔註4〕。王小波這段話雖然是針對當代，其實放在五代風氣轉向的北宋也是適當的。只不過，與石介、穆修等一般的腐儒不同，范仲淹至少還提出了「明黜陟、抑僥倖、精貢舉、擇官長、均公田、厚農桑、修武備、減徭役、推恩信、重命令」等十項根除時弊的改革建議和具體措施《答手詔條陳十事》）。因此，《四庫全書·范文正集·提要》評曰：「仲淹人品、事業，卓絕一時，本不借文章以傳，而貫通經術，明達政體，凡所論著，一一皆有本之言，固非虛飾詞藻者所能。」

　　況且，在文學方面，范仲淹對於楊憶詩歌的看法還是比較客觀。他認為「楊大年以應用之才，獨步當世」，只是後學者學習西崑「刻辭鏤意，有希髣髴，未暇及古也」，故《尹師魯河南集序》有所謂「其間甚者，專事藻飾，破碎大雅，反謂古道不適於用，廢而弗學者久之」《范文正公集》卷6）。然而不管怎樣，封建士大夫的道德操守，使得那時代的詩文表現更強調以「真善」為根。所謂「文見於外，必動乎內，百變而百從」者《上宋舍人書》）——美只是文化人心的外在形式，其內核必須是「真善」，真善自然也成為美的一部份。是故，歐陽修當年貶謫滁州，以韋應物《滁州西澗》詩實地考察後，發現「州城之西乃是豐山，無所謂西澗者。獨城之北有一澗，水極淺，遇夏潦漲溢，但為州人之患，其水亦不勝舟」，詩句「春潮帶雨晚來急，野渡無人舟自橫」完全不符實情，批評韋應物寫詩「務作佳句」，失卻真實《歐陽文忠公集》卷73《書韋應物西澗詩後》）。

　　談到文藝的真實，通常是指文藝超出現實，符合情感真實的所謂「藝術之真」。當「藝術真」轉成文學表達時，這樣的「真」事實上就包含有作者「審

<hr>

〔註4〕王小波：《王小波全集》，雲南人民出版社2006年版，第25頁。

判現實後」的主觀意圖和傾向，其中「度」的把握就成爲我們對於作品「眞誠度」爭議的根源。中國文學因爲文臣一體，通常都有政治的背景，傳統批判現實的「美刺」要求實質上就是以「善和美」兩副面孔，適度調和「眞誠批判」帶給人的憤怒或不適。所謂「作詩切不可斥言事。至於美人，亦不可斥言。試觀《詩》之風、雅、頌，所美所刺，未嘗不婉順而歸之於正」（《節孝語錄》）。因此，若在批判現實的文學語境裏，「眞誠」這副面具就應該擁有「鍾馗」那般內心善良，外表醜惡的模樣。在「眞善美」的三副面孔中，「善良」則是眞與美之間最重要的內核，在儒家看來，即便是語言文字中有虛假的成分，只要內心是善的，也是可以諒解的。北宋龔鼎臣曾說，「四六文字雖變古體，其有至當者，亦不減於古」（《東原錄》）。所謂「至當」者乃是美文的尺度不損「眞善」的委婉表達。「詩者，出於性情，因人之善惡而形之言也」（《淨德集》卷18《學論下》）。若內心不善，即便刻意表白自己眞誠，也於社會人群無益。故眞實有時候是殘酷的，也與美、善有牴牾。儒家所說的「善」，一旦與現實相遇，難免也存有虛美的成份。所謂「童眞」、「猴趣」、「佛德」，其實就是眞誠、美趣與良善，只有這樣的矛盾統一，才是「眞善美」三者中庸平衡的妙處。任何走向偏至的過份，都會造成不良的後果。我以爲，儒家提倡的「善」，若在現實中的落實，本應如此描述：即便要取你的性命，吃你的肉，也要以禮貌、文雅感恩的方式操辦，最後還希望得到你的理解與感謝。

現實生活中，某些失去眞實的矯情，或許只是令人心理感到彆扭而已。然而，更有某些邪教或自詡代表正義的領袖，過份扭曲文學的宣教功能，總是希望用虛誇的美善掩飾眞實。這些看似「正義」的行爲，其實更是文學庸俗化的典型表現。故英國學者伊格爾頓強調，不論文學批評多麼公允，從根本上說它們具有強烈的政治性——但是不應該誤解爲是把文化產品所具有的特殊和獨特的東西歸結爲直接的、宣傳的政治目的。〔註5〕其原因在於，文學與經濟基礎、意識形態的關係複雜，並不是一對一關係。文學雖然不能根本改變歷史進程，但是它卻是歷史變化中的積極因素，它以審美的方式影響人類，並且歷史地存在於這個世界。

從生活到文藝，伴隨著眞誠走向美善的提高與增容。北宋士庶的審美交往僅是生活層面的眞善美表現，文化風氣卻要靠那個時代文學藝術的厚重積澱。王小波說：「人忠於已知的事實叫做誠實。不忠於事實叫做虛僞」（《誠實與

〔註5〕王逢振：《今日西方文學批評理論》，灕江出版社1988年版，第102頁。

浮囂》)。作爲文藝水平的提升，除了眞誠地認可自己所見、所感的一切以外，更需要人們對於自己美善的把握與提高。我們一生都在表象世界裏生活，積累著對於這個世界的諸多認識，同時也培養起自己內心對於外界的諸多感受，個人情感與理性只有受到某種表象的觸發才被釋放出來。所以，美善的增容與提高更需要學問以及人生感悟的注入。由此，書籍印本便在這一關鍵環節，影響了個人與群體，推動了宋代文化風氣的醞釀成形。

第一節　北宋詩集的選印傳播

胡適曾說：「大凡文學有兩個主要分子：一是『要有我』，二是『要有人』。有我就是要表現著作人的性情見解，有人就是要與一般的人發生交涉。」〔註6〕詩歌以抒情爲主，尤其需要考慮「有我」，要抒自我之情，抒自我之思。然而，詩歌若只顧自我抒情，不與人交涉，尤其不與人發生情感方面的交涉，不考慮別人的感受，最終難免就會被普羅大眾所冷落。除非詩中情感能夠引發大眾的共鳴，或者其中的情感抒發有助於道德教化，得到官方的推崇與認可。「有我」還要能通向「無我」，即艾略特所謂「非個人化」情感，成爲人類共性的情感。同時，讀者閱讀時又能將「無我」映像爲「有我」。否則，這樣的詩歌難有傳播的可能。

首先，在探討宋代詩集刊印問題之前，對於集部的界定需要一點補充說明。錢穆先生說：「中國集部之學，普通稱爲文學。但論其內容，有些並不是文學，而與子部相近。若就文學的廣義論，在中國，四部書中都有文學上極高的作品，惟專注重文學的集部之出現，則在四部中比較屬最遲。」〔註7〕由於古代藝術、科學、道德是混整不分的，「中國古代的典籍有關文學的知識常常混雜於關於社會、政治、哲學、道德、文化、宗教、修辭、語言等論述中，並沒有形成一個自覺的和有效的知識系統」〔註8〕。所以，與今天的文學比較，除詩歌、散文之外，古代集部的某些作品並不完全符合我們所界定的文學，這些作品更像是關於倫理和道德方面的書籍作品。至於文學中的小說、戲劇，因其「殘叢小語」、「街巷雜錄」的特點，又長期處於被官方輕視的世代，一

〔註6〕 胡適：《胡適學術代表作》上卷，嚴雲受主編，安徽教育出版社 2007 版，第142 頁。
〔註7〕 錢穆：《中國學術通義》，臺北市素書樓文教基金會 2000 年版，第 46 頁。
〔註8〕 汪正龍：《文學理論研究導引》，南京大學出版社 2006 年版，第 4 頁。

直未能納入集部的範疇，更難談及刊印傳播。由此引申出來的話題，一方面
就是部份解釋了北宋官方對於集部書籍選印的態度，即重點關注「有裨政
治」、有助教化的書籍。通常官方選擇集本刊印的原因較爲複雜，有皇家恩賜
的緣由，也有普及教化的考慮；另一方面，由於宋人文集包含有奏議、表狀
等應用文，與眞正文學尚有距離，與文學偏離的情況也普遍存在。這也提醒
我們對於印本與文學關係的探討，應該謹愼限定在詩歌、散文、詞與話本的
部份。

根據《玉海》、邵懿辰、邵章《增訂四庫簡明目錄標注》、祝尙書《宋人
別集敘錄》、《宋人總集敘錄》、王嵐《宋人文集編刻流傳叢考》、夏其峰《宋
版古籍佚存書錄》等書籍記載，宋初至眞宗時期集部刊刻確定爲官刻的書籍
種類有限。天禧五年，岑守素主持鏤板的御製《玉京集》，明確是官刻文集。
其餘如景德二年《許昌詩集》、天禧元年《徐騎省文集》、大中祥符五年《河
東先生集》，都無法認定爲官刻集本。這段時間，眞正可以稱爲官刻的文學印
本，是景德四年由國子監刻成《文苑英華》一千卷。至於《太平廣記》，雖然
在太平興國六年詔令鏤板，但最終宋太宗以非學者所急爲理由，將墨板貯藏
在太清樓（《玉海》卷 54）。隨著詩賦考試數次淡出科舉，北宋官方對於詩歌、散
文等文學作品的重視程度，以及將之刊印傳播的熱情，要遠遜於民間。

一、北宋文學集本的編纂刊刻

從北宋建國以來，對於集部書籍，尤其是詩集的刊刻，官方採取消極作
爲的態度，民間刊刻由此反而露出生機。對此，南宋周必大總結說：「臣伏睹
太宗皇帝丁時太平，以文化成天下。既得諸國圖籍，聚名士於朝，詔修三大
書曰《太平御覽》、曰《冊府元龜》、曰《文苑英華》各一千卷。今二書閩蜀
已刊，惟《文苑英華》，士大夫家絕無而僅有。所集止唐文章，如南北朝間存
一二。是時，印本絕少，雖韓柳元白之文尙未甚傳，其他如陳子昂、張說、
九齡、李翺等諸名士文集，世尤罕見。修書官於宗元、居易、權德輿、李商
隱、顧雲、羅隱輩或全卷收入。」﹝註9﹞周必大所謂「是時，印本絕少，雖韓
柳元白之文尙未甚傳，其他如陳子昂、張說、九齡、李翺等諸名士文集，世
尤罕見」，基本上也是對宋眞宗以前集本刊刻情況的描述。而「今二書閩蜀已

﹝註 9﹞（宋）周必大：《文忠集》卷 55《文苑英華序》，《文淵閣四庫全書》，集部，
　　　　第 1147 冊，第 582 頁。

刊，惟《文苑英華》，士大夫家絕無而僅有」，雖然說的是南宋嘉泰年間的情況，但也基本反映了宋代官方一貫以來對待集本的態度。此種態度在刊修《文苑英華》、《玉京集》、《太平廣記》等集本書籍的官方表態中可窺一斑。

（一）北宋官刻集本的真實意圖

根據夏其峰《宋版古籍佚存書錄》，官方重視集部傳播的時間係從真宗開始，以《唐文粹》、《文苑英華》等書籍刊印為起點。審視官方刊印《文苑英華》的相關文字，可以看到「太宗太平興國七年九月詔翰林學士承□李昉……將作監丞舒雅等閱前代文集，撮其精要，以類分之，為《文苑英華》」(《纂修文苑英華事始》)、「宋白等奉詔撰採前世諸儒雜著之文」(《崇文總目》)、「太宗以諸家文集，其數實繁，雖各擅所長，亦榛蕪相間，乃命翰林士宋白等精加銓擇，以類編次為《文苑英華》一千卷」(《長編》卷27) 等等記載。我們將所謂「榛蕪其間」、「採前世諸儒雜著之文」、「精加銓擇」、「撮其精要，以類分之」的關鍵信息結合起來分析，官方刊印《文苑英華》有以下意圖：第一，太宗皇帝認為前世儒臣既有符合治世需要，又有符合儒家倫常的文章，不用可惜；第二，前世儒臣文章榛蕪相間，需精加詮擇，剔除某些不符合官方儒學標準的文章，故詔命翰林學士將前世諸儒之文，去蕪存真，撮其精要，分類而成《文苑英華》。第三種意圖源出南宋史家李心傳，他認為宋太宗召集文臣編纂《冊府元龜》、《文苑英華》、《太平廣記》，「廣其卷帙，厚其廩祿贍給，以役其心」(《舊聞證誤》卷1)，乃是為了「收養名人，以圖減其對於政治上之反動而已，固未嘗有意於文藝」〔註10〕。

至於岑守素主持刊刻《玉京集》，《愧郯錄》(卷14)對此的記載是：「輔臣集御製三百卷，《玉京集》三十卷，《授時要錄》二十四卷。又取至道元年四月訖大中祥符歲，中書樞密院《時政記》、史館《日曆》、起居注善美之事錄為《聖政記》，凡一百五十卷，並命工鏤板，又以御書石本為九十編，命中使岑守素等主其事。至是，畢藏於閣。」按照記載，刊印的內容主要是《御製集》300卷、《玉京集》30卷，以及《授時要錄》、《時政記》、《日曆》、《聖政記》等書卷，總計150卷。所謂「輔臣集御製三百卷」應是君臣唱和之詩，經過詮選刪減，最終刊印出來的內容應該沒有300卷。《授時要錄》是農事之書，不在集部之列。至於《日曆》屬天文曆法之書，亦在文學之外。所以，

〔註10〕魯迅：《魯迅全集》第9冊《中國小說的歷史的變遷》，人民文學出版社2005年版，第329頁。

岑守素主持刊刻的集部書籍主要是《御製集》、《玉京集》，而《聖政記》、《時政記》因其「注善美之事」的緣故，勉強可以與文學扯上點關係。

除了《文苑英華》之外，由於《太平御覽》乃皇帝閱覽之書籍，國子監雖然有印本，但只是作爲國家交往、朝臣恩賜之用，本就沒有廣泛傳播的必要。而《冊府元龜》屬於政事歷史百科全書性質的漢族史學類書，亦不在集部文學之列。〔註11〕故北宋前期官方對於文學集本的編纂與刊刻，較爲典型的例證是《太平廣記》的刊刻際遇。

（宋）李攸《宋朝事實》（卷3）記載：「太宗篤好儒學，嘗覽前代修文殿，御覽藝文類聚門目繁雜，失其倫次，乃詔翰林學士李昉……右拾遺宋白等參詳類次，分定門目，編爲《太平總類》一千卷，俄改爲《太平御覽》。又謂稗官之說或有可採，令取野史傳記、故事小說編爲五百卷，賜名《太平廣記》」。從這段記載，官方編纂《太平廣記》的原因：首先是太宗皇帝篤好儒學，因此詔令編纂《太平總類》；其次，因爲《太平廣記》作爲「稗官之說」，可以作爲儒學書籍的補充，故令取野史傳記、故事小說編爲五百卷。《漢書》卷30《藝文志第十》載曰：「小說家者流，蓋出於稗官。街談巷語，道聽途說者之所造也。」「如淳曰：『細米爲稗，街談巷說，其細碎之言也。王者欲知閭巷風俗，故立稗官使稱說之』」；又，「顏師古曰：『稗官，小官』」。由此可知，太宗皇帝有傚仿漢朝，以稗官雜說「觀風俗知厚薄」之意。鑒於《太平廣記》刊版的緣由，太宗皇帝「以屬通儒」，委此重事。然而雕版已就，卻因「言者以爲非學者急」，最終未能刊印傳播，乃至於「《崇文總目》不載，鄭樵號爲博洽，亦未見其書」（《四庫全書・太平廣記提要》）。

總結以上三部集本刊印的初衷，北宋官方選擇刊刻的原因主要是爲了政治與教化，至於科舉、喜愛的緣由則不在官方考慮之列。相比於官方，除少數家刻之外，民間坊刻才看重民眾學習喜好和商品營利的需求。

（二）北宋私坊刻印集本的緣由

雖然天聖三年（1025），國子監曾上書，建議《文選》、《初學記》、《六帖》、《韻對》，並抄集小說，不應雕造印賣。〔註12〕但是，類似《文選》這樣便於學詩的文本，在天聖四年之前二川及西浙的民間早有印本。天聖四年又有四

〔註11〕 根據王國維《五代兩宋監本考》（卷中）考證，北宋國子監有《太平御覽》、《太平廣記》、《冊府元龜》印本。詳見本書《北宋集部刊本表》（一）。

〔註12〕 《宋會要輯稿》冊75《職官》28，影印本2973頁。

川書肆平昌孟氏刻本，書中附有「小字楷書，深鏤濃印，帙輕可以致遠，字明可以經久」字樣，商品廣告特徵明顯。從《宋版古籍佚存書錄》，可以發現除了《九家注杜詩》、《李義山詩集》、《許昌詩集》等印本外，本朝以詩集編纂的作品有《寇忠愍公詩集》、《梅堯臣詩集》、《邵堯夫先生詩全集》、《二李唱和集》、《西崑酬唱集》等，然而能夠在北宋完成刊刻的詩集僅是少數，且有相當的詩歌作品還是依附於文集刊刻。其中，儒教風氣對於作者與讀者的影響，作品刊刻的營利和效益等等，都是私坊需要綜合考慮的因素。因此，無論是文本由文字淺顯至審美的平淡，或者是內容上符合社會公眾意識形態需求，那怕僅是淺顯的、民間認識的儒學倫理，都是商家擴大售賣人群需要兼顧考慮的理由。

關於北宋詩文集本的刊刻情況，我們僅取夏其峰《宋版古籍佚存書錄》記載，將《李翰林別集》、《楊文公武夷新集》、《小畜集》、《河東柳仲塗先生集》、《張師黯集》等北宋編印的詩文集本列表如下：

夏其峰：北宋詩文集編印簡表　　　　　　　　　　　　表11

名　稱	刊刻時間	編撰、刊刻者	刊刻原因
《李翰林別集》十卷	咸平元年	樂史	疑官方未刊刻
《楊文公武夷新集》二十卷	咸平元年	楊億	
《小畜集》三十卷	咸平三年	沈虞卿刻本	自序：四十有六，髮白目昏，常多病。大懼沒世而名不稱矣。因閱平生所為文，散失焚棄之外，類而第之，得三十卷。……禹偁位不能行道，文可以飾身也。
《河東柳仲塗先生集》十五卷	咸平三年	柳開、張景	大中祥符五年有張景刻本
《張師黯集》五十卷	咸平五年	張安期	
《薛許昌詩集》十卷	咸平六年	三川刻本	
《許昌集》十卷	咸平六年	張詠刻本	
《九僧詩》一卷	景德元年		
《唐四傑詩集》四卷	景德四年		
《韓昌黎集》四十卷	大中祥符二年	明教寺刻本	方崧卿《韓集舉正敘錄》：祥符杭本，杭州明教寺大中祥符二年所刻本時尚未有外集，與閣本多同。

《柳河東先生文集》四十五卷	大中祥符年間	穆修刻本	
《昌黎先生集》四十卷	大中祥符年間	穆修刻本	
《徐公文集》三十卷	天禧元年	胡克順刻本	
《蔡中郎文集》十卷	天聖元年	歐靜序刻本	
《河東先生文集》四十五卷	天聖元年	穆修刻大字本	
《孫可之集》十卷	天聖元年		天聖本，後刻大字天聖元年秘閣校理仲淹家塾。
《鉅鹿東觀集》十卷	天聖元年	薛田序刻	
《祖英集》二卷	明道元年	徐汝舟刻	前有天聖十年序，其序時尚未知改元之故。刊板疏，四明徐汝舟刻……。
《白氏文集》七十二卷	景祐四年	杭州官刻本	有杭州詳定官重詳定，杭州通判林冀等銜名，並詳定所牒文。
《西崑酬唱集》二卷	寶元二年		
《直講李先生文集》十二卷	慶曆三年		慶曆三年祖無擇序。云泰伯退居，明年類其文稿第為十有二卷。
《河南穆先生文集》三卷	慶曆三年		慶曆三年祖無擇序。
《宛陵先生文集》六十卷	慶曆六年		慶曆六年歐陽修序。
《盧仝集》三卷《集外詩》一卷	慶曆八年		《直齋》：慶曆八年昌黎韓盈序刊。丁志無名氏題云，玉川子詩，主持奇怪耳，予家宋刻本最為完善，因授之梓。
《退居類稿》十二卷《皇祐續稿》八卷	慶曆八年	李覯自刻本	
《青社黃先生代檀集》二卷	皇祐五年	黃庶撰	皇祐五年自序。
《和靖先生詩集》上下卷	皇祐五年		《集本略記》稱「和靖詩始刻於何時不可考。……又各本均附載沈詵《和靖詩集跋》，稱『得舊本，訪其遺逸且與題識而附益之，刊置漕廨。』紀年紹熙壬子。」
《王黃州小畜外集》三十卷	皇祐五年		宋皇祐間王芬刻本。刻本之說可疑。

《雲臺編》三卷	至和元年	鄭谷撰	至和元年祖無擇序。童宗說跋云：自至和甲午迄今有七載，得賢史君家藏本錄本。是集童氏本刊於南宋紹興末年，不見有錄
《韋蘇州集》十卷	嘉祐元年	王欽臣編	嘉祐元年太原王欽臣跋云，應物有集十卷，而掇敘猥並非舊矣，今取諸本校定仍所部居去其雜廁，分為十五類，合五百七十一篇。
《隆平集》二十卷	嘉祐二年	北宋官刻	嘉祐二年刻本。列有嘉祐二年開造校正官銜。
《南唐二主詞》一卷	嘉祐三年	陳世修輯	《直齋》：嘉祐三年序刊。
《花間集》十卷	嘉祐三年	趙崇祚輯	嘉祐三年江寧府刻本。
《陽春集》一卷	嘉祐三年	陳世修	嘉祐三年陳世修序
《杜工部集》二十卷	嘉祐四年	北宋公使庫刻本	嘉祐四年蘇州公使庫王琪刻本。北宋杜集第一刻本。
《韓昌黎先生集》四十卷《外集》十卷	嘉祐七年		嘉祐七年刻嘉祐小杭本。
《昌黎先生集》四十卷《外集》十卷	嘉祐年間		宋嘉祐蘇溥蜀刻本。
《陶淵明集》八卷	治平三年		汲古閣有宋巾箱本，十行十六字。末有治平三年思忱跋。
《邵子擊壤集》十五卷	治平三年	蔡子文刻本	治平三年建安蔡子文東塾之敬室英宗治平三年（1066年）刻《邵子擊壤集》十五卷。
《杜工部集》二十卷《補遺》一卷	治平四年		宋治平間太守裴集刻本。《直齋》：治平中裴集刻附集外詩。
《伊川擊壤集》二十卷	治平四年		宋治平間蜀刻本。半葉十一行二十一字，版心刻工有文貴等人。
《樊川文集》二十卷《外集》一卷《別集》一卷	熙寧六年	田槩刻本	熙寧六年田槩本，十行，十八字，白口……六年有田槩序。此本已印入四部叢刊
《鐔津文集》二十二卷	熙寧八年	釋契嵩撰	宋熙寧八年陳舜俞序，黃堯圃記中所云，宋本潭津集在京師而殘，又中央圖書館善本書目著錄殘本，蓋是此書，國立故宮博物院存北宋末年刻本，二卷一冊。
《韋蘇州集》十卷	熙寧十年	萬繁刻本	宋熙寧九年萬繁刻本。宋凡三刻，熙寧九年、紹興二年、乾道七年。
《翰苑詩鈔》三十八	熙寧十年		宋熙寧間黃庭堅刻。

《李太白文集》三十卷	元豐三年		宋元豐三年臨川晏知止刻於蘇州。款式與繆刻本同，疑即其原本。
《祠部集》三十五卷	元豐三年	強至撰	宋元豐三年亳州樗里曾鞏序。
《張司業集》三卷	元豐八年	張籍撰	宋元豐八年刻本。
《南豐先生元豐類稿》五十卷	元豐八年	曾鞏撰	首有元豐八年中書舍人王震序，云先生文章名天下久矣，容有得新舊所著而裒錄余固書序篇首。
《沉下賢集》十二卷	元祐元年	沈亞之撰	宋元祐元年刻本。昭文張氏有依宋元祐丙寅鈔本。元祐丙寅無名氏序曰，亞之嘗遊韓愈門，頃得善本再加校勘命工刊鏤。
《謝氏蘭玉集》	元祐元年	汪聞編	《直齋》：自謝安而下子孫十六人詩三百餘篇。序稱新天子即住位丙寅之歲也。
《唐宋高僧詩集》口卷	元祐元年	釋法欽編	吳縣黃氏所藏唐僧周賀清塞詩，云得毛子晉手跋本……。唐宋高僧詩集，有元祐元年楊無為序者。舊刻本遂手校於每首上方，且此書子晉未見過，則余所見不差廣於子晉耶。蕘圃題記。
《范文正公文集》二十卷	元祐四年	范仲淹撰	北宋刻本……。首有元祐四年蘇軾序……。可知第一部范文正公集為二十卷，子純粹編，成書年代不晚於熙寧十年，刊刻不晚於元祐間。此書是范集中唯一存世的北宋本。
《集千家注分類杜工部詩》二十五	元祐五年	徐居仁編次、黃鶴補注	
《伊川擊壤集》二十卷	元祐六年	邵雍撰	宋治平丙午年自序，元祐辛未年（六年 1091）邢恕後序。此本不存，序見南宋本。
《金氏文集》十五卷	元祐六年	金君卿撰	宋元祐六年富臨序曰，臨川江君明仲學出於公，乃求公遺稿十得其一，編成十五卷，號《金氏文集》，命筆為序。今存傳鈔者兩卷。
《唐陸宣公集》二十二卷	元祐八年	陸贄撰	宋元祐八年內府刻本。元祐八年蘇軾等劄子。有元官書印。六冊。
《曲江集》二十卷	元祐八年	張九齡撰	宋元祐曲江縣刻。宋元祐中郡人鄧開序，言得其文於十世孫，蒼梧守唐輔而刻之。

《翰苑集》二十二卷	元祐八年	陸贄撰	清錢曾《讀書敏求記》載所見爲宋槧大字本二十二卷。公武所見爲元祐本。
《南陽集》六卷	紹聖四年	趙湘撰	前有宋祁序。元符元年吳儔序，治平二年蔡勘序，治平二年文同序。是集南宋寶慶元年趙大忠刻本，北宋之刻俱以佚。
《唐百家詩選》二十卷	元符元年	王安石輯	宋元符元年江西章安刻本。此爲分類本，前有元符戊寅七月望日章安楊蟠序。
《神宗皇帝御集》二百卷	元符二年	章惇等纂	《郡齋讀書志》：宋紹聖中以元祐所集止，九百三十道至元符中再加編次上之。
《陸魯望文集》八卷	元符三年	陸龜蒙撰	宋元符庚辰樊開序，……今蜀中惟《松陵集》盛行，《笠澤叢書》未有，是書家藏久矣，愚謂貯之篋笥以私一人觀之，不若鏤板而傳，諸好事庶斯文之不墜，而魯望之名復振，亦儒者之用也。此爲元符三年樊開刻本。
《唐柳先生文集》三十卷	元符三年		宋元符刻小字本。
《宣城集》三卷	元符三年	劉涇撰	《直齋》：元符三年自序。
《羅浮集》十卷	元符三年	譚粹編	宋元符三年譚粹刻印。
《唐百家詩選》二十卷	元符三年	王安石輯	北宋元符間楊蟠刻本。……
《逍遙詞》一卷	崇寧五年	潘閬撰	宋崇寧五年武夷黃靜記刻。
《昌黎先生集》四十卷	大觀二年	韓愈撰	宋大觀初潮州劉允刻小字本。潮州在大觀初郡人劉允以郡昌黎廟香火錢刊行小字本昌黎先生集。
《退齋詞》一卷	大觀四年	侯延慶撰	《直齋》：大觀四年京師作水調，壓卷爲天寧節萬年歡。
《河東先生集》四十五卷《外集》二卷《龍城錄》二卷《附錄》二卷《集傳》一卷	政和四年	柳宗元撰	北宋政和四年刻本。
《唐柳先生文集》四十五卷《外集》二卷	政和四年	柳宗元撰	宋政和四年沈晦刻四明新本。

《文忠集》一百五十三卷《附錄》五卷	政和四年	歐陽修撰	《天祿琳琅書目》有《居士集》九十九卷，附錄一卷。吉州公使庫刊，北宋本。其前五十卷，宣和四年九月知吉州陳城所刊，六年後繼其任者方時可，恨其未全有嗣刊之。
《慶湖遺老詩集》九卷《拾遺》一卷《後集補遺》一卷	政和四年	賀鑄撰	宋紹聖三年自序，政和三年程俱序，政和四年楊時序。
《後山詩注》二十四卷	政和六年	陳師道撰	宋政和五年門人魏衍記，政和丙申（1116）王雲題。任淵跋稱：讀後山詩近時刻本參錯謬誤，政和中王雲得後山門人親授本編次，有序。
《比紅兒詩集》一卷	政和六年	羅虯撰	宋政和丙申（六年）桐廬方性夫序刊。是集而後見唐百家中。
《畫墁集》	政和七年	張舜民撰	「文集一行於政和，鬻者填巷。」又有南宋板。
《齊驅集》口卷	宣和三年	未詳撰人	宋陸游云：刻板於宣和三年，方是時黨禁猶未解。蓋僅有見者故本多誤，然好事者冒法刻之亦奇也。
《陶淵明集》十卷	宣和四年	陶潛撰	宋宣和四年，王仲良信陽刻大字本。
《滁陽慶曆集》十卷《後集十卷》	宣和四年	徐徽撰，吳班、張康朝、王言恭撰	宋宣和四年唐恪序。後集為紹興後人續入之。
《歐陽文忠六一居士集》五十卷《續》五十卷	宣和四年		宋宣和四年吉州公使庫刻本。前有祝庇民序……五十卷末有吉州公使庫開到六一居士集計五十卷……。
《眉山唐先生文集》二十卷	宣和四年	唐庚撰	宋宣和四年重刻本。其弟唐庚因「京本多舛謬失真，並取少年時作重刻」本。
《白氏文集》七十一卷	宣和五年	白居易撰	宋宣和五年盧山本。
《寇忠愍公詩集》三卷	宣和五年	寇準撰	宋宣和五年舂陵郡齋刻本。
《陶淵明集》十卷	宣和六年	陶潛撰	宋宣和六年刻本。
《元氏長慶集》六十卷《補遺》六卷	宣和六年	元稹撰	宋宣和六年建安劉麟刻本。
《簡齋詩集》二十卷	宣和七年	陳與義撰	宋宣和間周葵刻本。
《節孝先生文集》三十卷	靖康元年	徐積撰	宋靖康元年李邴序。

　　漢唐以來的詩集有歷史和當代讀者的雙重選擇與評定，早已形成近乎完美的作品體系，自不必說。這裡，需要特別注意的是北宋對於本朝詩集的選印情況。

　　根據史料顯示，北宋林逋的詩集僅有上下兩卷。皇祐五年梅堯臣為其作序時，稱林逋天聖年間就有名聲在外，「咸平景德已大有聞……凡貴人鉅公一來相遇，無不語合慕仰，低回不忍去」。以這樣的名氣，加上僅有兩卷的刻印成本，《和靖先生詩集》「始刻於何時不可考」。其具體可考的刻印時間居然推遲至南宋光宗紹熙壬子年（1192），「距聖俞製序已一百四十四年」（《集本略記》）〔註13〕。北宋宣和進士黃徹，久聞前輩稱賞林逋「橫斜」、「浮動」之句，一直遺憾未見此詩全篇，後來才得見到林逋詩集（《碧溪詩話》卷6）。對比杜甫、白居易詩集在北宋的刊刻，如果官方或民間對於這樣的詩集，保持有相應的刊印熱情，斷不至於到南宋才能找到可靠的刊印記錄。

　　同樣的情形，也發生在《小畜集》的刊印。按記載，王汾在北宋治平、熙寧間就已編纂《小畜集》，然直至南宋紹興十七年（丁卯），沈虞卿「以家笥所藏《小畜集》善本，更加點勘，鳩工鏤板以廣其傳，庶與四方學者共之」，王禹偁的《小畜集》才得以鏤板刊刻。人們或許會問，這些年，官私印坊為何對這些集本視而不見？對於《小畜集》長期未能刊印的原由，沈虞卿稱王禹偁「平生撰著極富有，手編文集三十卷，名曰《小畜集》。其文簡易醇質，得古作者之體，往往好事者得之珍秘不傳，以故人多未見」（《宋王黃州小畜集原序》）〔註14〕。所謂「好事者得之珍秘不傳」，首先判斷「好事者」〔註15〕肯定不是坊間謀利之徒，其次他們也不代表容易獲得版權的官方機構。因為在長達百年的時間裏，官方並沒有刊刻這位良臣文集的願望。或者因為內容事關朝廷機密，又或者是作品沒有道德教化等這類廣泛傳播的充足理由。

　　至於李覯作品刻印，根據史料所載，慶曆六年，便有私坊刊印李覯的《退居類稿》；皇祐四年，李覯又將作品續編成《皇祐續稿》。談到慶曆六年民間私刻，李覯有「復出百餘首，不知阿誰盜去，刻印既甚差謬，且題《外集》，

〔註13〕（宋）林逋：《林和靖詩集》，王雲五主編，臺灣商務印書館1968年版，第1頁。

〔註14〕（宋）王禹偁：《小畜集》，《文淵閣四庫全書》，集部，第1086冊，第4頁。

〔註15〕蘇舜欽《題杜子美別集後》，認為杜甫詩歌「亡去尚多，意必皆在人間，但不落好事家未布耳。」按：這裡所說的「好事家」其實是那些出於愛好保存、傳布杜詩的人。

尤不韙，心常惡之，而未能正」的說辭。慶曆八年，李覯自刻《類稿》、《續稿》時，《自序》特別說明「至於妖淫刻飾，尤無用者，雖傳在人口，皆所弗取」(《旴江文集序》)。由此可見，慶曆六年私坊刻本中，詩歌所在的《外集》刻印雖然差謬，但是因為民間有相當的購買量，依然在市場流通。而慶曆八年，李覯重新編纂時，更關心的是自己的道德文章如何傳播天下。兩相比較，民間喜好昭然若揭。這裡，需要關注的是，李覯「在宋不以詩名」，其聞名天下是因為范仲淹的竭力舉薦。所謂「善講論六經，辯博明達，釋然見聖人之旨。著書立言，有孟軻、揚雄之風義，實無愧於天下之士」(《薦李覯並錄進禮論等狀》)，說明道學深厚才是此人得以推薦的理由。

祖無擇《序》曰：「李泰伯其有孟軻氏六君子之深心焉，年少志大，常憤疾斯文衰敝。曰：『墜地已甚，誰其拯之。』於是，夙夜討論文武、周公、孔子之遺文舊制，兼明乎當世之務，悉著於篇，且又歎曰：『生處僻遐不自進，孰進哉？』因徒步二千里入京師以文求通於天子，乃舉茂材異等，得召第一。既而試於有司，有司黜之。……明年類其文稿，第為十有二卷，以寄南唐祖無擇且屬為序。無擇既受之，讀之期月不休。善乎，文武、周公、孔子之遺文舊制，與夫當世之務，言之備矣。務學君子可不景行於斯？慶曆三年冬至日序」(《直講李先生文集序》)。

據祖無擇序中所言，從李覯將文稿「第為十有二卷，以寄南唐祖無擇且屬為序」的文字，我們可判定此書刊印當在慶曆三年以後，且書中最受人關注的不是詩歌，而是那些討論「文武、周公、孔子之遺文舊制，與夫當世之務」的文章。同樣，朱熹也認為「覯文實有得於經」〔註16〕。至於李覯《退居類稿》中的詩歌，乃是因為那些關於道德與實務的文章而順帶得以印製。慶曆八年再續纂刻印時，這些詩歌的大部份都被剔除，只有《王方平壁月》、《梁元帝送僧還廬山》、《憶錢塘江五絕句》這些看起來「雅正」的詩才得以保留。《四庫提要》載曰：「覯在宋不以詩名，……《湘山野錄》載覯《望海亭席上作》一首，集中不載。考是時蔡襄守福唐，於此亭邀覯與陳烈飲。烈聞官妓唱歌，才一發聲，即越牆攀樹遁去。講學家以為美談。覯所謂『山鳥不知紅粉樂，一聲拍板便驚飛』者，正以嘲烈，殆亦左贊病其輕薄，諱而刪之」〔註17〕。由此可見，《望海亭席上作》這首詩之所以「集中不載」，正是

〔註16〕 （清）永瑢：《四庫全書總目》下冊，中華書局1965年版，第1316頁。
〔註17〕 李覯：《旴江集》，《文淵閣四庫全書》，集部，第1095冊，第2頁。

因為內容「輕薄」，諱而刪之。類似的詩歌在原有集本中應當還有不少，平常戲謔尚可，一旦鏤板流傳，以道德傳統觀念衡量，就連作者本人也要謹慎對待。當然，我們可以憑此判斷，李覯因為某些詩歌與自己認同的審美取向和價值判斷不符，所以「盡力對已經『發表』的作品做『撤稿』處理，想方設法讓不合己意的作品退出傳播過程」〔註18〕。但是，我們同時也要看到民間私坊卻是根據讀者和市場的喜好需求，早在慶曆六年就做出了價值判斷，故《望海亭席上作》這首嘲謔的趣詩雖然沒有通過詩集的形式傳了下來，卻還是通過其他的方式（口傳或宋人筆記）傳播至今。

如今我們已無暇獲知，當年的那些擁蠆是否都像祖無擇那樣看中切合世務的道德，但是以儒學復興為特徵的宋代，自然會有一部份的受眾既秉受了儒風薰染，又有一定的文學審美見識。在「文臣一體」的社會裏，這些人最初只是因道德學問關注李覯，不料卻附帶發現了「山鳥不知紅粉樂，一聲檀板便驚飛」那樣的趣味審美。故門人陳次公說：「已文章高於當世，版而行之，凡數集。每為歌詩、誌表，未嘗以一字借人，而人自求而得之。皆白言曰，如此為父見求而得之；皆自言曰，父兄如此下筆多典故，世莫及也，天下皆曰泰伯先生」（《先生墓誌銘並序》）〔註19〕。想不到李覯的詩、文以集版行，「父兄求而得之」，居然可以給予讀者如此大的創作幫助。

與李覯相仿的詩集刊印，邵雍的私坊刻本也算一例。只不過邵雍《擊壤集》的刊印時間最早也要推至北宋治平三年，是福建建安的蔡子文刻本。《四庫全書總目提要》載：「《擊壤集》二十卷。宋邵子撰。前有治平丙午自序，後有元祐辛卯邢恕序。」〔註20〕治平丙午即是治平三年，元祐只有丁卯、辛未年，無辛卯年。無論是丁卯或辛未，都證明此二十卷《擊壤集》並非蔡子文刻本。由此，也可揣測沒有邵雍自序的福建蔡子文刻本，並非邵雍個人所編撰，而是早於作者編撰的私坊印本。

邵雍是宋代著名的理學家，其最重要的成就並不是文學，而是儒學。據吳聖林《江西星子縣宋墓出土宋版古籍》（《考古》1989年第5期）載，1975年江西星子縣橫塘鄉和平村宋陶桂一墓出土殘本宋版古籍兩種：一種為《邵堯夫

〔註18〕　鄧建：《論選本傳播的彰顯與遮蔽》，《中南大學學報》（社會科學版）2012年　第4期，第232頁。
〔註19〕　李覯：《盱江集》，《文淵閣四庫全書》，集部，第1095冊，第347頁。
〔註20〕　（清）永瑢：《四庫全書總目》下冊，中華書局1965年版，第1322頁。

先生詩全集》，存卷 1 至卷 9（其中卷 3、卷 4 合刻爲一卷）；第二種爲《重刊邵堯夫擊壤集》，僅 6 卷，卷 1 題「內集」，署「敬室蔡弼重編」。兩種皆每半葉十二行，行二十字，雙邊，白口。黃麻紙印，蝴蝶裝，有少部份補板。「桓」字缺末筆，當爲北宋欽宗靖康年間所刊。邵雍在當時並不以詩歌聞名，晁公武《讀書志》云：「雍邃於易數，歌詩蓋其餘事」。這些詩歌能夠結集出版，實屬少見。從宋墓出土的情形判斷，墓主人應該是對邵雍及其作品極爲推崇，否則不至於將之隨葬。

　　胡適《國語文學史》分別引了邵雍《生男吟》、《自況》、《謝張元伯雪中送詩》三首早年詩歌，以及《詔三下答鄉下不起之意》、《寄華山雲龍觀武道士》、《無酒吟》等七首晚年詩歌，認爲「他晚年的詩更多白話了」。白話只是語言表達的形式而已，關鍵是在這些詩裏，邵雍談了什麼內容。姑且列舉如下：

　　（1）早年詩歌：《生男吟》是自己四十五歲得子，希望兒子將來成爲大賢；《謝張元伯雪中送詩》內容即如題目，當天大雪，又冷又沒吃的，朋友一早來送詩，隱含有感動之意；《自況》大意是說自己敢於直言談道。

　　（2）晚年詩歌：《詔三下》是答覆朝廷自己爲什麼不應詔，乃是因爲當今聖主堪比堯舜，自己就甘願做隱逸的巢父和許由；《寄華山》還是說自己很滿足於隱逸，《無酒吟》主要是抨擊新法施行後，自己的生活如乞丐。從詩歌中，看不出有什麼理學深奧的影子，實是「意所欲言，自抒胸臆，原脫然於詩法之外」（《四庫提要》），只顧抒發自己的人生旨趣。

　　這些詩歌內容無非是表現了邵雍順其自然、淡泊人生、安時順命的高遠意境。類似情況還有宋代蔡天任的詩歌，其「語簡而意遠」的旨趣無非「水行天地間，萬派同一指」（《通惠泉》）、「莫隨流水去，卻污世間塵」（《芳美亭》）。如其詩曰：「白云何時來，英英冠山椒。西風莫吹去，使我心搖搖。」（陳巖肖《庚溪詩話》卷下）這類看似童謠的話語，其思想境界絕非兒童能有。

　　由此，胡適認爲受到邵雍的影響，當時與他往來的名士如司馬光、程顥、富弼等，形成的「洛陽詩派」都熱衷做白話詩。因爲「邵雍、司馬光、程顥又是當時的哲學家，他們重在意境與理想，不重在修詞琢句，故我們又可以叫他們的詩作『哲學家的詩』」〔註21〕。對此，《四庫提要》評價：「北宋鄙唐

〔註21〕　胡適：《國語文學史》，臺灣五南圖書出版股份有公司 2013 年版，第 194～199頁。

人之不知道，於是以論理爲本，以修詞爲本，而詩格於是乎大變。此集尤著者也。」這裡所說「以論理爲本」，疑下句應是「以修詞爲末」，而清人案語所說的「詩格大變」，大概就是胡適所說重義理，不重修辭，以白話作詩罷。

此外，《提要》又謂「朱國楨《湧幢小品》曰：佛語衍爲《寒山詩》，儒語衍爲《擊壤集》。此聖人平易近人，覺世喚醒之妙用。……邵子之詩，其源亦出白居易，而晚年絕意世事，不復以文字爲長，意欲自抒胸臆，原脫然於詩法之外。毀之者務以聲律繩之」。不管是用白話講儒語或佛語，都強調思想領悟，都是爲了剔除「專注修辭」對於思想的遲滯，直接表達自己最真實的情思。邢恕《康節先生伊川擊壤集後序》也稱邵康節「以先天地爲宗，以皇極經世爲業，揭而爲圖，萃而成書，其論世尙友，乃直以堯舜之事而爲之師，其發爲文章者，蓋特先生之遺餘。至於形於詠歌，聲而成詩者，則又其文章之餘，皆德人之言鬱於中而著於外，故其所擄者近而所託者遠，爲體小而推類大」。以此判斷，靖康年間墓主人陶桂一以邵雍詩集隨葬，或許出於以下原因：

第一，弘揚儒道，追慕其隱逸高格。原因正如邵雍所說：「自樂之詩也。非唯自樂，又能樂時，與萬物之自得也……聞其詩，聽其音，則人之志情可知之矣」(《伊川擊壤集序》)；

第二，或如胡適所言，當時確有一些白話詩的擁躉。雖然「自嘉祐以前，厭李季㑇薄之敝，事事反樸還淳，其人品率以光明豁達爲宗，其文章亦以平實坦易爲主，故一時作者往往衍長慶餘風」〔註22〕。但是，若以刻書時間爲靖康年間討論，兼及治平三年有《擊壤集》蔡子文刻本，治平四年有《擊壤集》蜀刻本的事實，我認爲在北宋蘇、黃主盟詩壇的時代，第一種原因的可能性更大，第二種原因的可能性較小。

類似邵雍詩集刊刻，我們可以判斷北宋民間刊刻這樣的詩集，主要是看中邵雍在道德學問方面的名望。因爲民間有相當的受眾、擁躉，願意花錢購買他們的詩集、文集印本，所以私坊才願意刻印這樣不太有「文學味」的詩文。畢竟，迎合顧客，射利才是坊刻最看重的因素。

總結而言，北宋前期得到官方承認的私刻典型僅是《徐鉉文集》。根據天禧元年十一月《進徐騎省文集表》的記載，胡克順所以刊刻徐鉉文集，一是因爲徐鉉乃宋初得太宗賞識的名臣，「頗爲後進之宗師」；二是因爲徐鉉「文

〔註22〕　（清）永瑢：《四庫全書總目》下冊，中華書局 1965 年版，第 1322 頁。

律高深，學術精博，辭惟尚要，思在無邪，克著一家之言，蓋處諸公之右」；
三是因爲胡克順與徐氏有舊交，曾扁舟載其靈柩歸葬南昌。晏殊有《跋》稱
胡克順「早遊騎省之門，深蒙鄉里之眷，寶茲遺集，積有歲時，鏤板流行，
庶傳永久」；四是因爲自己久有編輯之願，適逢陳彭年有徐鉉文集全本，又願
意爲此書作序，「乃募工人，肇形鏤板，竹簡更寫，無愧於前修，綈幾回觀，
願留於睿覽」。這裡所謂「綈幾回觀，願留於睿覽」的意思是：「我現在將徐
鉉文集刻印好了，放在天子專用的、鋪好綈錦的几案上，呈給皇帝陛下睿覽。」
這說明，胡克順刻印徐鉉文集與國子監及諸路機構受命刻印經子書籍不同，
他是私下刻印。刻好後呈給皇帝，希望官方認可這樣的事實。

最後，胡克順得到眞宗皇帝的批答是「汝克慕前修，盡編遺箚，俾之摹
印，庶廣流傳。睹奏御之爰來，諒恪勤之斯至。覽觀之際，嘉歎良深，故茲
獎諭，想宜知悉」〔註23〕。故《四庫提要》說「天禧中，都官員外郎胡克順
得其本於陳彭年，刊刻表進，始行於世」〔註24〕。而眞宗批准刊行的原因是
徐鉉「歷事祖宗之朝，常居文翰之任，發揮誥命，有溫雅之風，備預諮詢，
見該通之學，矧惟素履，無謝古人」〔註25〕。大致意思是說，徐鉉生平忠君
體國，文風溫雅，學問廣博，而且文章樸實潔淨，不遜於古人。顯然，文章
評價還在其次，最重要是道德評價過關，而皇帝的恩寵更肯定了徐鉉文集的
出版發行。這似乎是北宋前期文臣作品獲准刻印的例外。從現存資料看，雖
然《徐鉉文集》是私刻本，但卻是仁宗以前唯一得到官方承認的本朝文人印
本。這或許也是胡克順「干冒宸嚴，無任戰汗」、「誠惶誠恐」(《進徐騎省文集表》)
的原因。造成此等窘境的另一個原因，從歐陽修至和二年五月上書乞毀京師
私坊所雕《宋賢文集》的史實，可以知道北宋官方在仁宗朝仍是「士習拘謹」，
君臣還有「或議論時政得失，恐傳之四夷不便」的顧慮(《長編》卷179)。這些
情況至少說明，北宋一直以來對書籍雕印有所限制，而歐陽修上呈箚子的原
因則是感到禁令還不夠嚴格，所以請求朝廷進一步規範雕印，將議論時政、
非後學所需的詩文典籍一併列入禁印之列。

自《徐鉉文集》之後，享此官家恩遇的另一例證是嘉祐二年官本刻印的
《隆平集》。該書記錄太祖至英宗五朝史事，凡分目二十有六，體似會要。又

〔註23〕 徐鉉：《騎省集》，王雲五主編，臺灣商務印書館1968年版，第2頁。
〔註24〕 徐鉉：《騎省集》，《文淵閣四庫全書》，集部，第1085冊，第2頁。
〔註25〕 徐鉉：《騎省集》，王雲五主編，臺灣商務印書館1968年版，第2頁。

立傳二百八十四，各以其官爲類。舊題曾鞏所撰，然而據《玉海》載，曾鞏
元豐四年七月充史館修撰。十一月便因呈上《太祖總論》而被罷免。曾鞏在
史館僅五個月，不可能撰成此書。其出於依託，殆無疑義。況且，該書內容
也不屬於文學作品範疇。

　　若我們以宋仁宗嘉祐年以前定爲北宋前期，從夏其峰《宋版古籍佚存書
錄》及本文《北宋集部印本刊刻表》統計，官刻宋人文學集本僅有《御製玉
京集》6卷、《徐騎省文集》60卷兩種；民間坊刻宋人文學印本則有《河東先
生集》15卷〔註26〕；《王黃州小畜外集》30卷；李覯《退居類稿》12卷、《皇
祐續稿》8卷；《祖英集》2卷；《鉅鹿東觀集》10卷數種。至於《西崑酬唱集》、
《河南穆先生文集》、《宛陵先生文集》、《青社黃先生代檀集》、《和靖先生詩
集》雖然已經編纂成集，但是具體刊刻時間或延至南宋，或者不知刻於何時。

　　歷仕仁宗、英宗、神宗、哲宗四朝的北宋名臣王珪有《華陽集》60卷，
最後由其子王仲修依詔表進，刊刻傳世。（宋）趙希弁《讀書附志》（卷下）載：
「大觀二年（1108），詔故相岐國王公之家以文集來上，其子朝散大夫、管勾南
京（今河南商丘）鴻慶宮、上護軍仲修等表進之，許光凝爲之序」。許光凝《華
陽集序》云：「家集既奏御，且鏤板以傳世」。這個事例說明，因爲元祐黨禁
以及相關個人文集中觸及時政、奏議等內容，官方一直對文臣的文集、詩集
均有嚴格的傳播控制。據記載，黨禍之後，唐庚由嶺南貶謫回歸京師後，有
人嘗請刊刻其所著文章。當時，唐庚心有餘悸地答道：「予以是得名，亦以是
得謗。可一覽而足，何必丐而去也？」（《眉山詩集原序》）〔註27〕。而王仲修則是
在得到了皇帝的首肯之後，方能出版其父王珪的集子，故許光凝《序言》說：
「家集既已奏御，且鏤板以傳世。」雖然王珪《華陽集》的刊刻事例發生在
北宋末期，但是它對於前期作品的出版卻具有難得的證據說服力。

　　根據以上出版事例，從現存宋版集本中，可以得出這樣的判斷：第一，
北宋前期詩歌多隨文集一起刊印，單獨以詩集刊刻的情況在官私刻印中都較
爲少見（純詩集的刊刻通常都延至南宋）；第二，除天禧五年岑守素鏤板《御製玉京
集》的特殊情形外，宋人文集的刊印程序與官方經子書籍刊刻不同，通常是
私坊刊印流通，或以表進方式獲官方批准發行；第三，官方認可的文集刊印，

〔註26〕北宋柳開撰，大中祥符五年張景所刊北宋刻本。詳見《皕宋樓藏書志》何焯
　　　　題識
〔註27〕（宋）唐庚：《眉山集》，《文淵閣四庫書》，集部，第1124冊，272頁。

需要在社會道德評價、機要隱秘等問題上經得起拷問推敲，客觀上要「有益後進學者」，否則難以出版。當然，資金的因素也不可忽略。北宋社會儒學士風的潛在影響可窺一斑。

二、北宋後期：文學集本刊刻趨盛

根據《宋會要輯稿》、《麟臺故事》、《玉海》、夏其峰《宋版古籍佚存書錄》及本書《北宋刊刻書目表略》，我們可以看到眞宗、仁宗以後，文學集本刊刻開始呈現出興盛趨勢。（清）馮武《西崑酬唱集序》曰：「唐二百八十年，朝以詩取士，士以詩爲業，童而習焉，長而精焉，其法同也，其義同也，其所讀書同也，所不同者時世先後，風氣淳薄而已。初未有各樹其說，自立牆戶者也。歷來作家或以清眞勝，或以雅豔勝，門庭施設各各不同，究於三百六義之旨，何嘗不同歸一轍哉！自宋以來，試士易制，詩各一塗，遂將李唐一代製作四分五裂。」常熟馮武對於宋詩的見識有限，但是關於唐人「所讀書同」的見解確有道理。唐人以抄本傳閱，書籍抄寫有限，故讀書亦有限。至於馮武對於宋人詩歌各有尊崇，拆裂唐人的指責，更應從印本加入傳播，書籍閱讀廣泛，宋人有多種審美選擇著眼看待。

按《李氏山房藏書記》的記載，蘇軾佐證了元豐前後，印本帶給宋代社會閱讀傳播的變化。〔註28〕既然宋人不僅是文辭學術倍蓰於唐人，那麼他們對於文學文本的選擇也應該較唐人豐富。總體說來，唐宋人看到的書籍，儒家也就那麼幾本經典書籍，史學著作無非比唐人多了新舊《五代史》、新舊《唐書》，額外再增加《論語》、《孟子》，或者農醫之類的子籍書目而已。所以，我認爲唐宋兩代在經史書籍品類差別並不大，差別大的部份在於子部、集部書籍，在於文人的個人創作。

對於文學而言，關鍵就在於閱讀與傳播。宋人在單位時間內可以看到歷代與本朝更多的文學作品，這才是唐人不及宋人的地方。而要做到這一點，除了拼命抄書，秘而不傳的藏家樂於奉獻之外，產生質變的關鍵因素就是印刷事業的興盛——書籍複製本越多，手握書卷的人越多，閱讀的群體化程度才會越高。作爲親歷變化的當事人，蘇軾印象中書籍傳播質變的時間結點就

〔註28〕 元豐七年，蘇軾由黃州遷汝州團練副史，途中遊廬山，路過李公擇藏書的白石山房。參見朱志遠：《漫話〈李氏山房藏書記〉》，2007手6月第3期《河南圖書館學刊》，第134頁。

是他仕宦生活的熙寧、元祐年間，形成規模效應的時間當在宋仁宗以後的北宋中期。對此，英國學者摩里士同樣認為，「在十一世紀四○年代（仁宗年間），木刻印坊已印出數以百萬計的書冊，價格便宜，家境普通也買得起。此時中國識字率應與羅馬帝國時期的意大利不相上下」〔註29〕。

　　當我們這樣劃分時段，就發現宋仁宗以後，許多知名或不知名的文人作品都在這一時期得到印本流傳，朝野似乎寬容了文臣集本的刊刻。在嘉祐以後，邵雍的詩集、文集分別於治平三年、四年、元祐六年三次得到刊刻，契嵩、強至、曾鞏、范仲淹、金君卿、趙湘等人的集本都先後得到刊刻。雖然現存北宋文學的印本資料有限，但是從已有文學印本情況看，一旦民眾從技術和成本上接納印刷以後，其廣泛應用就成了個人文學作品從收藏到面對大眾的傳播媒介的最好選擇。

（一）北宋官刻製度的規範成熟

　　北宋進入王朝中期以後，之所以有優質的印本書籍持續產出，除了宋人的刊刻熱情之外，更有雕印技術與刊刻製度的有效保證。這些與刊印相關的制度和操作規範，到這一時期逐漸固定下來。有史佐證，北宋的書籍印刷在發展初期，儘管熱情有嘉，然而書籍出版還是時有問題出現。《長編》（卷61）記載：

> 國家每三年一修郊禮，必有肆赦，寇萊公嘗議模印以頒四方，為眾所沮，乃止。其後，外郡覆奏書字誤，沂公始舉寇相之議，令刑部鎖宿雕字人模印頒行。因之，日官乞每年頒曆日亦雕板印行。舊每歲募書寫人，所費三百千，今模印則三十千。仍有沮議，曰：「一本誤則千百本誤。」沂公語之曰：「不令一字有誤可矣。」自爾遵行不改。此據王皞《百一編》，當附王曾當國時。

根據這段記載，當初北宋天子每隔三年祭祀天地時，必有赦書頒赦天下。寇準因之建議採用雕版印刷將赦書頒發天下，卻被眾人阻止。此後，沂公王曾卻能建議施行。於是，日官隨之建議朝廷頒曆書也照此雕版辦理。正是由於當時印刷廉價且傳播高效，官方才開始考慮將過去全用筆墨抄寫的「赦書」改為雕印。當然，在這個過程中，宋人也逐漸發現了雕印存在的問題。首先，

〔註29〕按：原文寫做「家境普普」，應為「家境普通」才對。〔英〕伊安・摩里士：《西方憑什麼》，臺北雅言文化有限公司 2015 年版，第 306 頁。

由於雕印疏忽，屢有印本錯誤；其次，由於印板反覆使用，木質雕版容易損壞，於是一些書籍需要重新詳定雕印的情況也時有出現。《玉海》(卷43)載：「咸平元年正月丁丑，劉可名上言諸經板本多誤，上令擇官詳校。……九月辛亥，命侍講學士邢昺與兩制詳定《尚書》、《論語》、《孝經》、《爾雅》文字。先是，國子監言：『群經摹印歲深，字體誤缺，請重刻板。』因命崇文檢詳杜鎬、諸王侍講孫奭詳定。至是畢，又詔昺與兩制詳定而刊正之。祥符七年九月，又並《易》、《詩》重刻板本，仍命陳彭年、馮元校定。自後九經及釋文有訛缺者，皆重校刻板。」

由於印刷過程中問題頻繁出現，迫使北宋社會不斷完善書籍印刷制度和流程，也使得印書質量得到有效的保障。這些制度和流程總結起來，主要有以下幾點：

第一，北宋書籍多以官刻爲主（或書籍刊刻需得到官方認可），且刊刻須經過校勘、詳校、再校等多道嚴格的程序。刊印之前要經歷「復校」、「點檢」等層層環節，建立了一套嚴格規範的校勘制度。〔註30〕按蕭東發的說法，北宋監本的質量精審可靠，原因是其「所刻之書都要三校上版，查監本刻書記載，刊行之前總有『校訂』字樣，因爲刊印之後要頒行天下，售於民間，故此」。蕭東發最後總結說：「後世的呈繳本，國家出版社設印刷廠，編審、校對、刻印、發行一條龍，三審制，三校上版等制度早在宋朝就已初步形成。」〔註31〕宋代官家這套校勘制度固定成形的時間，大概在大中祥符八年之前。根據《宋會要輯稿》記載，大中祥符八年「凡校勘官校畢，

〔註30〕 《玉海》(卷43)載：「《易》，則維等四人校勘，李說等六人詳勘，又再校。十月，板成，以獻。」同書又載：「《禮記》，則胡迪等五人校勘，紀自成等七人再校，李至等詳定。淳化五年五月以獻。」據《宋會要輯稿‧崇儒四》記載，大中祥符八年（1015），「令翰林學士晁迥、李維、王曾、錢惟演，知制誥盛度、陳知微，於館閣京朝官中，各舉服勤文學者一人爲復校勘官。迥等遂以集賢院校理宋綬、直集賢院孫、直集賢院麻溫直、集賢校理晏殊、崇文院檢討馮元充選。凡校勘官校畢，送復校勘官復校，既畢，送主判館閣官點檢詳校。復於兩制擇官一二人充複點檢官，俟主判館閣官點檢詳校訖，復加點檢。皆有程課，以考其勤惰焉」。

〔註31〕 蕭東發：《中國圖書出版印刷史論》，北京大學出版社2001年版，第186頁。按：「國子監規定，圖書校勘必須經過三道手續：凡一書校勘既畢，送覆勘官；覆勘既畢，送主判館閣官，覆加點校。這有點類似於我們現在的『三審三校制』」。詳見李明傑：《宋代國子監的圖書出版發行》，《出版科學》2007年第6期，第70頁。

送復校勘官復校，既畢，送主判館閣官點檢詳校。……俟主判館閣官點檢詳校訖，復加點檢。皆有程課，以考其勤惰焉」。所謂「皆有程課」，可見此時校勘制度已然定型。

　　第二，宋代官方編纂刊刻書籍，對於編纂、校勘人員的選擇向來比較愼重。〔註 32〕類似《太平御覽》、《文苑英華》的編纂校勘自不必說了，所用人才均爲當時水平最高的文人學者，其人數之多，歷時之長，有史可鑒。雖然自太宗朝，官府就愼選編纂校勘人員。但是，以考試的辦法來選調校勘人員的慣例，卻是從宋眞宗咸平年間開始確立。〔註 33〕據《續資治通鑒》（卷 20）載，咸平元年正月戊寅，眞宗皇帝「御崇政殿，召御龍直二百七十餘人，閱試武藝，遷擢者二十六人。」此處所選擢的人員，即是校勘編纂人士。當時，眞宗據太宗朝的經驗，開始用「閱試」來遷擢編纂校勘人員，凡二十六人。大中祥符八年（1015），在校三館書籍時，官府對被選拔者進行了初試和複試，以確保選拔質量。

　　第三，北宋中期，官方規範了編校工作的流程，嚴格限定工作程序和具體的操作方法。同樣是在大中祥符八年，北宋官方不僅設置了編校局，而且按照皇帝的旨意，還規定校勘詳校要用「計課」的辦法來確定校勘人員的工作量（《長編》卷 85）。當時的操作方法，有些甚至近乎於瑣碎。如《宋會要輯稿》（職官 18 之 11）記載，「讎校舊本書，有注錯多者，長功日十紙，中功日九紙，短功日八紙；錯少加二紙；無注又加二紙；再校各加初校三紙。其正字刊正，各校三紙。」而沈存中《夢溪筆談》（卷 1）則記載，因爲官方「嘗校改字之法，刮洗則傷紙，紙貼之又易脫。粉則字不沒，塗數遍方能漫滅。惟雌黃則一漫滅，仍久而不脫」，故「館閣新書淨本，有誤書處，以雌黃塗之」。

〔註 32〕　《宋會要輯稿・崇儒四》記載了地方選拔校勘人員的嚴格程序，曰：「十二月，詔樞密使王欽若都大提舉抄寫校勘三館、秘閣書籍，翰林學士陳彭年副之。又令吏部銓選幕職、州縣官有文學者，赴三館、秘閣校勘書籍。……因命吏部取常選人狀，先試判三節，每節百五十字以上，仍擇可者，又送學士院試詩、賦、論，命入館校勘。凡三年改京朝官，京朝官亦有特命校勘者。京官校勘，若三年，皆奏授校理。」詳見《宋會要輯稿・崇儒四》，河南大學出版社 2001 年版，第 215 頁。又見《宋朝事實類苑》卷 31；《長編》卷 85。

〔註 33〕　《長編》（卷 53）載，咸平五年十二月，「上以龍圖閣及後苑所藏書籍尚多舛誤，欲重加讎對，甲申，詔流內銓於常選人內擇歷任無過、知書者十五人以聞，命吏部侍郎陳恕、知制誥楊億試之，於是得館陶尉大名劉筠等七人，給本官俸料，大官供膳，就崇文院校之，踰年而畢，並授大理評事，秘閣校理。」

　　以上種種證據，表明北宋中期印刷制度和相關程序、規範的成熟，對於印刷興盛有極大的推動作用。我們看到，雖然北宋建國初期就陸續在整理歷代的書籍著作，並且有意識編纂本朝的圖書。但是，只有隨著書籍刊刻製度的確立，更多原創或改編、編纂的子書語錄、筆記文集等書籍才眞正開始進入官私的刊刻流程，有力推動北宋書籍印刷事業的快速發展。而這樣刊刻製度確立的時間正是在眞宗與仁宗兩朝。對此，郭英德也說：「印刷術的普及、書籍的大量流通，正是在北宋眞宗、仁宗時期實現的。」〔註34〕正是在這樣的印刷環境中，宋代文臣的文學集本也在這一時期開始成爲官私的刊刻選擇。

　　據《長編》、《玉海》（卷 43）、《麟臺故事》（卷 2）、《宋會要輯稿崇儒》（55冊）等書籍記載，按時間順序，可以梗概地列出北宋初期至中期主要編纂修撰、印刷的書籍。

北宋初期官方編撰集部書籍略表　（建隆初至元豐三年）　　　　表 12

時　間	北宋修纂編撰及印刷刊刻書目	來　源
建隆二年	王溥等上《唐會要》一百卷，詔藏史館。	《長編》卷 2
建隆二年	史館上王溥、扈蒙所修《周世宗實錄》四十卷。	《長編》卷 2
建隆三年	判監陳鄂等上新校《禮記釋文》。	《玉海》卷 43
建隆四年	進《新編敕》。《大周刑統》二十一卷不行。	《皇朝文鑒》卷 63
乾德元年	王溥上新修《五代會要》三十卷。	《長編》卷 4
乾德元年	竇儀等上《復位刑統》三十卷，《編敕》四卷，詔刊板模印頒天下。＊	《長編》卷 4
乾德元年	張昭上《名臣事蹟》五卷，詔藏史館。	《長編》卷 4
乾德二年	竇儀等上《新定四時參選條件》。	《長編》卷 5
乾德三年	雕印《經典釋義》三十卷。＊	北京圖書館收藏
開寶四年	劉溫叟、李復位《開元禮》，以國朝沿革制度附屬之。	《續通鑒》卷 6
開寶六年	盧多遜等上所修《開寶通禮》二百卷《義纂》一百卷，付有司施行。	《長編》卷 14
開寶六年	王祐等上《重定神農本草》二十卷，帝製序，摹印以頒天下。＊	《長編》卷 14
開寶七年	薛居正等上新修《五代史》百五十卷。	《長編》卷 15

〔註34〕郭英德等著：《中國古典文學研究史》，中華書局 1995 年版，第 320 頁。

太平興國二年	命翰林學士李昉等編類書爲一千卷，小說爲五百卷。	《長編》卷 18
太平興國二年	詔陳鄂等同詳定《玉篇》《切韻》。	《長編》卷 18
太平興國三年	命李昉等修《太祖實錄》，湯悅等修《江表事蹟》。	《長編》卷 19
太平興國四年	命有司取國初以來敕條纂爲《太平興國編敕》十五卷，行於世。	《長編》卷 20
太平興國五年	監修國史沈倫等上《太祖實錄》五十卷。	《長編》卷 21
太平興國五年	田錫上《樂府新解》十卷，《昇平詩》三十篇。	《咸平集》卷 16
太平興國六年	賈黃中與諸醫工雜取歷代醫方，同加研校，每一科畢，即以進御。	《長編》卷 22
太平興國六年	敕雕印板行《太平廣記》。後版本收入太清樓。*	《玉海》卷 54
太平興國七年	設譯經院，盡取中所藏梵夾，令天息災等視藏錄所未載者翻譯之。	《長編》卷 23
太平興國七年	詔李昉等修《文苑英華》。	《麟臺故事》卷 2
太平興國八年	吳鉉獻復位《切韻》，鄙陋甚，詔盡索焚之。	《長編》卷 24
太平興國八年	出太宗《御集妙覺集》五卷，付院入藏。	《玉海》卷 28
太平興國八年	十二月，詔改名《太平總類》爲《太平御覽》。	《玉海》卷 54
雍熙三年	詔徐鉉、句中正等讎校《說文》。十一月模印頒行。*	《長編》卷 27
雍熙三年	宋白等上《文苑英華》一千卷，詔書褒答。	《長編》卷 27
雍熙四年	賈黃中等上《神醫普救方》一千卷，詔頒行之。	《長編》卷 28
雍熙四年	邢昺獻《分門禮選》二十卷。上覽稱善。	《長編》卷 73
端拱元年	校定《五經正義》，詔國子監鏤板行之。十月板成。*	《玉海》卷 43
端拱元年	刻本《周易正義》十四卷。至今留存。	北京圖書館收藏
端拱元年	十月，僧贊寧進《大宋高僧傳》三十卷。太平興國七年修，今始成。	《宋高僧傳》卷末
端拱二年	句中正、吳鉉等撰定《雍熙廣韻》一百卷，詔書嘉獎。	《長編》卷 30
端拱二年	王禹偁、徐鉉等校正《道藏經》寫本。	《長編》卷 86
淳化元年	宋白等上新定《淳化編敕》三十卷。	《長編》卷 32
淳化二年	蘇易簡續《翰林誌》二卷以獻，帝嘉之。	《續通鑒》卷 16
淳化二年	雕印《施華嚴經淨行品》一千卷。	《圓宗文類》卷 22
淳化三年	七月，蘇易簡進羅處約《東觀集》十卷於朝，詔付史館。	《宋會要崇儒五》
淳化四年	編《徐公文集》三十卷。	《徐公文集》卷首

淳化四年	張齊賢雕刻《維摩經》一部十卷，志願散施，貴廣傳布。	《續藏經》第 2 編
淳化五年	再詳定《五經正義》以獻。板成。*	《玉海》卷 43
淳化五年	選官分校刊印《史記》《前、後漢書》三史。《事實類苑》卷 31。	《玉海》卷 43
淳化五年	詔取趙鄰幾所著會昌以來日曆 26 卷及它書凡百卷。賜其家錢十萬。	《長編》卷 35
淳化五年	上覆命醫官集《太平聖惠方》一百卷。五月己亥，以印本頒天下。*	《長編》卷 35
淳化五年	許驤等上重刪定《淳化編敕》三十卷，詔頒行之。	《長編》卷 36
至道二年	八月，史館以《史記》雕板成，上之。	《太宗實錄》卷 78
至道三年	詔錢若水修《太宗實錄》。咸平元年八月是書八十卷修畢。	《續通鑑》卷 19
咸平元年	王延德上《太宗皇帝南宮事蹟》三卷，命送實錄院。	《續通鑑》卷 20
咸平元年	三月，樂史編進《李翰林別集》十卷。	《永樂大典》卷 923
咸平元年	錢若水等上《太宗實錄》八十卷。賜詔褒諭，賜賚有差。	《長編》卷 43
咸平元年	九月，詔呂端、王禹偁等重修《太祖實錄》。以沈倫所修差謬多故。	《小畜集》卷 22
咸平元年	柴成務等重詳定《新編敕》，請鏤板頒下。優詔褒答之。*	《長編》卷 43
咸平二年	李沆等上《重修太祖實錄》五十卷，帝降詔嘉獎。《玉海》卷 48。	《續通鑑》卷 21
咸平二年	國子監詳定刊印《五經正義》事始畢。*	《玉海》卷 43
咸平二年	孫奭請摹印《古文尚書音義》與新定《釋文》並行。從之。*	《玉海》卷 43
咸平三年	校勘《三國志》《晉書》《唐書》。五年校畢，送國子監刊印。*	《宋會要崇儒四》
咸平四年	九月，宋白等上新修《續通典》二百卷，詔付秘閣。	《長編》卷 49
咸平四年	邢昺等校定呈上《周禮》等七經疏義，命模印頒行。*《長編》卷 49	《玉海》卷 43
咸平六年	杜鎬等校《道德經》。六月畢。送國子監刊板。*《宋會要崇儒四》	《玉海》卷 43
景德元年	黃夷簡等上校勘新寫御書，凡二萬四千一百六十二卷。	《續通鑑》卷 24

景德元年	七月詔以崇文院所校《晉書》新本，分賜輔臣、宗室。	《長編》卷 56
景德二年	編成《益州名畫錄》三卷。	《益州名畫錄》卷首
景德二年	邢昺言經史義疏板本悉備，有書籍刊板十萬。*	《玉海》卷 43
景德二年	邢昺校《尚書》《論語》《孝經》《爾雅》四經。從國子監請摹印。*	《玉海》卷 43
景德二年	詔王欽若、楊億等修《歷代君臣事蹟》。又著《彤管懿範》八十卷。	《麟臺故事》卷 2
景德二年	命孫奭、杜鎬校定《莊子釋文》《爾雅音義》。並鏤板。*	《玉海》卷 43
景德二年	吳鉉言國學板本《爾雅釋文》多誤。命杜鎬、孫奭詳定。	《玉海》卷 43
景德二年	刊印《經典釋文》。*《宋會要輯稿》第 55 冊《崇儒四》	《玉海》卷 43
景德二年	史序等上《乾坤寶典》四百一十七卷。上作序，藏秘閣。	《長編》卷 60
景德二年	丁謂等上《三司新編敕》十五卷，詔雕印頒行之。*	《長編》卷 61
景德二年	丁謂、崔端、張若谷、崔曙等成《景德農田敕》五卷，令雕印頒行。	《長編》卷 61
景德二年	張詠編《許昌詩集》十卷，授鬻書者雕印行用。（乙巳年秋八月）	《乖崖先生文集》卷 8
景德二年	敕雕印頒行《公羊傳》。	《古儷府》卷 9
景德三年	詔以《畫龍祈雨法》付有司鏤板頒下。*	《長編》卷 63
景德四年	命直館校理校勘《文苑英華》及《文選》，摹印頒行。	《玉海》卷 54*
景德四年	十一月，詔以新定《韻略》送國子監鏤板頒行。*	《宋會要崇儒四》
景德四年	詔修太祖、太宗正史。王旦、王欽若等同修。	《續通鑒》卷 26
景德四年	丁謂上《景德會計錄》六卷，詔獎之。	《續通鑒》卷 26
景德四年	晁迥等上《考試進士新格》，詔雕印頒行之。《宋會要職官一三》*	《長編》卷 67
景德四年	詔崇文院刊修雕印《切韻》。*	《宋大詔令集》卷 150
大中祥符元年	群牧制置使請刻印醫馬諸方並牧法，頒示坊、監及諸軍。從之。	《長編》卷 68
大中祥符元年	杜鎬等校定《南華真經》（《莊子》）。摹刻版本賜輔臣。*	《麟臺故事》卷 2
大中祥符元年	詔李宗諤等編《大中祥符封禪記》，送五使看詳。	《麟臺故事》卷 2

大中祥符二年	閏二月，鄭文寶編成《江表志》。見鄭文寶《江表志序》。	《全宋文》卷 135
大中祥符二年	詔孫奭、杜鎬校定《莊子》及《莊子釋文》三卷，以備雕印。	《麟臺故事》卷 2
大中祥符二年	命杜鎬、孫奭詳定國學版本《爾雅釋文》。	《麟臺故事》卷 2
大中祥符二年	僧道元撰《傳燈錄》三十卷以獻。楊億等刊定其書，命刻板宣布。*	《長編》卷 71
大中祥符二年	丁謂等上《泰山封禪朝覲祥瑞圖》百五十，劉承珪上《天書儀仗圖》。	《續通鑑》卷 28
大中祥符三年	新印《還源觀》。	《閒居編》卷 8
大中祥符三年	丁謂等上《大中祥符封禪記》五十卷，帝製序，藏秘閣。	《續通鑑》卷 29
大中祥符三年	李宗諤等上《新修諸道圖經》千五百六十六卷，詔獎之。	《續通鑑》卷 29
大中祥符四年	國史院進所修《太祖紀》。	《續通鑑》卷 29
大中祥符四年	李宗諤等校《莊子序》，摹印而行之。*	《麟臺故事》卷 2
大中祥符四年	姚鉉編《唐文粹》一百卷成。	《唐文粹》卷首
大中祥符五年	崇文院上新印《列子沖虛至德真經》。*	《玉海》卷 43
大中祥符五年	詔國子監校勘《孟子》，是年四月以進。乞送本監鏤板。	《宋會要崇儒四》
大中祥符五年	成《九天生神章》等十二經，溥濟於民，請摹印頒行。	《長編》卷 86
大中祥符六年	王欽若等上《新編修君臣事蹟》一千卷，帝賜名《冊府元龜》。	《續通鑑》卷 31
大中祥符六年	丁謂上《新修祀汾陰記》五十卷。	《續通鑑》卷 31
大中祥符六年	陳彭年等上新校定《玉篇》，請雕印頒行。　*	《宋會要崇儒四》
大中祥符七年	上新印《孟子》及音義。*	《玉海》卷 43
大中祥符八年	王欽若上準詔編修《后妃事蹟》七十卷，賜名《彤管懿範》。	《長編》卷 85
大中祥符八年	詔編《太宗妙覺集》入佛經藏。	《長編》卷 85
大中祥符八年	孫奭繕寫鄭注《月令》一本，伏望付國子監雕印頒行。*	《長編》卷 85
大中祥符九年	林特上《會計錄》，詔付秘閣。	《續通鑑》卷 32
大中祥符九年	王旦等上《兩朝國史》一百二十卷，優詔答之。《宋大詔令集》卷 150	《續通鑑》卷 32
大中祥符九年	王欽若表上《翊聖保德真君傳》三卷，帝製序。	《續通鑑》卷 33

大中祥符九年	太宗《妙覺集》爲《妙覺秘詮》,《法音集》爲《法音指要》摹印之。	《長編》卷 86
大中祥符九年	王欽若上新校《道藏經》,賜目錄名《寶文統錄》,請摹印頒行。*	《長編》卷 86
大中祥符九年	《聖政記》一百五十卷修成。	《麟臺故事》卷 2
天禧元年	眞宗作《正說》十卷《春秋要言》三卷《清景殿書事詩》百篇。	《長編》卷 89
天禧元年	眞宗作《三惑論》、《三惑歌》並注,仍續畫刻板摹本,以賜輔臣。*	《長編》卷 89
天禧元年	李維上《大中祥符降聖記》50 卷《迎奉聖像記》20 卷《奉祀記》50 卷	《續通鑒》卷 33
天禧元年	新印《徐鉉文集》兩部六十卷。	《徐公文集》卷首
天禧元年	雕印《金剛般若經》印板成。	《閒居編》卷 9
天禧二年	以趙安仁所刻《禮懺禪觀法》印板送院,附經藏。	《玉海》卷?
天禧二年	王欽若等上《天禧大禮記》四十卷。	《續通鑒》卷 34
天禧二年	刊刻鄭景岫《四時攝生論》陳堯叟所集方一卷,賜授任廣南臣僚等。	《長編》卷 92
天禧四年	楊億等請出御集,箋解其義,並注釋。又重編御集成三百卷。	《麟臺故事》卷 2
天禧四年	丁謂等請以聖製七百二十二卷鏤版宣布,命禁中別殿閣藏,詔可。*	《續通鑒》卷 35
天禧四年	命錢惟演、王曾編《聖政錄》。	《續通鑒》卷 35
天禧四年	七月,《玉篇》刻板成。*	《宋會要崇儒四》
天禧四年	李防請雕印《四時纂要》、《齊民要術》付諸道勸農司,以助民務。*	《長編》卷 95
天禧四年	眞宗賜輔臣《冊府元龜》各一部,板本初成也。*	《長編》卷 96
天禧五年	令國子監重刻經書印板,以本監言其歲久刓弊故也。*	《長編》卷 97
天禧五年	丁謂等上《箋注釋教御集》三十卷,詔賜丁謂及晏殊。	《長編》卷 97
天禧五年	國子監以御製《至聖文宣王贊》近臣所撰《十哲七十二賢贊》鏤版。	*《續通鑒》卷 35
乾興元年	乞令校勘雕印頒行《後漢書》。從之。天聖二年送本監鏤板。	《宋會要崇儒四》
天聖元年	雕印《圓頓觀心十法界圖》,用廣流行。	《佛祖通紀》卷 50
天聖二年	刻板印《普賢觀經》一萬卷。	《天竺別集》卷上

天聖二年	刊定《金剛經纂要》。《日本大正新修大藏經》第33卷	金剛經纂要刊定記
天聖二年	張觀、宋綬等校勘《南北史》《隋書》。三年《隋書》板成。餘未刻。	《宋會要崇儒四》*
天聖二年	又有《天和殿御覽》四十卷，亦令刻板，命陳詁校勘。*	《宋會要崇儒四》
天聖二年	胡旦上所撰《漢春秋》，上稱歎之。	《長編》卷102
天聖二年	王欽若等上《真宗實錄》一百五十卷，降詔褒諭。	《續通鑑》卷36
天聖二年	詔自今敕書，令刑部摹印頒行。*	《長編》卷102
天聖三年	詔國子監，罷刊印《初學記》、《六帖》、《韻對》等書。	《長編》卷103
天聖四年	國子監請摹印《德明音義》二卷。*	《玉海》卷43
天聖四年	趙拱校定《黃帝內經》《素問》《巢氏病源》《候論》《難經》等。	《宋會要崇儒四》
天聖四年	胡旦撰成《演聖通論》70卷，以校正《五經》，家貧不能繕寫奉御。	《長編》卷104
天聖四年	王曾請下三館校《道藏經》，從之。	《長編》卷104
天聖四年	國子監摹印律文並疏頒行。天聖七年十二月畢。*《宋會要崇儒四》。	《長編》卷104
天聖四年	夏竦等上《國朝譯經音義》七十卷，賜器幣有差。	《長編》卷104
天聖五年	楊及上所修《五代史》。	《長編》卷105
天聖五年	詔國子監摹印頒行新校定《黃帝內經素問》《難經》《病源》等。*	《長編》卷105
天聖五年	詔國子監摹印頒《開寶正禮五服年月》一卷。*附《假寧令》。	《長編》卷105
天聖五年	王皞上所撰《禮閣新編》六十卷。	《續通鑑》卷37
天聖五年	摹印頒行《銅人針灸圖經》。*	《長編》卷105
天聖六年	宋綬等上所撰《天聖鹵簿記》十卷。	《續通鑑》卷37
天聖七年	乞令崇文院雕印《律疏》、《律文音義》一卷，與《律文》並行。	《宋會要崇儒四》
天聖七年	刊印《文苑英華》、李善《文選》。天聖七年板成。*	《玉海》卷54
天聖七年	鏤版頒行《編敕》合《農田敕》為一書。*	《長編》卷108
天聖八年	呂夷簡等上《新修國史》於崇政殿。	《長編》卷109
天聖八年	詔修《國朝會要》。	《續通鑑》卷38
天聖末年	國史成。修史院續纂會要	《麟臺故事》卷2
明道元年	呂夷簡上《三朝寶訓》三十卷。	《續通鑑》卷38

明道二年	詔崇文院募唐遺事，盛度請命官刊修《唐書》故也。	《長編》卷113
景祐元年	刊印《三史》。*	
景祐元年	刊印《南北史》、《隋書》。*	
景祐元年	詔宋祁、鄭戩、王洙刊修《廣韻韻略》，仍命丁度、李淑詳定。	《長編》卷114
景祐元年	刊印頒行《土牛經》於諸州軍。*	《長編》卷115
景祐二年	張觀等刊定《前漢書》《孟子》，下國子監頒行。《麟臺故事》卷2。	《長編》卷117
景祐二年	宋祁上《大樂圖義》二卷。	《續通鑒》卷40
景祐二年	命馮元、聶冠卿、宋祁、李照等同修《樂書》。	《續通鑒》卷40
景祐二年	宋綬上所編修《中書總例》四百一十九冊，降詔褒諭。	《續通鑒》卷40
景祐二年	都大提舉館閣書籍所上校勘兩庫經史，凡八千四百三十五卷。	《長編》卷117
景祐二年	王隨上《傳燈玉英集》。三年摹印流行。《傳燈玉英集》卷15。*	《長編》卷117
景祐三年	章得象等上《科場發解條制》，下所司頒行。	《長編》卷118
景祐三年	王軫上所撰《五朝春秋》二十五卷。禁民間私寫編敕刑書及毋得鏤版	《長編》卷119
景祐三年	馮元、聶冠卿、宋祁等上《景祐廣樂記》八十一卷。	《續通鑒》卷40
景祐三年	孫衝上所撰《五代紀》七十七卷，降詔褒答。	《長編》卷119
景祐三年	周越上所纂《書苑》，凡二十九卷，特除之。	《長編》卷119
景祐三年	李遵勗上所纂《天聖廣燈錄》三卷，請編入藏經。從之。	《長編》卷119
景祐三年	仁宗觀三館新校兩庫子集書，凡萬二千餘卷。	
景祐四年	李淑請刊印《國語》《荀子》《文中子》，撰《音義》。付國子監行。	《宋會要崇儒四》
景祐四年	丁度所修《禮部韻略》頒行。	《長編》卷120
寶元二年	李淑上所修《皇帝玉牒》二卷《皇子籍》一卷。	《續通鑒》卷42
康定元年	阮逸上《鍾律制議》並圖三卷，詔送秘閣。	《續通鑒》卷42
康定元年	重修《祖宗玉牒》成。	《續通鑒》卷42
慶曆元年	王堯臣等上新修《崇文總目》六十卷。	《長編》卷134
慶曆四年	編定《古文四聲韻》。又見《古文四聲韻》卷首。	《小學考》卷18

皇祐三年	重校《妙蓮華經》，以備鏤板。	《文莊集》卷 22
至和三年	命鏤板《六祖壇經》。 中華書局 1983 年版	《壇經校釋》附錄
熙寧二年	八月，趙抃進新校《漢書》印本五十冊，及陳繹是正文字七卷。*	《宋會要崇儒四》
熙寧三年	詔館閣校勘王存等同編《經武要略》。	《麟臺故事》卷 2
熙寧八年	專命集賢校理趙彥若等編定《九域志》。	《麟臺故事》卷 2
元豐元年	三月王子韶於資善堂置局，修訂《說文》。五月，陸佃修定《說文》。五年六月九日書成。	《長編》卷 288
元豐三年	四月詔校定《孫子》《吳子》《六韜》等書，鏤板行之。	《宋會要崇儒四》

附注：

① 根據《宋會要輯稿崇儒》55 冊、《麟臺故事》卷 2、《玉海》卷 43 等書卷列表。

② 標注「*」為版印書籍。

　　從表格中可以看出以下幾個特點：第一，北宋編撰刊刻書籍的時間較為集中在王朝中後期，其中幾本大部帙書籍都是在真宗、仁宗兩朝時期完成的。

　　大中祥符四年，姚鉉《唐文粹序》云：「崇文院之列三館，國子監之印群書，雖唐漢之盛，無以加此。故天下之人，始知文有江而學有海，識於人而際於天」（章如愚《群書考索續集》卷 35）。《唐文粹》選錄《文苑英華》中唐人作品，以古體詩為主，不收四六文、近體詩。序言「以古雅為命，不以雕篆為工，故侈言曼辭率皆不取」。姚鉉還認為唐以來流傳的詩賦選本「率多聲律，鮮及古道，蓋資新進後生干名求試者之急用爾」。其維護儒家正統，糾正偏頗的意識很強。故集中只選古今樂章、樂府辭和古調歌篇，共收文、賦 1104 篇，詩 961 首。《四庫全書·唐文粹提要》評曰：「鉉欲力挽其未（疑「末」）流，故其體例如是，於歐梅未出以前，毅然矯五代之弊，與穆修、柳開相應者，實自鉉始」。所謂「與穆修、柳開相應者」，顯然是指姚鉉編書有振興儒學的主觀傾向。

　　《宋史》（卷 441）載，銚鉉「文詞敏麗，善筆箚，藏書至多，頗有異本。兩浙課吏寫書，亦薛映（知杭州）所掎之」。銚鉉主要生活真宗朝，因罪貶連州，於大中祥符五年遇赦移岳州安置，死於天禧四年。在這段時間，據《宋史》記載，即使是在貶謫途中，姚鉉猶雇傭夫荷擔挑書以隨。結果是「採唐人文章纂為百卷，目曰文粹。後子嗣復以其書上獻，詔藏內府」。至於《唐文粹》的刊印，據邵懿辰、邵章《增訂四庫簡明目錄標注》記錄，有宋仁宗寶元二年刊本。

除了百卷本的《唐文粹》,《太平廣記》、《文苑英華》、《冊府元龜》都在北宋眞宗朝以前完成編撰與刊刻。據王國維《五代兩宋監本考》(卷中)記載,北宋國子監有《太平御覽》千卷印本。而《宋史》(卷485)記載,嘉祐六年西夏國主諒祚進馬五十匹,求賜《九經》、《唐史》及《冊府元龜》印本。可見,《太平御覽》、《冊府元龜》雖然部帙浩大,其官刻印本早已完成。

第二,北宋初期到中期官方所校印的書籍,如醫書、農書、經書、史書之類,大都關乎經國治民。而官方對於文學類集本的刊刻仍然保持警惕懷疑,甚至是禁止的態度。

重要的證據是,大中祥符二年(1009)禁令曰:「下詔談非之書及屬辭浮靡者,皆嚴譴之。已鏤版文集,令轉運擇官看詳,可者錄奏」。正月庚午,眞宗皇帝頒布《誠約屬辭浮豔令欲雕印文集轉運使選文士看詳詔》。詔書有所謂「別集眾弊,鏤板已多」、「辭涉浮華,玷於名教」等字樣,其實已對官方、民間刻印文集做出了要求,至於「委本路轉運使選部內文士看詳」則是具體的控制措施。對於北宋社會而言,既然詩賦考試時常隱退,考試內容又從經子書籍中選題,所以「有益於學者」自然是經子史類書籍,而文集、詩集仍是屬於「屬辭浮豔」,只有從屬主流的地位。

第三,宋代官方不同的刊刻單位在選擇書籍刊刻時,均有自己的標準。其印書內容也各有側重,又多與其官府職責內容有關。

仁宗天聖三年(1025),國子監上書言:「準中書札子,《文選》、《六帖》、《初學記》、《韻對》、《四時纂要》、《齊民要術》等印板,令本監出賣。今詳上件《文選》、《初學記》、《六帖》、《韻對》,並抄集小說,本監不合印賣。今舊板訛闕,欲更不雕造。從之。」〔註35〕所謂「不合印賣」,意思是《文選》、《初學記》等類書以及小說,因為不是經史,無關國計民生,所以國子監認為自己不該印賣這樣的書。

官方編撰刻印書籍,意圖在於全方面地構建保障王朝穩定發展的精神和文化架構,其編撰刊刻書籍,並非率性而為。由於對文學類書籍在王朝意識形態建設與文化架構中的作用認識不足,官方也一直認為臣民文集中有關「議時政得失,邊事軍機文字」才是需要防患雕印傳播的,而「其他書籍,欲雕印者,選官詳定,有益於學者,方許鏤版」〔註36〕。

〔註35〕　《宋會要輯稿》冊75《職官》28,影印本第2973頁。
〔註36〕　《宋會要輯稿》第165冊,中華書局1957年版,第6514頁。又見《長編》(卷445)載,元祐五年秋七月禮部言:「凡議時政得失、邊事軍機文字,不得寫

至於民間時有雕印「學者程文」的現象，大觀二年（1108）蘇栻上言：「諸子百家之非無所長，但以不純先王之道，故禁止之，今之學者程文知晷之下，未容無忤。而鬻書之人，急於錐刀之利，高立標目，鏤版誇新，傳之四方。往往晚進小生，以爲時之所尚，爭售編誦，以備文場剽竊之用，不復深究義理之歸，忘本尚華、云道逾遠。欲乞今後一取聖裁，尚有可傳爲學者，或願降旨國子監並諸路學事司鏤版頒行，餘悉斷絕禁棄，不得擅自買賣收藏」（《宋會要輯稿》第 165 冊）。

（二）北宋官私刊刻禁忌

北宋中後期，在官方刻印書籍進入高潮的同時，民間的刻書事業也在蓬勃發展，官私共同構建了書籍刊刻的繁榮。從《夏其峰：北宋詩文集編印簡表》、《北宋初期官方編撰集部書籍略表》以及《北宋刊刻書目表》（二）三張表格，我們可以看出集部官私刻書的某些特點。

第一個特點是北宋前期的民間刊刻主要以歷代著名詩文集爲主，如曹植、陶潛、李白、杜甫、韓愈、柳宗元、鄭谷等。本朝的文集雖偶有刊刻，但大多局限民間，且隱而不顯。如治平三年，建安蔡子文東塾之敬室英宗治平三年刻《邵子擊壤集》15 卷。

第二個特點是北宋中期（仁宗朝）以後，宋人作品刊刻逐漸增多，許多民間刻本已是難以統計。范純粹編《范文正公集》20 卷，成書年代不晚於熙寧十年，刊刻大概是在元祐年間。此書據說是范集中唯一存世的北宋本。到北宋末年，民間刊刻達到高潮。如蘇軾、黃庭堅、張舜民、唐庚等人的作品刊刻，即使有黨禁之禍，在當時仍「逆勢增長」。

第三個特點是，據現有材料看，北宋官方文學刻書的種類，遠沒有達到南宋所擁有的豐富程度。其中除了時代有待進步的原因，還與官方對於印刷業的掌控有相當關係。當然，這其中也不能排除，因年代久遠導致我們掌握的材料還不夠豐富，或由於那段歷史平淡，導致某些與刊刻相關的史實隱而不傳。蘇軾、黃庭堅作品刊刻的材料之所以豐富，有可能是因爲「熙寧變法」、

錄傳布：本朝《會要》、《國史》、《實錄》，不得雕印。違者徒二年，許人告，賞錢一百貫。內《國史》、《實錄》仍不得傳寫，即其他書籍欲雕印者，納所屬申轉運使、開封府，牒國子監選官詳定，有益於學者方許鏤板。候印記，以所印書一本，具詳定官姓名，申送秘書省。如詳定不當，取勘施行。諸戲褻之文，不得雕印，違者杖一百。凡不當雕印者，委州縣、監司、國子監覺察。」從之。

「元祐黨爭」等令人注目的歷史事件，許多當時及後世的文人學者都熱衷回憶或記錄與之相關的事情。只是當這些文學材料面臨傳播選擇的時候，我們就不得不考慮北宋中後期成熟興盛的雕印產業了。

至於北宋官方對於書籍刻印的管控，從眞宗朝就不斷有書籍禁令頒布。景德三年四月，眞宗發布《禁天文兵書詔》，不允刊刻武學兵書、天文曆算等書。詔曰：

> 天文、兵法，私習有刑，著在律文，用防姦僞。顧茲群小，尚或有違，將塞異端，宜懲薄俗。兩京、諸路管內，除準敕合留陰陽卜筮書外，應玄象器物、天文星算、相術圖書、七曜曆、太乙雷公式、六壬遁甲、兵書、先諸家曆算等，不得存留及衷私傳習，有者限一月陳首納官，釋其罪，令官吏當面焚毀訖奏。限滿不首，隱藏違犯，並當處死；內有私爲詿惑、言及災異情理重者，當行處斬，論告者賞錢百千。〔註37〕

此外，《長編》(卷241) 載曰：「熙寧五年十二月，詔賜王韶御製《攻守圖》、《行軍環珠》、《武經總要》、《神武秘略》、《風角集占》、《四路戰守約束》各一部，仍令秦鳳路經略司鈔錄。」朝廷如此要求，是因爲當時兵書屬國家機密，不便版印。刊刻就意味著有大規模傳播的可能，所以才用鈔錄的辦法。沒有刊刻，也就在源頭上防止了大範圍傳播的可能。

《長編》(卷289) 載元豐三年夏四月，詔：「諸権場除《九經疏》外，若賣餘書與北客，及諸人私賣與化外人書者，並徒三年，引致者減一等，皆配鄰州本城，情重者配千里。許人告捕給賞。著爲令。」又有太學生鍾世美擢官爲校書郎、睦州軍事推官、太學正。因有文集印賣，神宗皇帝親批：「世美所論有經制四夷等事，傳播非便。」詔令開封府禁之(《長編》卷294)。這些禁令的不斷發布，在一定程度延伸影響到文學類書籍。至和二年，歐陽修上《論雕印文字箚子》。〔註38〕文曰：

> 臣伏見朝廷累有指揮禁止雕印文字，非不嚴切，而近日雕板尤多，蓋爲不曾條約書鋪販賣之人。臣竊見京城近有雕印文集二十卷，名爲《宋文》者，多是當今論議時政之言。……臣今欲乞明降指揮

〔註37〕　參見《宋大詔令集》卷199；又見《全宋文》卷227。
〔註38〕　參見《歐陽文忠公集》卷108。又見《續資治通鑑長編》卷179，《古今圖書集成》經籍典卷37；《全宋文》卷686。按：宋人關於「文」的概念，包括一些議論性文章。又見北宋民間雕板印刷的興盛狀況。

下開封府，訪求板本焚毀，及止絕書鋪，今後如有不經官司詳定，
妄行雕印文集，並不得貨賣。許書鋪及諸色人陳告，支與賞錢貳佰
貫文，以犯事人家財充。其雕板及貨賣之人並行嚴斷，所貴可以止
絕者。今取進止。

歐陽修所謂「累有指揮禁止」的說法，佐證了朝廷雕印禁令的持續存在。至
於文集「妄行雕印」，需「經官司詳定」的建議，說明朝廷對於書籍雕印限制
已不再局限於以往的兵書、天文、曆算，開始延伸到了文學。歐陽修此次上
呈箚子的原因，則是感到以往的禁令還不夠嚴格，所以請求朝廷進一步規範
雕印，將議論時政、非後學所需的詩文典籍一併列入禁印之列。只是這樣的
不加分辨的禁止約束，與「詩教」傳統將道德教化當成文學的主要功能一樣，
都是對「文學獨特性」〔註39〕的麻木與漠視。就「麻木」而言，「麻」至少還
是一種感覺，「木」則是沒有感覺、沒有傳導的狀態，文學若處於這樣的狀態，
其感動人心的本源功用又將如何體現呢？

　　范仲淹是北宋名臣，其著作的刊刻傳播情況向來引人關注。據夏其峰所
言，范純粹所編 20 卷本的《范文正公集》就是元祐四年的刻本。《四庫全書
總目提要》載：「《文正集》二十卷、別集四卷、補編五卷，宋范仲淹撰。……
是編本名《丹陽集》，凡詩賦五卷、二百六十八首襍文十五卷一百六十五首。
元祐四年，蘇軾為之序。淳熙丙午，鄱陽從事綦煥校定舊刻，又得詩文三十
七篇為遺集附於後，即今別集其補編五卷則。」〔註40〕按常識判斷，蘇軾為
序時間既為元祐四年，此集若有刊刻，當在元祐四年或其後不久。而南宋綦
煥在淳熙十三年（1186）「校定舊刻」的說法，似又佐證范純粹編《范文正公集》
20 卷本確有元祐四年的刻本。

　　至於今人王嵐說：「范仲淹以直道自任，論事剴切，在位雖不久，所草章
奏無數，副稿皆藏於家，後由其次子范純仁編輯，得《奏議》十七卷、《政府
論事》二卷，並請韓琦作序（韓琦《安陽集》卷22《文正范公奏議集序》）……韓琦作
序時的身份是河東經略安撫使知并州，時間為仁宗皇祐五年（1053），距范仲淹
辭世僅僅一年（《讀書附志》卷下）。這個本子可能當時就曾付梓。」〔註41〕並且

〔註39〕俄國形式主義認為，文學之所以是文學，在於它有文學性。什麼是文學性？
　　　　俄國形式主義代表人物艾亨鮑姆曾稱自己是文學作品「獨特性尋找者」。詳見
　　　　《二十世紀西方文論》，北京大學出版社 2006 年版，第 2 頁。
〔註40〕（清）永瑢：《四庫全書總目》下冊，中華書局 1965 年版，第 1311 頁。
〔註41〕王嵐：《宋人文集編刻流傳叢考》，江蘇古籍出版社 2003 年 5 月版，第 47 頁。

認為「范仲淹的奏議，宋時有過多次刊刻，且卷數多寡不一。《遂初堂書目》
有《范文正奏議》，又有《政府奏議》，計2本，但未言卷數。《讀書附志》卷
下著錄有《范文正公奏議》十五卷。」王嵐此說，不足以說明北宋時范仲淹
的奏議已經付刻。其「可能付梓」的說法，令人感到懷疑和困惑。我認為，
結合北宋時期官方對於刊刻書籍的禁令，范仲淹的奏議涉及朝廷機密，時間
太近而未能解密，在北宋前期、中期都不大可能刊刻。這種禁令嚴格的情況
只是到了南宋才有所緩和。南宋出版有《兩漢詔令》、《陸宣公奏議》以及范
仲淹的《政府奏議》、包拯的《包孝肅奏議》、趙汝愚《諸臣奏議》等比較敏
感的官員奏議和文書刊本。由於南宋民間私坊過份活躍，淳熙七年五月己卯，
官府不得不再次「申飭書坊擅刻書籍之禁」(《宋史》卷35)。據《宋會要輯稿》、
《長編》等史料記載，本人整理與文學刊刻相關的禁令表格如下：

北宋書籍刊刻禁令略表　　　　　　　　　　　　　　　　　　　表13

年　代	朝廷禁令內容	來　源
大中祥符二年 （1009）	下詔談非之書及屬辭浮靡者，皆嚴譴之。已鏤版文集，令轉運擇官看詳，可者錄奏。	《宋史》卷7
天聖五年（1027）	中書門下言，北戎和好已來，歲遣人使不絕，及雄州榷場商旅往來，因茲將帶皇朝臣僚著撰文集傳布往彼，其中多有論說朝廷防遏邊鄙機宜事件，深不便穩，詔令後如合有雕印文集仰於逐處投納附遞，聞奏候差官看詳，別無妨礙許令開版，方得雕印，如敢違犯必行朝典，仍候斷遣訖收索印板，隨處當官毀棄。	《宋會要輯稿》刑法二，第165冊，第6503頁
景祐二年（1035）	駙馬都尉柴宗慶印行《登庸集》中詞語僭越，乞毀印版，免致流傳，詔付兩制看詳，聞奏翰林學士章得象等看詳，《登庸集》詞語體制不合規宜，不得摹版傳布，詔宗慶悉收眾本，不得流傳。	《宋會要輯稿》刑法二，第165冊，第6506頁。
康定元年（1040）	訪聞在京無圖之輩及書肆之家，多將諸色人所講邊機文字，鏤版印賣，流布於外，委開封府密切根捉，許人陳告，勘鞫奏聞。	《宋會要輯稿》刑法二，第165冊，第6507頁。
元豐元年四月	諸榷場除《九經疏》外，若賣餘書與北客，及諸人私賣與化外人書者，並徒三年，引致者減一等，皆配鄰州本城，情重者配千里。許人告捕給賞。著為令。	《長編》卷289
熙寧二年（1070）	「監察史裏行張戩言，聞近日有奸妄小人肆毀時政，搖動眾情，傳惑天下，至有矯撰敕文印賣都市，乞下開封府嚴行根捉，造意雕賣之人行遣」。	

元祐五年（1090）	凡議時政得失，邊事軍機文字，不得寫錄傳布，本朝會要、實錄，不得雕印，違者徒二年，告者賞緡錢十萬（當時一緡等於 1000 錢），內國史、實錄仍不得傳寫，即其他書籍，欲雕印者，選官詳定，有益於學者，方許鏤版，後印訖，送秘書省，如詳定不當，取勘施行，諸戲褻之文，不得雕印，違者杖一百。委州縣監司，國子監覺察。〔註42〕	《宋會要輯稿》第165 冊、《長編》卷445
元祐六年六月	是日，三省、樞密院同奏事，得旨：「《神宗御集》已賜外，更不頒。初編成九十卷，四十卷係邊機，更不印賜。」始議文臣待制、武臣觀察使已上皆賜，及是，先賜二府各五十卷。韓忠彥謂呂大防曰：「遍賜非便。五十卷中猶有機事及峻斥大臣者，復賜其人不可。」大防欲再刪削減卷以賜。既進呈，太皇太后曰：「不賜何如？」王岩叟曰：「不賜更好。」忠彥亦云，遂定。	《長編》卷459
大觀二年（1108）	訪聞虜中多收藏本朝見行印賣文集、書冊之類，其間不無夾帶論議邊防、兵機夷狄之事，深屬未便，其雕印書鋪，昨降指揮，令所屬看驗，無違礙然後印行，可檢舉行下，不經看驗校定文書，擅行印賣，告捕條例頒降，其沿邊州軍仍嚴行禁止，凡贖賣、藏匿、出界者，並照銅錢出界法罪賞施行。	《宋會要輯稿》刑法二，第165 冊，第6519 頁
大觀二年（1108）	蘇棫上言：「諸子百家之非無所長，但以不純先王之道，故禁止之，今之學者程文知晷之下，未容無忖。而鬻書之人，急於錐刀之利，高立標目，鏤版誇新，傳之四方。往往晚進小生，以爲時之所尚，爭售編誦，以備文場剽竊之用，不復深究義理之歸，忘本尚華、雲道逾遠。欲乞今後一取聖裁，尚有可傳爲學者，或願降旨國子監並諸路學事司鏤版頒行，餘悉斷絕禁棄，不得擅自買賣收藏」	《宋會要輯稿》刑法二，第165 冊，第6519 頁

〔註42〕 參見《宋會要輯稿》第 165 冊。又見《長編》（卷 445）載，元祐五年秋七月禮部言：「凡議時政得失、邊事軍機文字，不得寫錄傳布；本朝《會要》、《國史》、《實錄》，不得雕印。違者徒二年，許人告，賞錢一百貫。內《國史》、《實錄》仍不得傳寫，即其他書籍欲雕印者，納所屬申轉運使、開封府，牒國子監選官詳定，有益於學者方許鏤板。候印訖，以所印書一本，具詳定官姓名，申送秘書省。如詳定不當，取勘施行。諸戲褻之文，不得雕印，違者杖一百。凡不當雕印者，委州縣、監司、國子監覺察。」從之。以翰林學士蘇轍言，奉使北界，見本朝民間印行文字多已流傳在彼，請立法故也。又引見《中華印刷通史》第 7 章，147～149 頁。

| 政和四年（1114） | 開封府奏太學生張伯奮狀奏乞立法禁止《太平純正典麗集》，其間甚有作偽，可速行禁止，仍追取印版繳納，詔已賣在諸處者許限一月繳納所在官司繳尙書省，如違杖一百，賞錢五十貫許人告。 | 《宋會要輯稿》刑法二，第 165 冊，第 6526 頁 |
| 宣和五年（1123） | 官方下令士人不許傳習元祐學術，不許傳播蘇、黃詩文，各地皆毀蘇、黃集板。〔註43〕此等禁令直到靖康元年二月壬寅，元祐黨籍學術之禁才得以解除。 | 《宋史》卷 23 |

　　以上表格內容，足以說明北宋文禁的客觀存在，尤其是一些與國家機密相關的文本書籍印刷，國家對其控制甚嚴。《宋史》（卷 488）載：「大觀初，（交趾）貢使至京乞市書籍，有司言法不許，詔嘉其慕義，除禁書、卜筮、陰陽、曆算、術數、兵書、敕令、時務、邊機、地理外，餘書許買。」景德三年九月壬子，眞宗頒《非九經書疏禁緣榷場博易詔》，禁止除九經以外的書疏在邊地榷場買賣交易，「違者案罪，其書沒官」〔註44〕。又據《宋會要‧刑法》記載，宋明令禁止「將擧行程文並江程地裏圖籍興販過界貨賣或博易」。

　　對於赴蕃經商歸來的商賈，國家則禁止他們「輒帶書物送中國官」。所謂「商賈」者，《白虎通》云：「商之言商也，商其遠近，通四方之物以聚之也，賈者，固也，固物以待民來，求其利也。」〔註45〕然而，逆施的禁令有時候也並不總是持續有效，這種情況即使官方也不得不承認。「先是，禁私販高麗者，然不能絕」。於是，《長編》（卷296）記載元豐二年正月，朝廷頒詔曰：「舊明州括索自來入高麗商人財本及五千緡以上者，令明州籍其姓名，召保識，歲許出引發船二隻，往交易非違禁物，仍次年即回；其發無引船者，依盜販法。」期望納入「朝廷引導」的方式，規範民間與境外的商貿往來。這裏需要特別說明的是，北宋文禁並非鐵板一塊，而是時有張弛。因政治氣氛不同、時局變化，文禁的執行情況也會隨之有變化。所以《桯史》（卷2）載曰：「承平時，國家與遼歡盟，文禁甚寬，絡客者往來，率以談諧詩文相娛樂。」

〔註43〕　參見《宋會要輯稿》刑法 2 之 88。又見《宋史》（卷 22）載，宣和六年冬十月庚午，詔：有收藏習用蘇、黃之文者，並令焚毀，犯者以大不恭論。癸酉，詔內外官並以三年爲任，治績著聞者再任，永爲式。

〔註44〕　參見《宋會要輯稿》食貨 38 之 28；又見同書職官 36 之 33 及《長編》卷 64。

〔註45〕　（宋）葉廷珪：《海錄碎事》卷 15，中華書局 2000 年版，第 760 頁。

第二節　儒學世風與北宋詩歌刻印

客觀地說，北宋官方禁令的發布雖然在一定程度上限制了刻書業的發展，但是民間的坊刻卻往往具有更多的活力。談到官方對於社會上刻書的影響，雖有經濟利益誘惑，然長期作用於社會刻書的，應是某種社會意識形態醞釀形成的風氣氛圍。從表面上看，北宋官私刻印了經史子集等各類書籍，然而從根本上分析，這些刻書選擇卻與宋代社會的風氣相互關聯，書籍傳播反過來又影響了社會世風的構建。

一、詩歌刊印：儒學世風下的教化選擇

年代久遠，增加了彼此的理解間距。宋代某些我們今天看似無大用的書，如佛教、道教方面的書籍，在當時卻得以大量地印刷出版。表面上是宋太宗、真宗本人的宗教喜好，但事實上卻與宋代儒學治世的理念有關。除了徽宗以外，其餘北宋諸帝皆信奉佛教，提倡並推行儒佛道三教一義的政策。首先，宋太宗恢復了自唐德宗以來中斷已久的譯經。朝廷特別設立了譯經院和印經院，又設譯經潤文使，任命宰相或大臣負責管理國家與譯經相關的事務，並且也提出佛教「有裨政治」的觀點。在《三藏聖教序》中，宋太宗說道：「大矣哉，我佛之教也！化導群迷，闡揚宗性。」〔註46〕從皇帝本人來看，他認為這些書可以教化人心，間接有利於國家穩定。真宗撰寫《崇儒術語》的同時又撰《崇釋論》，推說孔孟與佛教之間「跡異而道同」，佛教有補於儒學。此後，贊寧〔註47〕、契嵩等僧人延續了這樣的見識，對北宋朝野社會產生影響。由此可見，北宋官方編撰刻印書籍，其主觀意圖上也是在全方面地構建保障王朝穩定發展的意識形態，其編撰刊刻書籍，並非率性而為。而這樣的主觀意圖表面，還有深藏於宋代官民內心的世風底蘊。

儒學之所以成為中國古代社會的治國思想與根基，主要是這一顯學自誕生之日起，它就以社會長治久安，尋求人與人之間良好關係構建作為目標實現。儘管這樣的等級關係構建現在看起來有諸多弊端，但是在近代民主思想出現之前，它畢竟維持了中國社會相當長時間的穩定。經過五代長期戰亂之

〔註46〕曾棗莊、劉琳主編《全宋文》第 2 冊，巴蜀書社 1988 年 12 月第 1 版，第 655 頁。

〔註47〕王禹偁《右□僧錄通惠大師文集序》載：「釋子謂佛書為內典，謂儒書為外學，工詩則眾，工文則鮮，並是四者，其惟大師。大師世姓高氏，法名贊寧」。

後，武人亂世的經驗教訓使得北宋皇帝奪得天下後，在政治上就採取了「偃武修文」的治國方略，以此來加強中央集權，安定社會秩序。若要治國久安，必要有所借鑑，過往的知識經驗必不可少，書籍文獻必要累積。雍熙元年春正月，宋太宗對侍臣說：「夫教化之本，治亂之源，苟無書籍，何以取法？今三館所貯，遺逸尚多。」因此，宋初官方秉承聖意，所做的事情主要是從各地民間，通過收賣、封官等手段，廣搜圖籍。淳化元年八月，太宗「遣使詣諸道，購募古書、奇畫及先賢墨蹟，小則償以金帛，大則授以官」（《長編》卷31）；至道元年六月，又「遣內侍裴愈乘傳往江南諸州購募圖籍，願送官者優給其直；不願者借出，於所在州命吏繕寫，仍以舊本還之」（《長編》卷38）。

　　第一，承接歷史傳統思維慣性，宋代官方認可儒學在教化治世方面的特殊作用，尤其是等級秩序穩定國家的作用。因此，需要強化相關儒學書籍的整理刊刻與傳播，以便在國家層面形成統一的意識形態。

　　根據夏其峰《宋版古籍佚存書目》記載，自太祖建隆三年詔書刻印《禮記釋文》、《孝經釋文》、《論語釋文》，太宗、真宗，乃至神宗熙寧、元祐年間，國子監就沒有停止過對於儒家經書的校勘刊刻。官方見重若如，究其原由無非是傳統思維的慣性，以及看中儒家思想對於穩定統治的特殊作用。魯迅說：「孔子之徒為儒，墨子之徒為俠。『儒者，柔也』，當然不會有危險的。……司馬遷說：『儒以文亂法，而俠以武犯禁』，『亂』之和『犯』，決不是『叛』」（《流氓的變遷》）〔註48〕，不過說點閒話，至多不過是「犯顏進諫」。以這樣的柔術治世，無論怎樣的帝王都會喜歡。於是，傳播這些「柔術」思想就成了漢代以來官方治國理政的通識。《長編》（卷65）記載，景德四年閏五月，真宗對宰臣說：「朕以為《六經》之旨，聖人用心，固與子史異矣。今策問宜用經義，參之時務。」王旦曰：「臣等每奉清問，語及儒教，未嘗不以《六經》為首。邇來文風丕變，實由陛下化之。」同樣，范祖禹「六經之書不可不尊，孔氏之道不可不明」（《長編》卷465）的說法更具時代意識的代表性。

　　第二，社會的發展進步使得宋代官方的統治思想，必須在一定範圍內做出有利於穩定的調整。這部份調整包括對於「真、善」所涵蓋的內容予以適當的擴充增容，包括對於社會、歷史真實的適度容忍。

〔註48〕　魯迅：《魯迅全集》第4冊《三閒集》，人民文學出版社2005年版，第159、160頁。

關於儒學的邊界範圍，熙寧二年劉彝對神宗說：「臣閱聖人之道，有體、有用、有文。君臣父子仁義禮樂歷世不可變者，其體也；詩書史傳子集垂法後世者，其文也；舉而措之天下，能潤澤斯民，歸於皇極者，其用也」(《宋元學案》卷1)。范祖禹則認為朝廷三館、秘閣搜集「諸子百家、神仙、道釋，蓋以備篇籍，廣異聞，以示藏書之富，無所不有，本非有益治道也」(《長編》卷465)。所謂以「詩書史傳子集垂法後世」，「舉而措之天下」，說明宋人的智識已將符合「君臣父子仁義禮樂」本體，除儒家詩書以外的史傳、子集等文獻都視為符合「聖人之道」的儒學，加以推廣應用。宋朝皇帝自覺地為佛道的合理存在做出符合儒家道德的解釋，蘇械承認諸子百家皆有所長，就是這類變化的開始。雖然子集詩文也屬於儒學延伸範圍之內，然而對於這類書籍，官方也是按照儒家的範圍掂量輕重，有所取捨的。《長編》(卷65) 記載，景德四年三月，太清樓已藏有太宗御製及墨蹟石本九百三十四卷、軸，四部群書三萬三千七百二十五卷。此外，「殿東西聚書八千餘卷」，真宗特別總結道：「此唯正經正史屢校定者，小說它書不預焉。」

通常「善惡不分」的情況，除了存心作惡之外，更多是因為人們缺乏明辨善惡的認知和能力。知識與經驗的應證積累，以及判斷力的提升是「明善知理」的前提條件，單一的知識閉塞人的思想，而某些政治和宗教知識的單一卻容易使人偏執，有類似邪教洗腦的毒害。所謂「知理」(對於外部世界的認知)，其實和「知性」(對於人類自身的認識) 一樣，屬於個人獲取知識的範疇，也即是「真」。在現象界，「真」的涵義包括承認自己接觸認識的一切對象，真實表達自己的感受和覺悟。除此以外，真實還有可能是個人不願接受的尷尬或殘酷。簡單地說，研究人們如何獲得真理性認識就形成了關於人類思維規律的學問。因為「人類有強烈的認知欲望和非凡的建立結構的能力」〔註49〕，所以「明善」除了「明」的過程具有「求知」的特點外，更多是知道「社會倫理」結構，知道長幼有序，仁者愛人，為「求善」打下基礎。這種關於人意志中的「善」，就相當於一群人或一種文化所認可的行為準則。因此，宋人所獲取的知識大多局限在「求知明善」的範疇，而社會朝野意識固執地相信這些知識都已保留在傳統的儒家經典之中，所謂「聖人法度之言存乎《書》；安

〔註49〕 Hawkes，Terence Structuralism and Semiotics.Berkeley&Los Angles： U of California P， 1977：15. 轉引自朱剛：《二十世紀西方文論》，北京大學出版社2006年版，第300頁。

危之幾存乎《易》；得失之鑒存乎《詩》；是失之辯存乎《春秋》；天下之制存乎《禮》；萬物之情存乎《樂》」。人們需要做的，僅僅是閱讀、理解、傳播這些經典。

《長編》（卷 482）載，元祐八年三月庚子，「哲宗皇帝詔皇弟諸郡王、國公出就外學，各賜《九經》及《孟子》、《荀》、《揚》各一部，令國子監印給。」這些舉措應驗了范仲淹《上時相議制舉書》所說「俊哲之人，入乎《六經》，則能服法度之言；察安危之幾；陳得失之鑒；析是非之辯；明天下之制；盡萬物之情」（《范文正公集》卷 9）。於是，宋代社會的知識範疇就是官方以儒家思想爲核心，凡事關倫理、道德，以及社會人生基本生活需求的書籍，譬如諸子、農醫、佛道之類，都予以刻印傳播。

第三，與治世實用的法律、農醫等書籍不同，宋代官方認爲詩賦「非經國治民之急」（《長編》卷 209），而與倫理、道德關係密切。

自漢代以來，詩歌作爲道德教化的重要載體和手段，其功用一直爲歷代官方所重視，尤以唐宋爲著。不同於晚唐以來的小詞，宋詩已基本喪失了娛情詠唱的世俗實用功能。作爲科舉及士大夫群體需求的存在，官方對於詩歌的重視，最重要的前提是確保創作與傳播的詩歌規範在「仁義禮樂」（善）的範圍之內。詩歌要麼「興託高遠，附於《國風》」，要麼「忿世疾邪，附於《楚辭》」（黃庭堅《胡宗元詩集序》）。「恭儉而不迫，憂思而不怨」（黃庭堅《上蘇子瞻書二》）才是詩歌治世教化的功用。然而，矛盾的力量一直會貫穿人類社會發展的始終。一方面，不可否認人們對於詩歌有發自本能的感覺、情感要求，但是另一方面人類這樣的生命體在社會干擾力量的壓力下會被迫放棄這種本能的狀態，而表現爲一種有機靈活性。〔註 50〕容納某些來自外界的，並不屬於詩歌的慣性表達，以期滿足詩歌本無法承擔的社會責任。特別是「歐陽修所領導的文學變革雖有反對西崑體和駢文的一面，但它的核心問題，其實是怎樣使文學在建立完善的社會秩序方面起到更積極更實際的作用。在這個基本前提下，他們維護了文學的存在權利，同時也維護了文學作爲一種藝術創作活動

〔註 50〕按：詩歌的這種靈活性，包括對於道德、現實的服從，也包括以審美藝術的方式呈現等等。弗洛依德認爲，人類這一特殊生命體具有傾向完美與保存舊狀態的矛盾特性，所以儘管人類的精神的追求是無止境的，但是他們所構造的現實社會卻會不時地壓制住這樣的追求，使之符合現實的、道德的規範。參見朱剛：《二十世紀西方文論》，北京大學出版社 2006 年版，第 158～161 頁。

的價值」〔註 51〕，故北宋詩歌革新最終協調所達成的效果，應該是賀拉斯所說的「甜蜜而有益」〔註 52〕。正如法國批評家托多洛夫所言，詩學只是描述文學的特性，而不是要闡釋，或者將文學投射到作品之外的某個東西上面（《詩學的定義》）。〔註 53〕詩歌有自己獨特的文學性存在，作為情感和思想表達而言，宣傳教化僅是詩歌附帶的功能，而非主要，更非全部。以我的觀點來看，文學是人們將自己的思想、情感，甚至欲望以某種特異優雅的（喚醒感覺的）語言予以釋放的形式，它是人類對於自身審美感覺的語言回應，而詩歌的特殊之處則是對語言文字的特殊處理。它講究曲折凝煉、富有韻含，是一種更具文學修辭的表達。

當然，北宋文人無法超越自己的時代，他們對於詩歌的認識依然囿於傳統儒家詩教的圈子裏，認為詩歌就應該弘揚儒家的倫理道德，至少不能悖逆這樣的道德。宋代詩賦考試既以經史子書選題，官方要求詩歌「思無邪」的本意已明。言為心聲，道德行為達到與天道合一的「至誠」境界至關重要。於是官方對於詩歌的標杆就是善言美意，無害道德。相反，對於那些單純追求審美言辭的詩歌，卻予以貶斥。據《長編》（卷 71）記載，大中祥符二年正月，御史中丞王嗣宗言：「翰林學士楊億、知制誥錢惟演、秘閣校理劉筠，唱和《宣曲詩》，述前代掖庭事，詞涉浮靡。」真宗皇帝說：「詞臣，學者宗師也，安可不戒其流宕！」乃下詔風勵學者：「自今有屬詞浮靡，不遵典式者，當加嚴譴。其雕印文集，令轉運使擇部內官看詳，以可者錄奏。」

除此以外，鑒於「儒者通天地人之理，明古今治亂之源」，慶曆四年三月，朝廷特地針對科舉詩賦考試頒詔令，要求「有司務先聲病章句以拘牽之」，使「美文善意，鬱而不伸」（《長編》卷 147）。皇祐四年二月，又詔開封府：「比聞浮薄之徒，作無名詩，玩侮大臣，毀罵朝士，及注釋臣僚詩句，以為戲笑。其嚴行捕察，有告優與恩賞。」（《長編》卷 172）此後，王安石與蘇軾等人圍繞科舉詩賦取士的問題多有爭議，雙方褒貶各有理由。〔註 54〕只是他們對於經

〔註 51〕 章培恒、駱玉明：《中國文學史》中冊，復旦大學出版社 2006 年版，第 343 頁。

〔註 52〕 〔美〕查爾斯・E・布萊斯勒：《文學批評：理論與實踐導論》，中國人民出版社 2015 年版，第 31 頁。

〔註 53〕 朱剛：《二十世紀西方文論》，北京大學出版社 2006 年版，第 295 頁。

〔註 54〕 關於經義、詩賦取士之爭，《宋史》（卷 155）載，王安石對曰：「今人材乏少，且其學術不一，異論紛然，不能一道德故也。……今以少壯時，當講求天下正理，乃閉門學作詩賦，及其入關，世事皆所不習，此乃科法敗壞人才，致

義和詩賦的經世作用寄予了太大希望，所以現在看來這樣的爭論其實都沒有抓住問題的關鍵。

實際上，克服北宋前期科舉獨尊詩賦的局面是有必要的，但是完全廢棄詩賦，獨尊經義策論，卻又走向了另一個極端。因為學問和能力其實是問題的兩個方面，作為學問的經義或詩賦，要轉化成每個人為官治世的能力，寄予過份期望是不合適的。以現代的眼光來看，經義和詩賦只是構成與道德學問（善）相關的倫理學那部份素質，而非個人入世學問的全部。故英國學者蒲柏對於詩歌水平提升，除「天賦」、「學問」、「技巧規則」的要求之外，還特別提出「修養」的問題。〔註 55〕此外，即使是我們每個人將文學、政治、法律、哲學、倫理，甚至建築、美術、化工等學問都學全了，更多能力還是需要「試之以事」（王安石《上皇帝萬言書》），在實踐中驗證提高。由此可見，詩歌雖名小巧，官方規範詩歌的本意乃是為了宣導儒學善意，和諧社會中人們的精神和情感。在等級社會裏，對於尊上善意適度的諷諫是可以的，但絕對不允許惡意的窺私攻訐、騁詞浮靡，更不允許顛覆傳統的道德倫理。

當詩歌偏向所謂的「浮靡」時，大臣通常的建議都是以儒家經義來扶正、挽救，如蘇轍曾謂詩賦考試「及其久也，逐華而遺實，徇末而棄本，固非細累。請令學者各占三經，雜以《論語》、《孟子》，不必專用《新義》……比於參用詩賦，使學者敝精神於無用之文，得失固相遠矣」（《長編》卷 374）。當科舉取士在詩賦、經義之間爭論徘徊時，明智的文臣（劉摯）清醒地認識到「詩賦之與經義，要之，其實皆曰取人以言而已。賢之與不肖，正之與邪，終不在詩賦、經義之異。取於詩賦，不害其為賢，取於經義，不害其為邪」。雖然「詩、賦命題，雜出於《六經》、諸子、歷代史記，故重複者寡。經義之題，出於所治一經，一經之中可為題者，舉子皆能類聚，裒括其數，豫為義說，左右逢之」，但是它們的本質都是符合儒家之道的，所謂「或取一詩賦，或取一經義，無異道也」（《長編》卷 368）。

不如古。」；蘇軾《擬進士對御試策並引狀問》曰：「昔祖宗之朝，崇尚辭律，則詩賦之士曲盡其巧。自嘉祐以來，以古文為貴，則策論盛行於世，而詩賦幾至於熄。今始以策取士，而士之在甲科者，多以詔諛得之，天下觀望，誰敢不然。」蘇軾反對王安石僅以經義取士的態度十分明確。詳見《東坡全集》（卷 45）。

〔註 55〕　〔美〕查爾斯·E·布萊斯勒：《文學批評：理論與實踐導論》，中國人民出版社 2015 年版，第 43 頁。

　　北宋時期，君臣王公時常在科舉究竟是以「經義」或是「詩賦」為考試主體的問題上反覆糾結。雖然科舉關係國家選人，但是當時選人本質上還是「能力」與「德行」的考量。顯然，儒風浸染下的北宋君臣更傾向於以德行選人〔註56〕，所謂「詩賦出題無盡，工拙易見，雖則風花雪月，不僅可以窺其吐屬之深淺，亦可測其胸襟之高卑」〔註57〕。既然選人以德行為主導，那麼詩賦創作水平高低必然要以「道德倫理」為標準，而非審美的標準。故凡內容有辱德行的譏諷、譭謗，不足垂範的詩歌，儘管詞采華美，聲律和諧，也不可能得到官方的認可和傳播。由於痛感科舉「舊制以詞賦聲病偶切之類，立為考式」，慶曆八年禮部貢院上書請求「今特許仿唐人賦體及賦不限聯數、不限字數」（《長編》卷164），最終目的要「使人不專辭藻，必明理道」（《長編》卷143）。

　　最後，北宋官方對待詩歌及其傳播的衡量標準，以一言弊之，就是要符合「思無邪」的儒家規範。

　　據《長編》（卷222）記載，熙寧四年右贊喜大夫吳安度召試舍人院，因「綠竹青青」詩不依注解作「王芻（菉草）、篇竹」〔註58〕，遂定入五等。富弼為之解釋說「竊詳安度命意，必謂王芻篇竹柔脆常草，不足興詠衛武公有德之人，以注說迂曲，非詩人本意也」。富弼所言《詩經・淇奧》的詩人本意，自然是以竹子「興詠有德之人」。言下之意，富弼認為吳安度只是覺

〔註56〕　《長編》（卷371）記載，元祐元年三月，司馬光言：「伏睹朝廷改科場制度。第一場，試本經義；第二場，試詩賦；第三場，試論；第四場，試策；試新科明法，除斷案外，試《論語》、《孝經》義。奉聖旨，令禮部與兩省學士、待制、御史臺、國子監司業集議聞奏。臣竊有所見，不敢不以聞。凡取士之道，當以德行為先，文學為後。就文學之中，又當以經術為先，辭采為後。」同書（卷417），元祐三年十一月壬子，中書舍人彭汝礪言：「臣伏念自井田之法壞，學校之教廢弛，鄉舉里選之法不行，朝廷取士非古，其陋至於用詩賦，極矣。……昔者以詩賦取人，故人亦巧於對偶，以經術取人，故人亦巧於議論，使取之以德行，亦將為德行矣。昔罷詩賦以從經術，是將引而進之也，其至於德行也，猶沿河而至於海，沛然莫之能禦。如復用詩賦，是所謂下喬木而入幽谷也。……」可見，北宋儒學士風構建的君臣共識是「取士之道，以德行為先，文學為後。」

〔註57〕　錢穆：《國史新論》，臺灣東大圖書公司1984年版，第105頁。按：錢穆所謂「胸襟高卑」之說，自然屬於德行衡量的範疇。

〔註58〕　漢代毛亨對於「瞻彼淇奧，綠竹猗猗」解釋為「綠，王芻也。竹，篇竹也」。注：芻，又名菉竹，菉草，一種天然牧草。參見《十三經注疏》上冊，浙江古籍出版社1998年版，第321頁。

得竹子柔脆、藎草纖弱，不足以興詠有德君子。而且漢代毛詩的注說迂腐，不是《淇奧》的詩人本意。又說吳安度以「綠竹茂盛」立論，「於理其通，未爲不識題義」，請求朝廷「再取安度所試三題詳定，如俱入等，隨其文藝，特與一科名」。

　　誠然，詩歌進入社會群體層面，每個讀者都可以根據自己的「所指（命意）」，搜索自己認可的意義（意指）。〔註59〕只是富弼、吳安度等人的「所指」，除了他們自己獨特的見解，還要符合那個時代的社會主流意識——即儒學世風的判斷。某些「能指」的象徵秩序早在社會層面得以確定，考官們要做的只是進一步確認這樣的秩序和「所指」。此事最終結果是，「學士院看詳所試並爲合格，惟詩不合自出己見，亦非紕繆」〔註60〕，朝廷賜其進士出身。由此可見，以官方的標準看，詩歌不能完全出於己意，還要用社會世風公認的標準衡量。因爲吳安度雖然以己意判斷「綠竹」，但是基本上還是認可了儒家對於詩歌「美衛武公之德」的判斷。所以，對於《淇奧》這首詩而言，當時的社會主流意識就是符合儒家的傳統解釋，即此詩以淇水的綠竹「美武公之德」〔註61〕。因此南宋陳俊卿總結，「大詩之作，豈徒以青白相媲、駢儷相靡而已哉！要中存風雅，外嚴律度，有補於時，有輔於名教，然後爲得。杜子美詩人冠冕，後世莫及，以其句法森嚴，而流落困躓之中，未嘗一日忘朝廷也」（《碧溪詩話序》）。

　　如果一旦發現有詩歌標新立異，不符合社會道德的要求，官方除了明令禁止，更不許傳布。《長編》（卷149）記載，慶曆四年五月乙亥，衛尉寺丞邱濬降饒州軍事推官、監邵武軍酒稅。原因是邱濬「作詩一百首，訕謗朝政，言詞鄙惡，兼以陰陽災變，皆非人臣所宜言者，傳布外夷非便。在杭州持服，每年赴闕，逐處稍不延接，便成嘲詠，州縣畏懼。又印書令州縣強賣，以圖

〔註59〕法國心理學家拉康・雅克認爲，文本首先是欲望話語，因此批評家關注的不是佔有作者之意，而是自己搜尋到的意義。參見《二十世紀西方文論》，北京大學出版社 2006 年版，第 151 頁。

〔註60〕《長編》（卷 368）載，元祐元年二月，侍御史劉摯言：「臣愚欲乞試法復詩賦，與經義兼用之。進士第一場試經義，第二場試詩賦，第三場試論，第四場試策。經義以觀其學，詩賦以觀其文，論以觀其識，策以觀其才。前二場爲去留，後二場爲名次。其解經義，仍許通用先儒傳注或己之說，而禁不得引用字解及釋典，庶可以救文章之弊，而適乎用：革貢舉之弊，而得其人。亦使學者兼通他書，稍至博洽。」可見，

〔註61〕（清）阮元：《十三經注疏》上冊，浙江古籍出版社 1998 年版，第 320 頁。

厚利。去年朝廷以無名詩嚴敕禁捕，近又有賦詠傳寫。如瀋使在京師，必須復妄謗好人。國家多事之時，亦宜使邪正區別，風俗純厚，無容小輩敢肆輕易。」由於邱瀋詩歌內容不善，且印書傳布圖利，社會影響極壞，朝廷遂將此人貶官饒州。此後，皇祐四年二月，朝廷又下詔開封府：「比聞浮薄之徒，作無名詩，玩侮大臣，毀罵朝士，及注釋臣僚詩句，以為戲笑。其嚴行捕察，有告優與恩賞」（《長編》卷 172）。相反，若詩歌符合當時社會「仁義禮樂」的道德教化要求，視其重要程度，官方會有意識地選擇傳播擴散。《長編》（卷 96）記載，「天禧四年十一月，上御龍圖閣，召近臣觀聖製文論、歌詩，上曰：『朕聽覽之暇，以翰墨自娛，雖不足垂範，亦平生遊心於此。』丁謂等言：『聖製廣大，宜有宣布，請鏤板以傳不朽。』許之，遂宴於資政殿。」雖說詩歌可以諷諫教化，但是由於詩歌文字短小，內容涵量有限，其引申之後容易產生歧異，而其社會教化用途又可以用經義、策論等取代，所以官家對於刊刻詩歌缺乏迫切感。

詩歌篇幅短小，若有值得傳播者，以口誦抄寫足矣勝任。無論官私，若詩集而印者，其所追求的結果或為頌讚揚名，或為利益教化，終究需有充分理由方能決定刊印的行為。類似《太宗御集》、《御製玉京集》等這類詩集得以鏤板僅是集權政治的一種特例，並不具有詩集刊刻的典型意義。至於其他，如前所述，《徐鉉文集》、王珪《華陽集》私自刊刻得到官方的認可，則是因為作者本人的道德過關，與「古之作者並駕齊驅」（《宋文紀事》卷 31）。

綜上所述，除了皇帝御集外，北宋官方對於詩歌刊刻本身不甚積極，若有編撰刊刻，首先衡量的詩歌思想主旨，其社會儒風大致將之規範成有利於治世的「思無邪」標準。至於什麼是「思無邪」，卻是「世儒解釋終不了」（《歲寒堂詩話》卷上），其尺度只能憑官方把握。

二、詩歌刊印：儒學世風與民間好尚的雙重選擇

自張詠委託私坊刊刻詩集以來，宋代民間對於詩集的刊刻就從未停止，只是這些刊刻歷時及今，大多證據難尋，殊為可惜。通常，民間的詩集刊刻大概可以分為兩種情形：一是文人主動尋求詩集刊刻；另一種情形是私坊出於牟利考慮的刊刻。通常情況下，私坊牟利的刊印取向與民間的好尚同步，而宋代文臣對於詩歌集本的選擇，除了審美品味，道德倫理、儒風士範也是需要考慮的因素。

張詠當年刊刻《薛許昌詩集》，蓋因詩歌「不訟行事之跡，酌行事之得失，疏通物理，宣導下情」，可以使「仁者勸，而不仁者懼，彰是救過，……可謂擅造化之心，目發典籍之英華者也」（《許昌詩集序》）。《祖英集》之所以得到民間的重視，進而得以刊刻流傳，一則因為重顯的禪師身份，「好道者並錄而囊之」；二則是其詩歌「尚於理實」，符合「世之衡鑒」（《〈祖英集〉原序》）的標準。至於魏野《東觀集》，其子出「先君所著新舊詩三百篇，除零落外，以其國風教化、諷刺歌頌、比興緣情者，混而編之，匯為十卷」（《〈東觀集〉原序》）。而對於王禹偁《小畜集》，蘇頌的評價亦未離開儒道倫理。所謂「國初屢有作者留意變風，而習尚難移，未能復雅。至公特起，力振斯文，根源於六經，枝派於百氏，斥浮偽，去陳言，作而述之，不變於道」（《蘇魏公文集》卷 66《小畜外山序》）。

上述這些詩歌集本得以編撰刊刻，民間喜好與儒學世風的影響同時並存。私坊對於集本的刊刻選擇，基於民眾對於文人名氣的喜好，本朝以蘇軾、黃庭堅等人為代表。文人名氣帶給普通私坊主的多不是閱讀的快感，而是贏利的愉悅。識字是閱讀詩歌的門檻，但是私塾教育、科舉的渴望或者才是讀懂詩歌的基礎臺階。因此，談到民間喜好，其實可以大致分成兩類民間人士：一是讀書人，或有志科舉之人；二是民間謀利，致力於刊書事業的人群。第一類群體其實是詩歌集本的審美愛好者，第二類人群雖然也有詩歌審美喜好之人，但是更多人是從功利上考慮。所以，第一類人群才是真正的詩風引領者。由於讀書人以儒學為本，平生所學的也多是儒家經典，其審美追求終究不能偏離於儒學的軌道。因此，民間跟著官家走，儒學世風的選擇也隱顯其中，如「尚於理實」、「世之衡鑒」（《〈祖英集〉原序》）以及「根源於六經，枝派於百氏」、「不變於道」的判斷，自然就帶有儒學世範的標準。反之，則是「意疏理寡，實為風雅之罪人」（《北夢瑣言》卷 7）。如果邵雍、寇準、梅堯臣等人的作品選印尚有「忠君守禮」公眾意識的審慎，那麼我認為《二李唱和集》、《西崑酬唱集》的刊印，則應是對社會流行的迎合。

相較儒風士範的宋代社會，如今完全依附於物質欲望的我們，軀殼裏的精神只剩下所謂的「無聊」存在。我們可以用所有的物質來填補永不滿足的心靈，並且不斷重複欲望滿足的過程，但是仍不能將這些物質化為補償精神的「元氣」。所以，我們總是處在「飢餓」狀態，無法得到「真氣」的灌輸。當然，這裡所說的「精神無聊」更多是對思想構成的評價。這樣的「無聊」

是指除了名利吃喝享樂等物質欲望的追求，其思想從未給附著肉體上的靈魂以寧靜的棲息。除了名利欲望，「年輕人不知道這條命怎麼辦，低層次的就是活下去，高層次的就是他媽我都有了，然後我怎麼辦。每天要打發過去，每個鐘頭，然後你忽然發現自己老了，你要死了」〔註62〕。雖然不必尊古崇儒，過份拔高，但是客觀分析當時社會的主流風尚卻是必要的。相比之下，宋人的思想構成，要麼充斥儒家等級秩序、忠孝仁義、禮儀廉恥的普世價值觀，要麼對於佛法無邊、西方極樂或練丹修身、長生不老深信不疑。若鬼神全然無稽，儒學本就腐朽。那麼，我們今天還能信點什麼呢？

蘇軾老年貶海南，徽宗大赦回到常州，大病而死。臨死時，杭州僧友維琳方丈對他說：「現在，要想來生！」蘇軾輕聲道：「西天也許有；空想前往，又有何用？」在死亡大門尚未開啓之前，佛、道兩教迎合著世人心理，部份解釋了人們前世今生的合理性。而儒學更熱衷於對現世社會生活秩序做出合理的解釋，對於等級秩序予以解釋。除了每日物質欲望的追求，那時的人們的確也篤信那個時代對於宇宙、世界以及社會的解釋。因此，理性地分析宋代民間的喜好，除了本能情慾及個人審美好尚之外，更加融匯了那個時代儒學世風的社會公共意識。

今天我們把這些社會潛移默化形成道德、習俗觀念等諸多意識構成，統稱為社會公共意識（或社會世風）。因為有符合共同體利益的成分，其中有相當一部份是屬於人性「善」的那部份構成。這裡的「善」其實既有人類超出動物的那種本質屬性，也有某個社會群體性的判斷和認知。這部份判斷與認知需要人類的聰明才智，而才智又源於知識和經驗的累積。這其實是一個受限於時代與社會，也受限於人類壽命的累積過程，它把世界上所有的人都限制在內。只有努力掌握知識，踐行經驗者，而絕不可能有「生而知之者」。所謂「天不生仲尼，萬古長如夜」的說法，實則否定了大多數人的聰明和智慧。「假設歷史上曾有一位大智者，一下發現了一切新奇、一切有趣，發現了終極真理，根絕了一切發現的可能性，……假如這種終極真理已經被發現，人類所能做的事就只剩下了依據這種真理來做價值判斷」（《思想的樂趣》）〔註63〕。這些都說明社會對於道德、風氣的判斷，都受限於那個時代的知識和經驗累

〔註62〕 陳丹青：《中國有錢人核心的問題就是「無聊」》，2013 年 6 月 13 日《鳳凰網文化‧年代訪》。

〔註63〕 王小波：《王小波全集》第 7 卷，譯林出版社 2012 年版，第 19 頁。

積，以及社會公眾的接受程度。對於北宋而言，這樣的判斷根基就是人們從經史子集中獲取的知識、經驗，以及那些根植情慾，有可能突破傳統禁錮的思想觀念。

與官方情形相反，北宋官方禁令雖然也在不斷給坊間刊刻設限，但是民間趨利的刊刻卻是屢禁不止。儘管徐鉉、王珪等人的文集出版需要獲得官方的批准，民間對於自己喜愛的書籍印刷選擇卻不願受到這樣的限制。除了北宋中期蘇軾《眉山集》由民間印刷傳至敵國，以及張芸叟奉使大遼，聽聞「范陽書肆亦刻子瞻詩數十篇，謂《大蘇小集》」（王辟之《澠水燕談錄》）的記載，在烏臺詩案中，當年舒亶等人控告蘇軾譏諷朝廷的罪證，就是數冊來自民間的印本。據《烏臺詩案・御史臺檢會送到冊子》載：「檢會送到冊子，題名是《元豐續添蘇子瞻錢塘集》全冊，內除目錄更不鈔寫外，其三卷並錄附中書門下。」又監察御史何正臣箚子云：「軾所爲譏諷文字傳於世者甚眾，今獨取鏤版而鬻於世者進呈。」可見，當時民間所刻有《續添蘇子瞻錢塘集》等書。而舒亶等人除了進呈《續添錢塘集》印本外，還選了當時蘇軾詩文「印行四冊，謹具進呈」（《烏臺詩案・監察御史裏行舒亶箚子》）。

徽宗時期，蘇軾等 309 人被列入「元祐黨籍碑」。崇寧二年（1103）四月，徽宗曾下詔：「蘇洵、蘇軾、蘇轍、黃庭堅、張耒、晁補之、秦觀、馬涓《文集》、范祖禹《唐鑒》、范鎮《東齋記事》、劉攽《詩話》、僧文瑩《湘山野錄》等印板，悉行焚毀。」〔註 64〕甚至包括司馬光奉詔修撰的《資治通鑒》也險些被禁。《清波雜志》（卷 9）載：

> 了齋陳瑩中爲太學博士。薛昂、林自之徒爲正、錄，皆蔡卞之黨也，競尊王荊公而擠排元祐，禁戒士人不得習元祐學術。卞方議毀《資治通鑒》板，陳聞之，因策士題特引序文，以明神宗有訓。於是林自駭異，而謂陳曰：「此豈神宗親製耶？」陳曰：「誰言其非也？」自又曰：「亦神宗少年之文耳。」陳曰：「聖人之學，得於天性，有始有卒。豈有少長之異乎？」自辭屈愧歎，遽以告卞。卞乃密令學中敞高閣，不復敢議毀矣。毀《通鑒》非細事也，諸公未有

〔註 64〕　《宋史》（卷 19）載，崇寧二年夏四月乙亥，詔毀刊行《唐鑒》並三蘇、秦、黃等文集。……奪王珪贈謚，追毀程頤出身文字，其所著書令監司覺察。又見徐乾學：《資治通鑒後編》卷 95，《文淵閣四庫全書》，史部，第 343 冊，第 746 頁。

> 紀之者，止著於《了齋遺事》中。國子監舊有安定胡翼之祠，詔聖
> 初自爲博士，聞於朝，撤去。

宣和五年（1123）至靖康元年，即便在黨禍最殘酷的時候，因爲利益所在，民間仍有蘇軾等人的集子刊行。楊萬里《誠齋集》（卷84）載有某貴戚以黃金一斤交換蘇軾文章 10 篇，以家刻的形式印行。其載曰：「獨一貴戚刻板印焉，率黃金斤，易坡文十，蓋書禁愈急，其文愈貴也。」〔註65〕王明清《揮塵錄》（卷3）記載崇寧初，詔郡國刊元祐黨籍姓名。太守令刻工李仲寧毀蘇、黃作品的刻板，這位刻工以自己「家舊貧窶，止因刊蘇內翰、黃學士（庭堅）詞翰，遂至飽暖」，不忍下手毀之。

刻工李仲寧因爲刊印蘇軾、黃庭堅的集本，「遂至飽暖」，說明蘇、黃等人的詩文集在民間有較大的市場需求，使得書商坊刻都甘願違反政府禁令，冒險刻印售賣以求厚利。民間的好尙一旦與書商的利益聯繫一處，冒險也會成爲注定的選擇。此類冒險事例的第二個主角是張舜民。黨禁期間，張舜民的著作也在禁限之列。周紫芝《書浮生休生畫墁集後》載曰：「政和七八年（1117～1118）間，余在京師，是時聞鬻書者忽印張芸叟集，售者至於填塞巷衢。事喧，復禁如初。蓋其遺風餘韻在人耳目，不可掩蓋如此也。……今臨川雕浮休全集有此詞，乃元豐間芸叟謫郴州時，舟過岳陽樓望君山所作也。」〔註66〕由此可知，政和黨禁期間，開封書坊仍冒險刻印張舜民集本，可惜後來事情暴露，才被嚴格禁止。於是，周紫芝感慨地說：「蓋其遺風餘韻在人耳目，不可掩蓋如此也」。想像當時具體的社會場景，我理解其意思是——追名逐利的民間書籍刊刻，非官方的幾條禁令所能控制的。

在傳統社會結構中，穩定搭建著各種積木式的預製構件。客觀地說，日益頻繁的商品關係逐漸打破了社會原有的倫理秩序。商品關係給書籍交換帶來情感上的冷漠，以及買賣引發的快節奏傳播，這些對於注重禮儀情感的社會倫理造成了衝擊。由此，也造成了官私機構、書坊對於印書及其商品化的不同態度。

由此來看，北宋官方和民間的書籍刊刻有其具體的歷史特點，然而無論是編著者，還是傳播者、接受者，儒學世風的薰染使得那個時代的詩歌印本

〔註65〕 參見（宋）劉才邵《檆溪居士集·原序》；（宋）王霆震編《古文集成》卷4，《文淵閣四庫全書》，集部，第1359冊，第27頁。

〔註66〕 （宋）周紫芝：《太倉稊米集》卷67，《文淵閣四庫全書》，集部，第1141冊，第482頁。

始終呈現有潛在思想制約的狀態。儘管無意識的精神對於詩歌創作起著重要作用，但是「在無意識精神與完成詩歌之間還有社會意向和精神對形式的有意識控制」（萊昂耐爾‧特里林《弗洛依德與文學》）〔註67〕。這種社會意向和精神在宋代社會的主要構成就是儒學思想和風氣。所以，蘇軾密州出獵時，潛意識其實是滿意自己依然擁有少年時的精神狀態，簡言之，就是「人老心不老」。但是，詩詞創作出來，卻偏要以「馮唐持節雲中」的典故，影射自己渴望報效國家——「西北望，射天狼」的雄心壯志。

同樣道理，民間雖有突破黨禁、官禁，迎合民眾性情好尚的詩集刊刻，然而它們始終無法突破的是那個時代道德人心的束縛。借用法國學者德里達的說法，文本既語言的產物，也是文化的產物。在傳統文化氛圍裏，在新的平衡建立以前，某種似乎從不更替的中心可以限制社會結構內部因為差異性活動而造成的不穩定，同時也對結構的自由嬉戲加以限制，以保證這樣的社會結構平穩地延續（《結構，符號，人文科學話語中的嬉戲》）。〔註68〕由此，儒家思想構造起來的社會意識和精神氛圍不僅對詩歌的形式有意識控制，對於民間的詩集選印也有潛移默化的影響。《長編》（卷456）記載，元祐六年三月，王巖叟從容勸上讀書，曰：「古人多早讀經，午間讀史及諸子，或唐人有諷諫底詩篇。」上云：「如何得入道深？」對曰：「讀書要入道深，自有訣。須將先聖之言一一著心承當，便知先聖專為陛下說此事，則承當得有力，讀書方濟事。其善者受之以為法，其不善者受之以為戒。如此則便如終日與先聖賢說話，聖德日新矣。」曾鞏《讀賈誼傳》也說：「古詩之作，皆古窮人之辭，要之不悖於道義者，皆可取也」（《曾鞏集》卷51）。由此可見，在官方有意識的引導下，宋人在公眾意識層面已經建構了以儒家為主體的意識形態模式，詩文始終要以提高道德為主要目的。經史子集之所以在社會傳播，皆維繫於傳統的儒道人心。

〔註67〕　朱剛：《二十世紀西方文論》，北京大學出版社2006年版，第179頁。
〔註68〕　德里達認為，「結構概念和西方哲學、科學、認知一樣古老，其基本形式就是結構總需要一個中心的『在場』」。引自朱剛：《二十世紀西方文論》，北京大學出版社2006年版，第302、308頁。

第三章　宋詩嬗變與印本傳播辯證

　　自古以來，文學總有這樣一條嬗變規律：早期的文學通常總是簡潔易曉的，隨著社會的繁榮進步，人們所獲知識及經歷的增加，作者不斷造就與更迭，文學作品必然會從簡約趨向繁複。故蕭統《文選序》載曰：「蓋踵其事而增華，變其本而加厲。物既有之，文亦宜然。」一旦有了朝代更替，這種增加會不斷地反覆出現。同時，讀者的文化普及性提高，尤其是審美接受水平的提高也在制約著文學的繁複進步。近幾十年，流行歌曲的演變，也在印證著宋代曲詞同樣也有這樣一條嬗變過程。由簡約的小令向長調，除了音樂的豐富變化，歌辭也在由較為易曉的直白，轉入繁縟暗喻、象徵等技法成熟，更有情緒滑向感覺的變化。鄧麗君時代的歌曲，已為周傑倫、方文山那樣的歌辭做了準備。這其中，一代人和一代人的觀念是集合了審美、學識，以及自我情感體認等諸多因素的遷延和變化。因為有了前人的基礎，後面的繁複才有了可能。同樣，知識和對於文學審美認識的積累，造就了宋代文學的更迭嬗變。

第一節　北宋詩歌嬗變分流

　　談到北宋詩歌嬗變分流，程千帆和臺靜農分別引用《蔡寬夫詩話》、《桐江集・送羅壽可詩序》〔註1〕等文獻材料，鎔鑄各家，形成如下基本的觀點：
　　（一）五代至宋，詩有白體、晚唐體、西崑體三派。一是李昉、二徐（徐鉉、

〔註1〕　臺靜農：《中國文學史》，何寄澎、柯慶明整理，臺灣大學出版中心 2004 年版，第 507 頁。

徐鍇）等人爲代表的白體（白居易）；二是以楊億、劉筠爲代表的崑體；三是以寇準、林逋等人爲代表的晚唐體（方回《桐江續集》卷 32）。（二）宋初詩歌發展的時間先後，分別是白體爲先導，隨後是晚唐、西崑。如蔡居厚所說，「國初沿襲五代之餘，士大夫皆宗白樂天詩，故王黃州主盟一時。祥符、天禧之間，楊文公、劉中山、錢思公專喜李義山，故崑體之作，翕然一變」（《竹莊詩話》）〔註 2〕。（三）歐陽修、蘇舜欽、梅堯臣學杜甫、韓愈，既繼承了唐代詩風，又創出宋人的特色。（四）王安石雖學杜、韓，然其詩備眾體，尤以絕句出色。（五）蘇軾與蘇門六君子別成一宗，對於宋詩都有貢獻，而黃庭堅、陳師道尤其開創了宋代的「江西詩派」，影響深遠。

從北宋初期，詩歌風格遵循三條路線的事實，恰也說明北宋初年，宋人自然地承繼了唐五代以來詩歌的多種審美趣味，他們的美感與能力導致其所接受，繼而學習模仿的詩體主要是白居易體、李商隱體以及以賈島爲代表的晚唐體。這一時間，宋人反而暫時沒有形成屬於自己聖朝的詩歌審美趣味取向（風尚）。我以爲，關於宋詩的討論，錢鍾書先生所論或更有道理，而所謂「詩分唐宋」，實爲不恰之言。事實是「唐之少陵、昌黎、香山、東野，實唐人之開宋調者；宋之柯山、白石、九僧、四靈，則宋人之有唐音者」〔註 3〕。如此一來，白體先導，晚唐、西崑分立，或更應分析其深層原因。

北宋初立，天下分裂日久，各地風氣主流各有不同。又因五代以來，藩鎮主事，文事不興，各地文人水平參差，文化程度普遍不高，而武將主政，使得「文學雕蟲」難成時代主流，其風氣自然以白體「淺易」爲主。一旦天下太平，時代發展，由淺易樸實的白體轉向講究典故、辭藻的西崑，也較爲符合和平時期文學發展的客觀規律，即如蕭統從器物從質樸發展爲華麗，得出文章發展也要經歷質樸到華麗這一過程的結論。

〔註 2〕 程千帆認爲，「宋初詩壇基本上是爲中晚唐詩風所籠罩的。以時代先後而論，則白體爲先導，風行於太祖、太宗朝（960～997）；自太宗後期至眞宗時，出現了晚唐派；眞宗景德年間（1004～1007），西崑體開始興起，其聲勢達於仁宗朝。」詳見程千帆、吳新雷：《兩宋文學史》，上海古籍出版社 1991 年版，第 2 頁。按：關於晚唐與西崑先後，程千帆與臺靜農觀點不一致。程以晚唐爲先，西崑爲後；臺以西崑爲先，晚唐爲後，源自他們各自所引古人材料的不同。

〔註 3〕 錢鍾書：《談藝錄》，中華書局 1984 年版，第 2 頁。

一、北宋初期的詩歌分派

　　北宋初年，各種文學樣式基本上是對於前代文學的繼承和接受。宋代初期的文學理念也基本上是繼承了唐五代以來的成果，沒有形成自己的風格特徵。程千帆就說：「自太祖、太宗到眞宗時期，詩、文、詞、賦大體上都是繼承著晚唐、五代的風格。」〔註4〕基本上與臺靜農的觀點類似。對此，章培恒主編《中國文學史》也說：「北宋最初一個階段，詩人傚仿白居易詩體曾經成爲一種風氣。其中著名的人物有徐鉉和王禹偁，正如《蔡寬夫詩話》說，宋初『士大夫皆宗樂天詩，故王黃州主盟一時』。但過去有的文學史研究者把王禹偁描敘爲似乎是有意識與『西崑體』對抗的詩人，這是不準確的。實際上，不但白體詩的流行很早，而且當《西崑酬唱集》問世而使『西崑體』廣泛流行時，王禹偁已經去世了。」〔註5〕因爲楊億《西崑酬唱集序》曰：「予景德中忝佐修書之任，得接群公之遊。時今紫微錢君希聖（名惟演），秘閣劉君子儀（名筠），並負懿文，尤精雅道，雕章麗句，膾炙人口。予得以遊其牆藩……其屬而和者又十有五人。析爲二卷，取玉山策府之名，命之曰『西崑酬唱集』云爾。」楊億爲此集寫序時，在大中祥符元年秋，時錢惟演爲知制誥。〔註6〕而王禹偁主要生活在宋太宗朝。由此佐證，西崑詩集問世乃在王禹偁之後。無論如何，「白體」成爲北宋早期文人詩歌模仿學習的榜樣的事實，確實在一定程度上表露出宋詩未來審美接受的某種趨勢。

　　在詩歌方面，由於李昉、徐鉉的倡導，北宋文壇率先盛行唱和詩。此外，白居易的「元和體」也成了當時詩歌學習的榜樣。元和體詩按陳寅恪的說法，可分爲二類：「其一爲次韻相酬之長篇排律」，「其二爲杯酒光景間之小碎篇章」（《元白詩箋證稿》附論〔丁〕元和體詩）。按程千帆的說法，所謂宋初的白體詩，「完全是一種應酬消遣之作，內容上是留連光景，形式上是依次押韻，風格則平易清雅，不求雄渾典麗。」〔註7〕這樣的詩歌，除去形式上的表現，以接受者的角度觀察，我認爲當時宋人審美心理接受（喜好）的即是白體詩歌中透出來的「平淡清雅」以及如契丹人接受魏野詩歌的理由——「易曉」與「平樸而常不事虛語」。如葛兆光所說：「北宋初年，白體是許多人喜愛的詩歌風格，

〔註4〕程千帆、吳新雷：《兩宋文學史》，上海古籍出版社1991年版，第1頁。
〔註5〕章培恒、駱玉明主編《中國文學史》中冊，復旦大學出版社1996年版，第310頁。
〔註6〕楊億等著《西崑酬唱集注》，王仲犖注，上海書店出版社2001年版，第1頁。
〔註7〕程千帆、吳新雷：《兩宋文學史》，上海古籍出版社1991年版，第5頁。

但相當多的人是因爲它淺近易學、流利爽滑，所以不免寫成順口溜似的缺乏詩味的作品。」〔註8〕白體平淡樸實的詩歌風格既符合宋初文學水平不高的需求，也符合儒學世風追求眞善內容，對於浮靡豔麗形式排斥的特點。

事實上，白體詩沒落的原因，主要還是由於其「平淡」的外表（形式），難以掩飾內容的淺陋空疏。平民社會雖然難達貴族的奇葩好尚，但是文藝上只有審美鑒賞判斷的等級差異，而文人在審美上更多的只是差序性，並無根本上的差異性。總體上，由於教化倫理的長期牽制，古代文人的審美類型並不複雜。有一則故事頗能說明其中原委。據《六一詩話》記載：「仁宗朝，有數達官，以詩知名。常慕『白樂天體』，故其語多得於容易。嘗有一聯云：『有祿肥妻子，無恩及吏民。』有戲之者云：『昨天通衢遇一輜軿車，載極重，而羸牛甚苦，豈非足下『肥妻子』乎？聞者傳以爲笑。」〔註9〕這個故事除了講述「畫虎類犬」的笑話，還要說明模仿白詩平易的後果——詩歌反而會呈現出「俗氣」、「土氣」。何謂「土氣」呢？首先，詩歌模仿的「土氣」和漢魏詩歌的「質樸自然」不是一回事。「土氣」是人爲刻意的結果，是由於詩歌內容缺乏內在強大的內涵支撐而呈現於外的尷尬。其次，詩歌的「土氣」還有可能在下列情形中出現：（1）由於構建詩歌意象時，在物象向意象轉化時出現「意不稱物」的阻礙；（2）作者因爲想像能力和詞匯量的雙重匱乏，導致詩歌創作中常常出現「辭不逮意」的情況，遂不擇言語。北宋畢憲父作詩，「自以爲不逮其意，故不嘗多以示人」。黃庭堅閱其詩集，卻認爲「語皆有所從來，不虛道，非博極群書者不能讀之昭然」（《畢憲父詩集序》）。而對另一友人王觀復的詩歌，黃庭堅卻批評說：「所送新詩，皆興寄高遠；但語生硬不諧律呂，或語氣不逮初造意時。此病亦只是讀書未精博耳」（《與王觀復書三首》）。證明「辭意相逮」確爲宋人衡量詩歌高下的一項重要指標。

北宋初期白體詩呈現這樣淺薄、土氣，顯然不能滿足社會日益積累的文人士風的審美需求。這與男女相處類似，拋開情感的因素，人們對於美的追求，從來都是喜新厭舊，貪婪好奇。如李宗盛《給自己的歌》的歌詞所言「只有那合久的分了，沒見過份久的合」。曾經的美好，一旦厭倦，便失寵捨棄了。因此，宋初白體詩流行沒過多久，詩歌主流漸漸爲李商隱爲代表的西崑體所

〔註8〕章培恒、駱玉明主編《中國文學史》中冊，復旦大學出版社1996年版，第315頁。
〔註9〕（清）何文煥：《歷代詩話》，中華書局1981年版，第264頁。

取代。晚唐體、西崑體的流行，其實是作為對白體詩末流反正的面貌出現的。因為相比於白體，晚唐體和西崑體詩歌「變換了創作手法，在藝術技巧上爭奇鬥勝」。〔註10〕所以，由於晚唐體、西崑體詩歌更能顯示出了作者的格調、身份、才學以及語言奇巧等，其所呈現的境界和美感也更投合當時文人士大夫的審美情趣，從而很快獲得那些厭倦了淺俗詩歌，喜歡翻新出奇的士大夫的喜愛，走向了詩歌新奇、陌生的道路。只是當時的人還不清楚在審美疲勞之後，克服語言自動化，獲取感覺才是詩歌重新俘獲人心的關鍵。如梅堯臣所謂：「詩句義理雖通，語涉淺俗而可笑者，亦其病也。」(《六一詩話》)) 若仍有感覺，淺俗也沒有太大問題。粗俗日久，感覺流失，才有了變革的蓄力。於是，「咸平、景德中，錢惟演、劉筠首變詩格，而楊文公與之鼎立……大率效李義山之為，豐富藻麗，不作枯瘠語。」(《宋詩紀事》引《丹陽集》)。而歐陽修也說：「自《西崑集》出，時人爭傚之，詩體一變。」(《六一詩話》)

　　宋初詩歌從白體、晚唐體到西崑體，原因當然很多，然而從詩歌接受的角度來看，這恰是迎合了不同時代、不同受眾審美需求和喜好的緣故。葛兆光曾說：「平心而論，西崑詩人對晚唐五代至北宋開國初的詩風是有一定衝擊力的。在那一段時期中，習白體者每有俚俗滑易之弊，而西崑體較之有精緻含蓄之長；習姚、賈者每有細碎小巧之弊，而西崑體較之有豐贍開闊之憂。」〔註11〕時代不同，江山地域不同，對於詩歌接受（消費）的人群不同，他們的審美喜好就會有所差異。「白體」適應了北宋立國之初，文化和書籍閱讀貧乏的社會群體需要，平易曉暢的白體詩歌更符合北宋初期文人普遍的口味，然而這之後有人不滿足這樣的詩歌審美，這些人更愜意於符合他們格調的詩歌。南宋張戒曾評價白居易詩歌，「情意失於太詳，景物失於太露，遂成淺近，略無餘蘊，此其短處」(《歲寒堂詩話》卷上)。所謂「太詳」、「太露」、「無餘蘊」的說法，說明白詩散文化，偏向日常實用的語言傾向，難以呈現詩歌應有的蘊蓄。仔細分析宋初白體詩的語言，其實大都是使用常規語言組成，語義範圍和語言形態也近似於可以轉化為散文的日常話語。其語言前置突出的是交際以及實用性功能〔註12〕，尤其是語義範圍並不具備後來「平淡詩歌」所具

〔註10〕程千帆、吳新雷：《兩宋文學史》，上海古籍出版社 1996 年版，第 10 頁。
〔註11〕章培恒、駱玉明主編《中國文學史》中冊，復旦大學出版社 1996 年版，第 318 頁。
〔註12〕朱剛：《二十世紀西方文論》，北京大學出版社 2006 年版，第 7 頁。

有內在韻味和涵義深遠。雖然西崑、晚唐體在詩歌語詞和技巧陌生化上有所成就，但是其狹小、高格的受眾還是局限了這類詩歌的影響力。此外，「意不稱物」（感受轉化爲語言）、「辭不逮意」（語言轉化爲文字），詩人想像力及構造意象能力缺乏所造成的土俗之氣，其實也是閱讀貧乏的必然結果。於是，晚唐體詩歌另闢蹊徑，希望至少能在格調、取境、辭意方面對白體詩有所突破，給人以另類的審美感受。

關於這個問題，揚州大學汪俊教授持另一觀點，即「白體與晚唐體的出現和衰退是同步的，二者皆從晚唐五代發展而來，西崑體取代了它們。而且宋初白體與晚唐體並無大對立，相反，是相融互補的，當時很多詩人皆兩栖於此二體，略翻一下《全宋詩》前三冊就可發現這一點。」所謂「白體與晚唐體並無大對立」及「相融互補」，主要體現在以下幾方面：

（1）因爲晚唐體與白體都在題材和內涵有局限，格局逼仄，才思狹窄。「蓋氣宇不宏而見聞不廣也」（《對床夜語》卷 5）。所以，晚唐體詩人苦心孤詣，冥搜意象、刻意苦吟，更加追求文字的工巧精緻，呈現與白體「枯淡淺易」截然不同的審美趣味。其實，同時代的人所閱歷的社會生活基本相似，但是因爲職業、身份等個人狀況不同，每個人又有屬於自己的特殊生活層面。如果說白體詩是詩人表現基本生活層面的話，那麼晚唐體詩人就是在狹小的領域艱難地挖掘、展現自己獨特的生活映象。於是九僧、林逋、魏野枯淡的隱逸生活，以及幽僻的山林景色就成了詩歌的特色內容，給讀者呈現出特殊的審美趣味。

（2）如果說白體詩易於導致「意不稱物」、「辭不逮意」，那麼晚唐體詩人卻通過細緻的觀察與思考苦吟，刻意在這方面給予了異乎尋常的加強。寇準《書河上亭壁》詩曰：「岸闊檣稀波渺茫，獨憑危檻思何長。蕭蕭遠樹疏林外，一半秋山帶夕陽。」試想船行江上，能夠映入眼簾的無非江水、堤岸、山林、天空，或者再加上天氣時令的變化。寇準就憑著眼前所見，寫出了超出物象本身的審美感受和精神氣息。所謂「岸闊檣稀」、「獨憑危檻」無非實景，但是「波渺茫」、「思何長」、「一半秋山帶夕陽」，則充分展示了寇準的獨特審美感覺和愁悵心境。因爲比起詩僧、隱士的山林隱逸，宋人的生活還是太平常了，所以晚唐體詩人必須要通過縮微、放大、變形、象徵、隱喻等手段，搜尋準確傳達細微感覺的文字，將某些看似平常的生活審美表現出來。譬如「河分崗勢斷，春入燒痕青」（惠崇《訪楊雲卿淮上別墅》），其實是描述「河

流阻斷原本的山勢連綿，野草燒過的痕跡又變青了」。雖然「河分崗勢斷」、「春入燒痕青」剽竊了唐代詩人司空曙、劉長卿的孤句，但是「河分崗勢斷」確實細緻表現了惠崇有別於「天門中斷楚江開」（李白《望天門山》）的觀察和感受。故閩僧文兆有所謂「不是師兄偷古句，古人詩句犯師兄」（《湘山野錄》卷中）的評價，確為切中肯綮。

（3）晚唐體既有細緻感受、刻意苦吟，又有對於前人詩句的剽竊或化用，這些都預示著未來的宋詩創作必然會在借鑒他人與詩人審美感受之間抉擇融洽。

雖然魏野、潘閬為代表的晚唐體所表現的閒適、曠逸、愁悶、惆悵之類的美學境界更能彌補白體詩淺近、俚俗、滑易的不足，也更得到海內外讀者的喜愛。但是，詩歌內涵的不足、境界的狹窄卻無法得到根本的克服。近人梁昆繩評晚唐詩風，以為「晚唐詩派病多而善寡：蓋專攻近體而篇幅狹，專點綴景物而詩境狹，則詩之內容外貌皆狹矣」。因為此派「詩料取材，大抵不出琴、棋、僧、鶴、茶、酒、竹、石之範圍，故不伹篇幅狹，詩境狹、詩料取材亦狹。此等作家，惟罷精竭力於一聲一字之『沁人心脾，驚泣鬼神』，詩之內容意境，實更重要，而反被漠視，是以作者精神常不能貫注全詩，所謂『晚唐有句無篇』誠為確論」（《影印宛陵集前言》）〔註13〕。晚唐體詩人的「精神常不能貫注全詩」，只在其中警句上下工夫，梁先生此論可謂一語戳中「晚唐體」之病症。這就譬如一個畫師，刻意將某山、某樹、某隻鳥畫得極為精細，卻忽略了畫面整體的感染力。而宋人吳可認為晚唐體「失之太巧，只務外華，而氣弱格卑，流為詞體耳」（《藏海詩話》），總歸一句話，「秀而不實」，即是晚唐體最大的弊病。

幾乎與「晚唐體」流行的同時（或稍後），另外一些有身份的高級文人顯然更鍾意於那些深婉綺麗、用典繁富的詩歌審美接受（消費），由是北宋詩壇又有「《西崑集》出，時人爭傚之」的現象出現。只是，西崑體詩歌無論是創作和接受都畢竟小眾，還不符合北宋朝野儒學復興的需要。因為它帶有濃厚的文化貴族趣味和娛樂傾向，也不夠平易曉暢，從根本上並不符合儒道思想普及的要求。而北宋科舉所帶來士子文人的日益平民化傾向，也使得西崑體高傲的「貴族氣」越來越不被新一代平民出身官僚文人的接受和歡迎。於是，西崑體詩歌漸漸走到了末路。

〔註13〕　（宋）梅堯臣：《宛陵集》，臺灣新文豐出版公司1979年版，第1頁。

二、北宋中期的詩歌嬗變

北宋詩歌嬗變分流到了仁宗朝，正是需要對詩歌發展進行總結調整的時候。這一時期，平民出身的歐陽修、梅堯臣開始步入詩壇。新一代文人不滿足當時的詩歌接受（消費）和創作風氣，他們決心矯正「西崑」，將「白體」引領到風格「平淡」一路。宋詩走向獨特的「平淡」，其實是詩歌嬗變的真正開始。

對於宋代中期以前，抄本、印本在朝野的疊加流布，加速了知識下行的進度。相比魏晉、隋唐講究絢麗氣象的閥閱文人，宋代科舉文人多沒有世家大族的貴冑背景。對於熟悉民間語言的士人而言，「平淡有味」或許更符合平民文人「淡月昏黃」的審美取向。北宋詩歌革新雖未惠及平民，但是提供識字階層的文學語言卻是無疑的。故所謂「平淡一路」，從詩歌的外部特徵來說，就應該是讓多數讀書人能看懂的詩歌語言。但是「平淡」並不等於淺俗，而且詩歌語言還要與其他官方或民間的應用文字有所區別，並在某種程度上隨時而變，代表了當代文人能夠閱讀理解的公約數。從根本上，革新的目的是要恢復知識階層對於詩歌的感覺與興味，即恢復所謂的「詩性」。張戒曾說：「王介甫只知巧語之爲詩，而不知拙詩亦詩也。山谷只知奇語之爲詩，而不知常語亦詩也」（《歲寒堂詩話》卷上）。此處所言的「詩」，不如說是詩喚醒人的那種「感覺」更爲恰當。文學與非文學都是相對，沒有天生的文學語言，日常語言也可以具有文學性。按照俄國形式主義什克洛夫斯基的觀點，文學性不僅是語言文字的範疇，還體現在「感知」的層面。〔註14〕

關於「平淡」，宋人各有自己的解釋。葉夢得說：「歐陽文忠公詩，始矯崑體，專以氣格爲主，故言多乎易疏暢。」（《石林詩話》卷上）；嚴羽說：「梅聖俞學唐人平淡處」（《滄浪詩話》）。胡仔也說：「聖俞詩工於平淡，自成一家」（《苕溪漁隱叢話後集》卷24）。一說「氣格爲主，言多疏暢」，一說「學唐人平淡」。古人多以「氣格」論詩文，（明）謝榛《四溟詩話》（卷1）曰：「詩文以氣格爲主，繁簡勿論」。由此可見，「氣格」應該屬於詩人自我養成風格、品格之類。「學唐人平淡」者，如果僅是一味模仿打劫他人，沒有聯結詩人自己的感興和氣脈，詩歌顯然無法稱得上「平淡」。既有宋初白體「淺易寡淡」的教訓，「平

〔註14〕 巴赫金認爲區分文學語言和日常語言是錯誤的，因爲根本就不存在一個供整個社會共有的、唯一的日常語言，語言總是隨使用者的地位、階層、性別、信仰等不同而不同，文學語言也會大量出現在人們的日常會話裏。最重要的是，文學性的決定根本上在於人，而不在於語言本身或其載體。詳見朱剛《二十世紀西方文論》，北京大學出版社2006年版，第15頁。

淡」的詩歌必不僅僅是語言上的「平淡」——即如「淡月昏黃」雖然文字易曉，然而品讀起來卻有更多的韻味，更多的畫面層次。「平淡」的含義，既有「平易」、「淺易」之謂，同時也容易產生「常見不奇」的意思。所以，「有蘊含」才是平淡詩歌的關鍵。梅堯臣說：「詩家雖率意而造語亦難。若意新語工，得前人所未道者，斯為善也。必能狀難寫之景，如在目前；含不盡之意，見於言外，然後至矣」（《六一詩話》）。

　　當年，黃庭堅十分不解歐陽修緣何沒有注意到林和靖「雪後園林才半樹，水邊籬落忽橫枝」（《梅花三首》）這兩句詩，「棄彼賞此」地讚賞「疏影橫斜水清淺，暗香浮動月黃昏」之句，以為「文章大概亦如女色，好惡止繫於人」（《書林和靖詩》）。黃庭堅與歐陽修的審美選擇，都帶入了兩人深度的情感好惡。即如畫師做畫，甲畫師僅著力表現梅枝稀疏的椏杈，而乙畫師卻對雪後園林裏綻放的梅花情有獨鍾，原因或者僅是景物帶入兩人

圖 21

的情感不同。乙畫師內心獨憐梅花，故乍看雪後梅花初綻，內心欣喜滿懷；而甲畫師卻感懷梅樹歷經霜雪，進而感懷個人生存之不易，故畫出梅枝疏影以寄懷。其實，細緻品味這兩首詩，雖然都是全詩不著「梅」、「花」二字，隱喻全篇，如莫礪鋒所謂「遺貌取神，瘦硬生新，已微呈宋調」〔註 15〕。但是，《山園小梅》這兩句詩與《梅花三首》兩句詩比較，「雪後園林才半樹，水邊籬落忽橫枝」乍入眼的畫面效果很強烈，但終不似「暗香浮動」那樣雅致且有蘊含。「有蘊含」是一種「審美複義」的通常說法，其類似說法還有鍾嶸的「滋味」。滋，多也。意指審美呈現有層次的多種味道，或酸爽酥麻，或甜美感動，足以引發多種刺激與聯想。顯然，歐陽修、梅堯臣等人對於新詩的要求，有融合晚唐（寫景）、白體（平淡）優點，兼及「有蘊含」，平淡有味、平常出奇的意思。由於林逋《梅花三首》兩句詩僅是出人意料地描寫了「景」，未見韻致含苞，所以歐陽修更欣賞《山園小梅》。

〔註15〕莫礪鋒：《江西詩派研究》，齊魯書社 1986 年版，第 12 頁。

儘管在儒學世風的社會氛圍裏，「言志」也可以成爲詩歌蘊含的內容組成部份，但是那種基於神經官能的純粹審美蘊含顯然更招宋代文人喜歡。原因在於「言志」是需要確切表達的內容，不可以像審美那樣有複雜多義的情況，而眞正有韻含的審美卻可以「餘音繞梁」，回應人們的感官情緒，令人浮想聯翩。羅素曾說：「參差多樣，對幸福來講是命脈」〔註16〕。所謂參差多樣，乃是針對社會形態而言，在語言上對應的表現就是複雜多義。羅素這句話潛臺詞還需點明的是，惟有那些「受用者陶醉其間」的參差多態或複雜多義，才是審美，也才有幸福的本源。梅花雖然明豔，但是文人深層喜歡的卻不在表面，而是其飄浮在月夜下的「清香」。況且，這種「清香」與「昏黃的淡月」還有某種說不清、道不明，卻實實存在的通感。所謂「暗」者，乃指梅花的清香在夜晚月色中，明明存在卻捕捉不住、辨別不清的狀態。當梅花「暗香」在小園裏浮動時，我們的感覺也在昏黃的月色中與之浮動勾連著，讀者的內心和神魂彷彿就在此間徘徊、品味著。智識高卓、觸類旁通者，或許還可以從飄渺中引申，看透某些超越魏晉士人「及時行樂」、「建功立業」的人生審美終極哲理。審美救贖便在這裡發酵蘊釀，進而溫熱我們的心靈。感慨讀了此詩，泛泛地說「春天裏死去」似乎已不值得炫耀，卻有若死就死在「暗香浮動」和「淡月昏黃」裏的陶醉與滿足。由此可見，「山園小梅」至少給人品味了兩種以上的美味，且這兩種美味之間還有某些精神上的親緣交融聯繫。當然，宋詩「言志載道」傳統的加強，並非意味著宋人完全否定詩歌的文采和審美價值。於是我們看到，宋人尤其是以歐陽修爲代表的官派文人實際上對於詩歌最高的理想是，詩歌既能負載起「載道」的功能，又能給人以審美的愉悅。

只是「儒道的內容來自固化的傳統」，作爲官方維持社會穩定的意識形態存在，早就脫離具體的時空根系。其成形以後的抽象與滯後，注定了它離眞實與情感甚遠。即如哈維爾所言，「意識形態是一種似是而非的解釋世界的方式。它賦予人以認同、尊嚴和道德的幻象，而使人們與現實的實質輕易地脫離」（《無權者的權力》）〔註17〕。以這樣的意識形態載入詩歌，詩人必須要賦予「此情、此景」

〔註16〕〔英〕羅素：《西方哲學史》下卷，馬元德譯，商務印書館 2009 年版，第 41 頁。按：羅素只是說「參差多樣」是客觀的幸福命脈，至於幸福獲得，還需要人的努力與感受。

〔註17〕哈維爾《無權者的權力》：「在權力競爭公開化的社會中，公眾控制權力，自然也掌握了意識形態爲權力辯解和開脫的手段。在這樣的社會裏，總會有辦法來糾正意識形態用假象代替現實的傾向。但極權社會沒有這種糾偏的辦

的結合與創造。否則，詩歌難有打動人心的力量。「春風疑不到天涯」的感慨之所以觸動人心，蓋因（貶謫）離鄉之後，「夜聞歸雁生鄉思，病入新年感物華」（歐陽修《戲答元珍》）。詩歌畢竟不同於經學，它不需要過份的理性，它是每個生命個體的具體思想情感和生活點滴的結晶凝結。因此，歐、梅等人提倡的「平淡詩歌」除了防止白體化、西崑化，還要特別留意竄入僵硬的道學與說教。

　　胡適當年出於革新國語，白話與文言的鬥爭需要，強調「宋詩的特別之處全在它的白話化」。因為宋人只是要說話，便用說話的口氣來作詩，所以並非是要創造什麼「拗體」，而是自然說話的聲調語氣就是這樣。〔註18〕相反，西崑體因為脫離了日常說話，太過講究格律，反而有些不倫不類。胡適因此還舉了梅堯臣《雜詩絕句》、《京師逢賣梅花》等幾首詩來證明自己的說法正確。繼續深究這一話題，或許所謂宋詩「白話化」只是表象，其精髓核心應該是——白話詩歌是當時宋人思想情感具體活態的話語呈現。今天，就這個問題我們還可以進一步提出疑問：宋人作詩到底是要向誰說話？我認為，不可能是白丁，當然是具有同等欣賞品味的其他人。由此，你可以想到這些人會是哪些人，更進一步你會去想他們彼此有什麼共同的特質？官員、文臣、趣味相投的朋友，如此等等。或許還有更重要的一點，我們沒有注意到，這就是他們擁有相同的社會氛圍和時代語境。

　　兩百年前出使中國，見識了大清帝國外強中乾的英國公使馬戛爾尼說：「東方人對於帝王所具之敬禮，直與吾西人對於宗教上所具敬禮相若也。」〔註19〕由於在那個傳統的社會語境裏，做官與科舉相關，就與儒學有關。因此，中國人的宗教就是對於世俗倫理、人情世故的篤信。只是這樣久遠的儒學道理與社會脫離，一旦貫徹到現實難免眼高手低，終以思想意識駐留者居多。〔註20〕北宋士風染儒學氛氳，在熙寧八年前後，居然出現「天下之士學

法，無法阻止意識形態脫離現實的趨勢。」這種糾偏，首先需要極權者放棄對輿論的掌控，允許社會各階層根據自己的生存現實，發出真實的聲音，迫使意識形態做出符合現實的調整。詳見瓦茨拉夫・哈維爾：《哈維爾文集》，崔衛平等譯，傾向出版社 2003 年版，第 58 頁。

〔註18〕　胡適：《國語文學史》，五南圖書出版有限公司 2013 年版，第 190 頁。

〔註19〕　〔英〕馬戛爾尼：《乾隆英使覲見記》，劉半農譯，百花文藝出版社 2010 年版，第 104 頁。

〔註20〕　按：「愛世濟人，友愛互助」本是儒家的傳統信仰，只是這樣的信仰在鄉愿橫行的市井風氣之下，極易變成不講社會公平正義的任人唯親、兄弟義氣。而這類停留在意識、詩文中的道德高尚，一旦與現實的惡俗映襯，必然會構成諷刺和不可救藥。

爲古文，慕韓退之排佛而尊孔子」（陳舜俞《鐔津明教大師行業記》）的盛況。在如此崇儒的風氣和語境之下，詩歌若涉及社會人事，完全背離儒家倫理道德必不爲當時環境所接受的。李覯有「妖淫刻飾尤無用」的詩歌，考慮道德教化的影響，在重新編纂刊印時就要審慎地排除在集本之外；而契嵩作爲「學瞻道明」的僧人，著《原教》、《孝論》等十餘篇文章，因爲主張儒佛貫通，詩文卻得到歐陽修、韓琦等人的賞識。〔註21〕

作爲僧侶，契嵩讀《李翰林集》，竟然認爲李白「樂府百餘篇，其意尊國家，正人倫，卓然有周詩之風，非徒吟詠情性，呫囁苟自適而已」（《鐔津文集》卷13《書李翰林集後》）。由此，僧文瑩評價道：「吾友契嵩，熙寧四年沒於餘杭靈隱翠微堂。……嵩之文僅參韓、柳間，治平中，以所著書曰《輔教編》，攜詣闕下，大學者若今首揆王相、歐陽諸巨公，皆低簪以禮焉」（《湘山野錄》卷下）。關於《輔教編》的內容，《文獻通考》（卷227）有「皇間以世儒多詆釋氏之道，因著此書。廣引經籍，以證三家一致，輔相其教云。」的記載。據契嵩自稱，其以「《輔教編》者印本一部三策」冒進呈獻給宰相韓琦，希望韓琦「論道經邦之暇，略賜覽之」，「以資閣下留神於吾聖人之道」（《鐔津集》卷10《上韓相公書》）。由此，歷史似乎再現了當年劉勰無由自達，負書等候在沈約車前的情景。

至於其他，若詩歌涉及自然景色，則需融入詩人所謂「有我」、「無我」（王國維《人間詞話》）的感受，同時也要借鑒學習漢唐以來的詩歌。梅堯臣詩曰「門前烏臼葉已暗，日暮問誰在上頭」（《雜詩絕句》），儘管詩意反用，但是畢竟還殘留著南朝民歌《西洲曲》的痕跡。〔註22〕梅堯臣又一詩云「買魚問水客，始得鯽與魴」（《雜詩絕句》），又有幾分樂府詩《枯魚過河泣》的模樣。〔註23〕此時，我們似乎看到了梅堯臣將《文選》中的「古詩十九首」讀過後的騁辭賣弄，又似乎看到了他與歐陽修、蘇舜欽由此而談的話題品味。這就是同一語境下文人的詩歌。儘管平淡，其實他們早就在同一時代環境下的讀書成長中，構建好了他們可以彼此認同的詩歌趣味與品格。由此，我們知道宋人所追求的「平淡」既非刻意，也非隨意，它是歐陽修、梅堯臣等人在自己時代裏找到的，既基於自己讀書閱歷，又區別於白體和西崑的詩歌審美風格。

〔註21〕　（宋）契嵩：《鐔津文集》卷22《又序》，《文淵閣四庫全書》，子部，第1091冊，第631頁。又見《湘山野錄》卷下。《湘山野錄》（卷上）載：「公尤不喜浮圖，文瑩頃持蘇子美書薦謁之，迨還吳，蒙詩見送，……人皆怪之。」

〔註22〕　《西洲曲》曰：「日暮伯勞飛，風吹烏臼樹」。

〔註23〕　《枯魚過河泣》曰：「枯魚過河泣，何時悔復及！作書與魴鱮，相教慎出入。」

　　胡適在強調宋詩白話的過程中，按照時間先後順序，基本上也列出了「平淡」詩歌風氣的由來並非一蹴而就。由白體、晚唐體、西崑體發展到對詩歌「平淡」的追求，這是宋詩從模仿尋出自我發展道路的開始。白體和晚唐體由五代繼承而來，卻也留下了格局、內涵等方面的局限，西崑體雖然在詩歌文字、典故方面努力耕耘，然而卻走向了北宋平民社會需求的反面。只有在總結宋初詩歌的基礎上，歐、梅等人才創造革新出符合宋代社會審美特點的新型詩歌追求——「平淡」。

　　首先，這類「平淡」的詩歌不能再像白體詩那樣內容空虛、淺薄無味，或者因爲多次簡單重複而導致審美疲勞；其次，它也不能如西崑體那般高高在上，以「刻辭鏤意」、「用典生僻」的富贍氣質阻嚇人們進入詩歌堂奧的膽氣。作爲新歷史語境下的審美追求，歐、梅等人提倡的平淡詩歌需要謹慎規避以往白體、晚唐、西崑的弊病，找到適合當下詩歌發展的新方向。如同不刻意追求器形繁縟變化的宋瓷，更偏好天青色、白釉淚痕等，由瓷器本身釉色層質變化形成的暈染效果，北宋詩歌發展至此，才有了所謂「平淡」詩歌的提出。最終，宋代文人找到了內心喜歡的審美類型，也擁有了屬於本朝的詩歌創作和接受理念。

　　至於黃庭堅倡導的江西派詩學，則是「平淡」理念在實際詩歌創作中無法落實的情況下，由黃庭堅倡導的，更易於操作的詩歌寫作方法。這些所謂「奪胎換骨」、「點鐵成金」的詩歌創作方法以讀書爲基礎，更易於模仿學習，也更依賴於借鑒（他人）。此前蘇軾已有以學問爲詩的傾向，黃庭堅尤其強調模範而已。彭乘《墨客揮犀》（卷8）記載，因唐詩有「長因送人處，憶得別家時」、「舊國別多日，故人無少年」詩句，王安石、蘇軾遂「用其意，作古今不經人道語。舒王曰：『木末北山煙冉冉，草根南澗水泠泠。繰成白雪桑重綠，割盡黃雲稻正青。』東坡曰：『春畦雨過羅紈膩，麥龍（一說壟）風來餅餌香。』如《華嚴經》舉果知因」。從以上記載，我們看到王安石、蘇軾對於唐人詩歌只是「用意不用句」，並未蹈襲唐人詩句，而是注意借用事物的因果關係，找到了這類詩歌的創作規律。譬如，春天雨後的桑田畦如同羅紈那般細膩，夏天風吹起如龍（或「壟」）般的麥浪，彷彿送來了餌餅的香味（蘇軾《南園》：「桑畦雨過羅紈膩，麥壟風來餌餅香。」）。因爲「春雨潤桑田」、「夏風吹麥浪」的前因，詩人才想像出「羅紈細膩」、「餌餅飄香」的後果，這和唐詩所說「離開故國多時，故人也就沒有少年的模樣了」（張籍《薊北旅思》：「長因送人處，憶得別家時。」），

「每每都會在送人的地方,想起自己當初離家的悲傷」(賈島《旅遊》:「舊國別多日,故人無少年。」),其實都是一樣呈現了事物間的因果關係。南宋許景遷有「野店青窺戶,春船綠漲篙」(《梅磵詩話》卷中),也是將春天給自己感覺上的「青綠之意」帶入了詩歌。此種借意作詩,可謂江西詩法的活用者,無怪彭乘評價「造語之工,至於舒王、東坡、山谷,盡古今之變」(《墨客揮犀》卷8)。

從宋初詩歌的晚唐、西崑,到歐、梅「平淡」詩歌理念以及黃庭堅江西詩學的主張,詩歌創作都伴隨著詩人對於書籍閱讀借鑒的加深。從詩歌嬗變的角度,無疑對於「平淡」詩歌的探索追求,才是屬於宋代詩學眞正的特色。但是,從傳播的角度,江西派詩學觀念在宋代的流行卻是印本書籍流布對於詩歌影響的深化。

第二節　北宋詩歌嬗變與印本傳播互動

當我們將蘇軾《李氏山房藏書記》對於印本傳播的時間描述與宋詩時代分派相對應。便可隱約感到,其中或許還有一個抄本、印本傳播與宋詩發展的互動關係圖。

在元豐七年(一說熙寧九年)以前,主要是口頭、抄本傳播詩歌的時期,白體、晚唐、西崑三派詩歌的流傳更多停留在文人和都市的範圍之內。在這一時期,北宋李昉、王禹偁、寇準、魏野、林逋等人詩歌口頭傳播、單篇抄寫的記載更多頻率地在宋人筆記中出現。端拱、淳化年間,李昉與李至往來唱和,當時也是「一篇一詠,未嘗不走家僮以示……日往月來,遂盈篋笥」,乃至於有「安知異日不爲人之傳寫」的感慨(《二李唱和集‧序》);王禹偁幼年鄉塾時,也曾日諷孟賓于律詩一首。儘管孟賓于詩歌當時大播於人口,然而口傳、抄寫流傳的結果,最終卻使得王禹偁「遊宦以來,求其全集,卒不可得」(《孟水部詩序》)。

由於單篇詩文的傳播容易散失,爲了更好的保存流傳,宋代文人逐漸意識到結集的必要。〔註24〕口傳的飄忽以及抄寫文本在數量和質量上的缺陷,顯然並不能滿足文學作品保存與傳播的雙重需要,新時代迫切需要一種更穩定、更便利的傳播載體出現。所以,印本逐漸用於宋代文學集本傳播,首先

〔註24〕 徐鉉《翰林學士江簡公集序》載,濟陽江公「初無簡編,文乃亡逸,嗣子翹、門生王克貞等,或搜經笥,或傳於人口,或焚稿之外,或削材之餘,匯聚群分,凡得十卷,授之執友,以命冠篇」。

是文學對於時代的適應和歷史的必然選擇；其次，隨著印本逐漸成爲文學集本傳播的主流，它們必然會對宋詩發展產生更大的影響，這就是印本傳播與宋詩互動關係的由來。基於這樣的思考，我們按照口傳、抄寫、印刷在北宋的發展遞進，列出詩歌嬗變情狀如下：

一、北宋前期，詩歌繼承晚唐五代詩，逐步形成白體、晚唐、西崑三派詩風。與白體、晚唐體、西崑體發展相呼應，三派詩歌的代表性集本諸如《白氏文集》、《徐鉉文集》、《九僧詩》、《和靖先生詩集》、《楊文公武夷新集》、《西崑酬唱集》等得到編纂整理，分別以抄寫、雕印的方式，得到相應程度的傳播。

這一時期，雕印初涉北宋詩文集本，尚未取得優勢，反而是抄本延續一貫以來的傳播主導作用。主要表現有：

（一）單篇詩歌傳播因朗朗上口，適應記誦，更有賴於文臣士子、都人仕女的傳頌。本朝詩歌若編纂成集本，僅以抄本方式有限傳播。譬如，晚唐詩人李昌符因久不中第，突發奇想作嘲諷婢僕詩五十首。本來，五十首詩數量亦是不少，記誦稍有難度，但是因爲這些詩歌朗朗上口，內容詼諧有趣，竟然「於公卿間行之」，浹句（十天）就達到「京城盛傳」的效果（《北夢瑣言》卷9）。至於宋初詩集傳播情況，柳開《與韓洎秀才書》記載，柳開早年曾「在京城書肆中見唐諸公詩一策，內有玉川生詩約四十餘章」，「尋託亡兄辟用百錢市而得之」。最終，由於拿到此書的弟子宋嚴亡故，此書亦不知下落。直至聽說韓洎也有盧仝詩卷，「彷彿類余昔年市之者」，遂請求一觀（《全宋文》卷12）。由此可知，柳開和韓洎所擁有的盧仝詩集都是抄本無疑。因爲抄本數量有限，不可能像印本那樣公開售賣於市井書肆，導致尋找這樣的手抄文本竟然耗費了柳開十年的時間。

（二）根據夏其峰《宋版古籍佚存書錄》等相關資料顯示，北宋初期詩集得以印本傳播的，大多是經歷社會歷史沉澱下來，得到社會普遍認可的前代作品，譬如《薛許昌詩集》、《韓昌黎集》、《孫可之集》。張詠談了自己選擇刻印《薛許昌詩集》，原因是薛能作詩「以治世爲本，隨事美刺，直在其中，放言既奇，意在言外」。這樣的判斷和刊刻選擇，一是需要擁有歷史和社會公眾意識的評判；二是需要當事者具有將詩歌傳播與印本相結合的意識。顯然，儘管刊刻的是唐人詩集，張詠《許昌詩集序》所謂「字未盡精，篇亦頗略，

與夫世傳訛本，深有可觀」（《乖崖集》卷 8）的說法，證明他的確具有這樣的意識和判斷。這些早期的印本詩集傳播，最終也證明了這樣的事實：一旦文學的傳播能與更先進的傳播媒介——印本相結合，文學就從傳播方式上具備了教化或感動人心的特質前提，可以更好地完成人們賦予文學的使命——即在更大範圍內，給予眾多讀者感動，而這種感動的廣度、深度，乃至時間長度為其成就的評價標準。〔註 25〕雖然印本並不能決定作品感動讀者的程度，但是它的傳播卻可以擴大讀者閱讀群（廣度），同時完好保存與傳播的印本還可以突破時空局限，一再閱讀，持續發揮出作品的影響力量。

對於這一時期的詩歌發展變化，程千帆說：「宋初詩壇基本上是為中晚唐詩風所籠罩的。以時代先後而論，則白體為先導，風行於太祖、太宗朝（960～997）；自太宗後期至眞宗時，出現了晚唐派；眞宗景德年間（1004～1007），西崑體開始興起，其聲勢達於仁宗朝。」〔註 26〕

假如從文本傳播的角度看，這類「風行」、「聲勢」的美譽，只能說是在平和安定的範圍，達到了類同於唐五代的文學傳播效果。當初，李德裕應劉禹錫所求白居易詩，每得一篇「別令收貯」，「及取看，盈其箱笥，沒於塵坌，既啟之而復卷之」（《北夢瑣言》卷 1）。以書信往來的單篇累積，兼及「沒於塵坌」的個人收藏，很難想像詩歌會有多大的傳播效果和影響。宋祁年輕時「偕籍來京師」，為了學習詩文，「凡當世有名士必求得其章盡疏之版，凡數十百家」。其中抄有「南陽趙叔靈詩，才十餘解，清整有法度，渾然所得，不琢而美，無丹臒而採」（《宋景文集·南陽集序》）。雖然抄寫模仿成就了宋祁後來的文學成就，但是這樣的詩歌抄本，無論是單篇，還是結集，都是單一版本的線性傳播，不可能形成印本那樣的多點發散式傳播，而且抄本在數量和質量上都受制於抄寫的能力與經濟實力，這就必然造成抄本流傳過程中的局限。北宋龐元英的兄長曾借走王克臣（侍郎）親書手抄《劉夢得集》四冊，四十五年後王克臣仍堅持要龐元英代為歸還（《文昌雜錄》卷 2）。由此可知，這部小楷手抄的《劉夢得集》長期沉睡書囊，壓根就沒進行傳播。反過來說，抄本的這種局限客觀上也有利於官方對於書籍的控制。譬如，五代和凝年輕時因所寫曲子

〔註 25〕 章培恒《中國文學史·導論》認為文學的成就標準，就是作品感動讀者的程度。「越是能在漫長的世代、廣袤的地域，給予眾多讀者以巨大的感動的，其成就也就越高。」

〔註 26〕 程千帆、吳新雷：《兩宋文學史》，上海古籍出版社 1991 年版，第 2 頁。

詞，有《香奩集》流傳，落下惡名。入相後爲了止謗，一方面「嫁其名爲韓偓」；另一方面，又專門託人收拾焚毀不暇。即便這樣，北宋沈括在秀州時，仍在和凝曾孫和惇家藏中見到諸書，「末有印記甚完」，並有和凝《遊藝集序》云：「予有《香奩》、《籛金》二集，不行於世」（《夢溪筆談》卷 16）。客觀地說，和凝這樣笨拙的行爲對付抄本勉強有效，然而對付印本流布就會顯出力不從心，北宋末年蘇、黃刊本在民間的流行難禁便是證明。

　　雖然宋初以白體和晚唐體爲主導，但是由於此時印刷並未達到興盛的程度，官方對於詩文集本的刊印仍有所限制，所以印刷對於這一時期的詩風成形並沒有起到太多的推動作用。相關詩集作品，主要還是通過口傳、抄本進行傳播。當年名震一時的魏野《草堂集》，以及林逋的詩歌，傳播的主要方式就是民間的口傳與手抄。因爲大多通過口傳、抄寫方式，近世之詩傳播範圍有限，所以反而是宋代以前的詩歌借助時間的歷史長度，更多影響了宋代文學。對於從小見慣、聽慣先賢詩歌的宋人而言，極易產生「陳言舊辭，未讀先厭」的感受，由此造成的結果是詩歌發展狀況必然如宋祁所言，宋初「多師祖前人。不丐奇博於少陵、蕭散於摩詰，則肖貌樂天、祖長江而摹許昌也」（《宋景文集·南陽集序》）。

　　二、北宋中期，歐陽修、梅堯臣等人繼承唐風，以杜、韓爲師，卻逐漸發展出自己的詩歌風格，相關詩集的刊刻也與之互動發展，對詩歌嬗變構成影響。

　　歐陽修說：「天聖之間，予舉進士於有司，見時學者務以言語聲偶摘裂，號爲時文，以相誇尚」，而此時蘇舜欽兄弟及穆修就已開始作古歌詩雜文，遭人嘲笑。《蘇氏文集序》載：「其後天子患時文之弊，下詔書諷勉學者以近古，由是其風漸息」（《歐陽文忠公集》卷 41）。歐陽修所指的詔書，應該就是大中祥符二年頒發的《誡約屬辭浮豔令欲雕印文集轉運使選文士看詳詔》。結合石介因此詔書對皇帝的讚揚（《徂徠石先生文集》卷 19），以及大中祥符文風「以藻麗爲勝」（《石曼卿詩集序》）的判定，我們可以知道北宋詩風轉變發生在大中祥符二年以後，大致到慶曆年間才形成氣候。

　　從《長編》（卷 71）記載，我們知道詔書頒布的原因是因爲這一年，朝廷有人指責楊憶、錢惟演、劉筠唱和的《宣曲詩》內容涉及前代掖庭事，詞涉浮靡。而詔書對於浮靡詩文雕印的限制，以及「古今文集，可以垂範」的要求，同時也從官方層面導引了詩風轉向與印本傳播之間的關聯。適應這樣的

變化，這一時期，《韓昌黎集》〔註27〕、《昌黎先生集》、《杜工部集》、《集千家注分類杜工部詩》等印本書籍在社會上便有多種版本流傳。同時，也有《河南穆先生文集》、《王黃州小畜外集》、《宛陵先生文集》、《歐陽文忠六一居士集》等具有宗唐風氣的印本流傳，只是傳播遠未達到後來的興盛程度。譬如，《宛陵先生文集》的北宋刊本其實未能證實，但是據汪伯彥《梅聖俞詩集重刊板序》〔註28〕記載，紹興十年（1140）初，宛陵州學刊成《宛陵先生文集》，知宣州汪伯彥作《重刊板序》，稱「《梅聖俞詩集》自遭兵火，殘編斷簡，靡有全者，幸郡教官有善本」。這段話說明在北宋曾有《梅聖俞詩集》流傳，因汪伯彥自稱「重刊」，推測北宋曾有印本。另外，王禹偁《小畜外集》也是同樣情形，只是據稱有北宋刊本。夏其峰《宋版古籍佚存書目》稱有「宋皇祐間王芬刻本」，其實不能確定。只是陸心源有《北宋本小畜外集跋》（《儀顧堂集》卷16）。跋曰：「王黃州《小畜外集》，存卷六末葉起至卷十三止，每葉二十二行，每行二十字。……蓋北宋刊本也。」然而「蓋北宋」的推斷，說明《小畜外集》有北宋刊本的說法還需要進一步考證。

以上宋人集本刊刻，有確切的記錄惟有歐陽修。北宋宣和年間，江西吉州公使庫曾積極出錢雕印發行歐陽修《居士集》99卷。《天祿琳琅書目》（卷3）載：

《居士集》八函六十四冊。宋歐陽修著，九十九卷。……前宋祝庇民《序》。祝庇民列銜爲迪功郎士曹掾兼戶曹及管左推勘公事。序後又列朝散大夫知軍州兼管內勸農借紫金魚袋方時可、朝請郎通判軍州兼管內勸農事賜緋魚袋周說、從事郎司儀曹事監方薦可諸賢名，卷五十後載：「吉州公使庫開到《六一居士集》計五十卷。宣和四年九月記。」又列迪功郎司士曹事郭嗣明、迪功郎司兵曹事監曹尹、迪功郎刑曹掾監洪知柔諸銜名。庇民《序》稱太守陳公嘗以公帑之餘刻《居士集》五十卷。觀者猶恨未爲全。……考《吉安府志》載，「宋徽宗宣和三年至五年知州事者爲陳誠，六年繼其任者爲方時可。則序中所稱太守陳公即爲陳誠，序後所列銜名蓋時可同官，卷五十後所列銜名蓋城同官也。城與時可世系里居志亦未載，而覈其官稽其時寔兩相吻合則書之爲北宋刊本，信有徵矣。收藏諸印無考。」

〔註27〕 大中祥符二年，杭州明教寺即刻有《韓昌黎集》四十卷。寺院刻俗書，少見。詳見方崧卿《韓集舉正敘錄》。

〔註28〕 詳見《梅堯臣集編年校注》卷末附錄，上海古籍出版社 2006 年第 1 版。

主持刊印者如陳誠、郭嗣明、曹尹、洪知柔等官員，不僅用公款刊印歐陽修文集，而且生怕名聲不顯，竟然還在書後明目張膽地列出自己名姓，作爲功勞記錄下來。只是這樣的事情並沒有發生在北宋前期，而是末年。

這一時期集本流布的隱而不顯，欲斷似連，與蘇軾、黃庭堅等人印本在北宋中後期的流布情況大相徑庭。或可說明，歐陽修時代的詩文印本流布：一則宋代文學印本一方面延續肯定前人詩歌的傳統，另一方面也開始對本朝詩歌有所肯定；二則也說明當時宋人文學印本，無論是種類，還是數量上都遜色於北宋中後期；三是因爲時間久遠，某些印本易於失落。當然，同時失落的似乎還不止歐陽修一人。元祐五年正月二十一日，黃庭堅《跋梅聖俞贈歐陽晦夫詩》載曰：「余三十年前，欽慕聖俞詩句之高妙。未及識面，而聖俞下世。二十年前官於汝州葉縣，聞歐陽君〔註29〕學詩於聖俞，又得贈行詩，而葉人能誦其詩。……用聖俞之律作詩數千篇，今世雖已不尚，而晦夫自信確然。」從這段記載中，黃庭堅倒推三十年，確認士人社會仍然喜尚梅聖俞詩句，然而至元祐五年時梅堯臣的詩歌已不流行，惟有歐陽闢（字晦夫）頑固不化，自信確然。

事實上，在儒學世風的大環境裏，杜甫、韓愈不僅受到穆修、歐陽修的尊崇，而且也是林逋〔註30〕、王禹偁等白體、晚唐體詩人的偶像。學習杜甫、韓愈彼時已成北宋文人的共識。究其原因，是杜、韓的詩文「深於經術，其言多止於禮義」，又可「陶冶性靈、留連光景」（《濟水集》卷5《與侯謨秀才》），符合北宋士風道德和文學審美的雙重要求。其標準即如李復《又答耀州諸進士問》所謂「須講求義理的當，……義理若非，雖宏筆麗藻，亦非矣」（《濟水集》卷4）。這種偶像尊崇不僅是道德的，也是文學的，愛屋及烏或亦有之。在同一種話語體系下，只是有人會拘泥古化，有人卻能推陳出新。印刷文本在北宋中期的大量流行，爲那一時期的文人提供了共同的語境，而歐陽修、梅堯臣代表了那個時代的詩人，找到了學習杜甫、韓愈的文學秘訣，推動了新一代的詩風成形。正因爲歐陽修的詩歌無論在思想教化，還是在審美情感方面都

〔註29〕 歐陽闢，生卒年月不詳，字晦夫，宋代廣西靈川人。靈川首位進士。至和年間（1054～1056）曾從學於梅堯臣門下，深得梅稱讚。梅在贈別詩中有：「吾家無梧桐，安可久留鳳」之句。

〔註30〕 梅堯臣《林和靖先生詩集序》：「天聖中，聞寧海西湖之上有林君，……其譚道，孔、孟也；其語近世之文，韓、李也；其順物玩情爲之詩，則平澹邃美，讀之令人忘百事也。」

更加符合那個時代社會公共意識的選擇和要求，所以這樣的詩歌文本得到了官方和民間的優先印刷和傳播。

有些學者從「文以載道」的角度分析，認爲歐陽修一方面承認「道」對「文」的決定作用，有所謂「道勝者文不難而自至」(《答吳充秀才書》) 的說法；另一方面也反對過份偏激的主張，認爲「君子之所學也，言以載事而文以飾言，事信言文，乃能表見於後世 (《代人上王樞密求先集序書》)。最終得出結論——歐陽修「在以道統文這個基本原則上，他和當代的理論思潮是合拍的」〔註31〕。

事實上，古人對於詩歌的認識始終停留在「主體視角」層面，總是在言志 (社會)、緣情 (個體) 兩個維度上焦慮徘徊，詩歌終歸要表現什麼東西，爲外在倫理道德服務。要麼通過詩歌反映社會現實來明道言志，要麼就是有限度地宣洩情感。歐陽修作爲平民社會出身的士人，除了載道言志以外，對於詩歌無疑還有更多屬於普通人情感的寄託。程千帆認爲，歐陽修要求詩歌傳達人的情感，發揮諷諫作用，證據之一是歐陽修認爲「詩之作也，觸事感物，文之以言，善者美之，惡者刺之 (《詩本義·本末論》)」〔註32〕。在這樣的前提下，歐陽修等人也「維護了文學的存在權利，同時也維護了文學作爲一種藝術創作活動的價值」〔註33〕。我認爲，這樣的分析判斷雖然有一定道理，但總是在「道統文統」、「言志緣情」、「抒情教化」之間糾結徘徊，失之於「非黑即白」、「非好即壞」的幼稚與簡略。其實，歐陽修、梅堯臣等倡導出來的宋詩風氣，並非簡單以「溫柔敦厚」或「浮華淫靡」論處的，它還有更多值得斟酌的品味。

我們說過，歐、梅是在總結宋初詩歌的基礎上，規避白體、晚唐、西崑三派詩歌的缺陷發展出新的詩歌風貌。如果用圖像、畫面的方式來說明宋初三派詩歌，白體詩大多是用「寫實」的筆法描繪了詩人所見所想。如李昉贈賈黃中詩曰：「七歲神童古所難，賈家門戶有衣冠。七人科第排頭上，五部經書誦舌端。見榜不知名字貴，登筵未識管絃歡。從茲穩上青霄去，萬里誰能測羽翰」(《玉壺詩話》)。除了用「青霄」、「羽翰」，禽鳥翅膀比喻前途和才能外，能夠呈現我們眼前的就是賈黃中七歲舉童子狀頭及第的眞實情狀，讀者閱讀

〔註31〕 章培恒：《中國文學史》中冊，復旦大學出版社 2006 年版，第 330、342 頁。

〔註32〕 程千帆、吳新雷：《兩宋文學史》，上海古籍出版社 1991 年版，第 56 頁。

〔註33〕 章培恒認爲，「歐陽修所領導的文學變革雖有反對西崑體和駢文的一面，但它的核心問題，其實是怎樣使文學在建立完善的社會秩序方面起到更積極更實際的作用。」詳見《中國文學史》中冊，復旦大學出版社 2006 年版，第 343 頁。

不可能構建出任何超現實的圖像意境。晚唐派則是在現實的基礎上，努力通過語言選擇、視角取境的變化，體現出超出現實的理想境界。魏野《謝寇萊公見訪》詩曰：「驚回一覺遊仙夢，村巷傳呼宰相來」，描繪的是寇準到村裏拜訪魏野的情景，卻通過「遊仙夢」來映襯宰相拜訪的欣喜，只是並未明確「遊仙夢」到底是南柯夢，還是黃粱夢——即以模糊的夢境來引導讀者按自己的想像構建詩意圖像。同樣的例子，可以從魏野、寇準等晚唐派典型詩歌中找到。寇準詩曰：「日落汀洲一望時，愁情不斷如春水」（《追思柳惲汀洲之詠尙有遺妍因書一絕》）、「江南春盡離腸斷，蘋滿汀洲人未歸」（《江南春》），其中似乎隱藏有古詩十九首、南朝民歌「春草綿延」、「春水東流」的痕跡。

　　本來，西崑派詩人閱讀豐富，掌握了大量的文獻典故，應該能夠開拓出新的境界，但是他們卻如同那些刻意將繪畫技法用到極致，走向自我陶醉的偏狹畫匠，破碎地塗抹了各種各樣的色塊（語詞雕琢和典故），影響了受眾對畫面整體的感受，也就影響了詩歌審美境界的成形。如歐陽修評價西崑，「患其多用故事，至於語僻難曉。殊不知自是學者之弊」（《六一詩話》）。逆反其道，歐陽修始以文體爲對屬，「不用故事陳言而文益高」（《後山詩話》）。事實上，語言雕琢即爲審美過度追求，由此極易造成眞實程度的喪失。但是，話又說回來，如果將色彩、故事、技法用到恰當處，西崑體詩歌仍不失爲好詩。故元代方回評黃庭堅「夜聽疏疏還密密，曉看整整復斜斜」（《詠雪奉呈廣平公》）詩句，認爲此聯有「崑體之變，而不襲其組織。其巧者如作謎然，此一聯亦雪謎也。學者未可遽非之。」（《瀛奎律髓》卷21）

　　據《蔡寬夫詩話》記載，歐陽修與趙概同在中書任職，晚年告老各歸其所。趙概以八十歲高齡拜訪歐陽修於汝陰（穎上），「留劇飲逾月，縱遊汝陰而後返」。離別之時，歐公賦詩曰：「古來交道愧難終，此會於今豈易逢？出處三朝俱白首，凋零萬木見青松。公能不遠來千里，我病猶堪酹一鍾。已勝山陰空興盡，且留歸駕爲從容。」詩歌係自然眞情留露，又適時恰當地借用了《世說新語》中的「王徽之雪夜訪戴逵」的典故。從模糊處理的「遊仙夢」到有案可查的「雪夜訪戴」，既有詩人獨特的感受和意識，還有對已有書籍閱讀的梳理和借鑒，審美情趣亦躍然於詩。〔註34〕因爲歐陽修熟識《世說新語》

〔註34〕歐陽修平生喜與友人遊玩、飲酒，因此常留詩文留存。曾鞏《醒心亭記》載：
　　　　「滁州之西南，泉水之涯，歐陽公作州之二年，構亭曰『豐樂』，自爲記以見
　　　　其名之意。……凡公與州之賓客者遊焉，則必即豐樂以飲。或醉且勞矣，則
　　　　必即醒心而望。」

的故事，當詩情湧上心頭的時候，其清醒的理智仍能引導他的思維在「自我（歐陽修）與趙概」——「王徽之與戴逵」之間尋找彼此（橫向）的關聯。由此，作為讀者腦海中形成的圖像，詩歌恰當用典的結果其實是在詩歌原有情境畫面的基礎上，又拓展出另一層與之相關的圖像畫面，甚至是多重圖像畫面交織。這些畫面在詩人的文學主題構造下互有關聯，使讀者獲得如同「文學複義」的審美感受與玩味。從晚唐詩到歐、梅的平淡詩風，雖然表面上僅是典故、語詞的差異變化，但是深層卻隱藏著更多的原因，詩人創作對於印本閱讀及借鑒（依賴）的加深即是其中重要的原因之一。

圖 22

當年，鑒於杜甫詩歌用事難以注解，李復《與侯謨秀才》揣測說：「杜讀書多，不曾盡見其所讀之書，則不能盡注。今藏書之家甚少，有藏者不肯借人。嘗於一二家得其書目，亦少有異書。雖昔人常見之書，今已謂之僻書」（《潏水集》卷5）。其實，宋代藏書數量絕非唐人可比，然而歷經戰亂，以抄本流傳的書籍失散的緣故，宋人無法盡見唐人所讀書籍，異書、僻書絕跡，自然就不能盡曉杜詩用事。當然，宋代詩人也可以借助抄本閱讀，獲得相關的知識典故。但是，有了宋以前的異書、僻書失傳的教訓，印本的出現給異本書籍保留帶來福音，使得閱讀書籍的人群更加擴大，所閱書籍的品類和數量也極大豐富。印本流行擴大了借助書籍創作的作者群體，歐陽修之後像晚唐派那樣直接吟詠性情的詩人少了，將性情感受與閱讀感受結合起來的詩人愈發多了。加之，通過科舉入仕的文人，學問積累也勝過前人。於是，通過書籍的種類質量，尤其數量上的巨大差別，印本與抄本對於北宋詩歌的影響也由此體現。

三、北宋中後期，蘇軾、黃庭堅等人「踵歐公而起」（《桐江集·送羅壽可詩序》），詩風承前啟後，已具宋詩的基本風貌。民間坊刻熱衷刊行，傳播流布已非昔日能比。印本流布與詩人名氣累積的關係，由蘇、黃等人的集本刊刻與流布可窺一斑。

　　雖然宋初以白體和晚唐體為主導，但是由於印刷尚未興盛，官方雖大力推動經史子類書籍的刊刻，卻對詩文集本的刊印抑而不推，所以印本對於這一時期的詩風成形並沒有起到應有的作用。相關詩集作品，主要還是通過口傳、抄本進行傳播。魏野《草堂集》、林逋詩歌在宋代民間及海外的流傳。那時，高麗（雞林）和契丹使節出訪中原，私下也只是希望能抄一本詩集帶回國取悅君主，或者販賣獲利。因為當時魏野、林逋等人的詩集流傳量少，海外販賣僅一抄本便有萬利。於是，北宋前期，我們看到真正得到官方認可刊刻的宋人詩文，僅有徐鉉、宋真宗等少數集本，民間更集中在前人詩文集本的刊刻，如《韓昌黎集》、《薛許昌集》等。除了柳開《河東先生集》有大中祥符五年的張景刻本，其他北宋詩文集本的刊刻大都發生在北宋中後期或南宋時期。

　　按《北宋集部刊本表》、《北宋刊刻書目表》（集部）所示，這一時期，傳統的詩文集本如《陶靖節集》、《文選》、《李太白集》、《王右丞詩集》、《白氏文集》、《韋蘇州集》依然在官方或民間按慣例重印發行。至於本朝詩文集本的刊刻，主要分為以下兩種情況：

　　（一）文人隱士、儒生、僧侶等非官人士，如邵雍、林逋、契嵩、智圓，**他們的詩集印本多由民間刊刻，傳布相對穩定。**

　　事實上，由於中國長期處於官本位的集權社會，非官作者對於社會的影響力其實有限，所以他們的作品多由民間決定刊刻的數量和質量，這部份印本的出版情況我們並不完全掌握。如歐陽修《九僧詩》所說「近世有九僧詩，極有好句，然今人家多不傳。……今之文士未能有此句也」（《歐陽文忠公集》卷130）。《六一詩話》又說：「國初浮圖以詩名於世者九人，故時有集號《九僧詩》。今不復傳矣。……其集已亡，今人多不知有所謂九僧者矣」。僅從有限的事例看，非官文士因為在社會上名聲和影響所限，導致他們的文學印本傳播數量有限，結果是「其美者亦止於世人所稱數聯耳」（《溫公續詩話》）。由於作品持續流轉的時間和次數有限，以致並沒有出現可與蘇軾、黃庭堅頡頏的詩人。這部份在野詩人的創作成績與印本傳播之間的互動，由於遠離文化中心，失去了傳播優勢的他們對於北宋詩風嬗變並沒有起到至關重要的作用。

　　（二）作者兼有官員、文人的雙重身份，如蘇軾、黃庭堅、秦觀、張舜民等人，其詩文印本刊刻與傳播也會隨著政治褒貶的緣故，抑揚變化。

　　從總體上看，文臣詩文集本的刊刻傳播效果，明顯要遠高於民間非官人士的作品。嘉祐以後，先後步入仕途的蘇軾、黃庭堅等人政治地位穩固提高，來自京城、官場的傳播優勢以及蘇門學士的群體效應，使得他們的名聲到元祐三年知貢舉前後達到頂峰。隨之相應，他們的詩文集本開始在民間廣泛刊刻流行。在烏臺詩案、元祐黨禍期間，雖然舒亶等人狀告蘇軾所呈《續添錢塘集》印本以及四冊蘇軾詩文印本（《烏臺詩案・監察御史裏行舒亶箚子》）來自民間坊刻，蔡京等人的政治迫害也沒能阻止蘇黃詩文集本在民間版印發行。但是，由於政治的影響，蘇、黃等人詩文印本的購買、傳播情況明顯已大不如前。

　　總結而言，北宋中後期，朝野文士詩文印本刊刻流布的事實，說明印本傳播一方面與作者本人在社會朝野的影響力有關，這種影響力既有政治地位、事功累積的因素，也有文學成就的因素。如熙寧八年《司馬光集》得到刊刻，范純仁《序》曰：「樂道公之盛德，又因以勉之。」〔註35〕其社會影響是作者在政治、事功、文學等綜合因素凝成的結果。宣和五年七月，朝廷恐黨人思想流毒天下，「勘會福建等路近印造蘇軾、司馬光文集等，詔今後舉人傳習元祐學術以違制論。印造及出賣者同罪，著爲令。見印賣文集，在京開封府、四川路、福建路，令諸州軍毀板」〔註36〕。除了士大夫外，我不認爲民間讀者對於詩歌的政治教化有特別的、持久的興趣，相反民眾對於詩歌審美趣味的直覺興趣，要遠遠超過對詩學內涵的感悟。相比官方刻意的提倡，官方抑制而民間流行的印本，反而更能肯定蘇軾、黃庭堅的詩歌創作成績和發展方向，推動蘇門學士的詩文成爲天下人學習的典範。

〔註35〕　《司馬光集》是詩集，五卷以上，熙寧八年刊，司馬光尚在世，惜今已不存。詳見李豫：《司馬光集版本淵源考》，《山西大學學報》1991 年第 4 期，第 41 頁。
〔註36〕　《宋會要輯稿》第 165 冊《刑法二之八八》，中華書局 1957 年影印本，第 6539 頁。

第四章　唐宋文本差異與宋詩學問化

　　早期的印本，通常都是手寫上板雕刻。宋版書籍從表面上看與抄本沒有太大差別。假如書籍的每次抄寫皆源自宋代杜鼎升〔註1〕那樣高度負責、鮮有錯誤的抄手，那麼唐宋書籍也許僅是數量多寡的差別，並沒有質量上的區分。然而，人終究會疲勞犯錯，故唐宋書籍除了複製的效率和數量外，還表現為高質量印本可以確保書頁內容，不會因為多次傳抄而出現人為的舛誤錯漏。由此，印本進一步拓展了宋人書籍閱讀的種類和數量。

　　歐陽修《作詩須多誦古今詩》載：「作詩須多誦古人詩，不獨詩爾，其他文字皆然」（《歐陽文忠公集》卷 130）。若要多誦古今詩，須有各種詩歌集本的豐富供給。然而唐代書籍皆靠手抄，除了官方機構外，其餘供給是較難保障的。學問化的詩歌需要數量、質量兼優的書籍，這在抄本時代，對於普通文人尤其不易。

第一節　書籍抄本與韓柳詩歌創作

　　黃庭堅曾說：「自作語最難，老杜作詩，退之作文，無一字無來處，蓋後人讀書少，故謂韓杜自作此語耳。古之能為文章者，真能陶冶萬物，雖取古

〔註 1〕據《茅亭客話》：「杜鼎升字大峰，形氣清秀，雅有古人之風。鬻書自給。……嘗手寫孫思邈《千金方》鬻之。凡借本校勘，有縫拆蠹損之處，必黏背而歸之；或彼此有錯誤之處，則書札改正而歸之。……每寫文字，無點竄之誤，至卒方始閣筆。」昌熾案：《茅亭客話》，黃休復撰。其所紀述，自宋開寶訖於大中祥符而止。兩人（杜鼎升、程貴）在休復前，當為宋初人，且亦隱逸之流也。詳見（清）葉昌熾：《藏書紀事詩附補正》卷 1，上海古籍出版社 1989年版，第 19 頁。

人之陳言入於翰墨，如靈丹一粒，點鐵成金也。」(《答洪駒父書三首》) 若此言不虛，那麼可以設想堅持「詞必己出」(《南陽樊紹述墓誌銘》)、「陳言務去」(《答李翊書》) 的韓愈，必是閱讀了大量的書籍，積累了相當多的詩文「陳言」，才有可能做到「詞必己出」。

在《答李翊書》中，韓愈自述「學之二十餘年矣。始者非三代兩漢之書不敢觀，非聖人之志不敢存，處若忘，行若遺，儼乎其若思，茫乎其若迷。當其取於心而注於手也，惟陳言之務去，戞戞乎其難哉。其觀於人，不知其非笑之為非笑也。如是者亦有年，猶不改，然後識古書之正偽，與雖正而不至焉者，昭昭然白黑分矣，而務去之，乃徐有得也。當其取於心而注於手也，汩汩然來矣。」以韓愈「學之二十餘年」，既識古書正偽，又知「雖正而不至焉者 (達到完善)」。其「陳言務去」詩語創新的前提條件，即是二十餘年的書籍閱讀，「取之於心而注於手」，遷想而妙得。

至於韓愈學習的方法，則是「非三代兩漢之書不敢觀，非聖人之志不敢存」(《答李翊書》)。元和八年三月，韓愈借其弟子口吻說：「先生 (韓愈) 之於儒，可謂有勞矣。沉浸醲鬱，含英咀華，作為文章，其書滿家。上規姚姒，渾渾無涯；《周誥》《殷盤》，佶屈聱牙；《春秋》謹嚴，《左氏》浮誇，《易》奇而法，《詩》正而葩；下逮《莊》《騷》，太史所錄，子雲相如，同工異曲：先生之於文，可謂閎其中而肆其外矣」(《進學解》)。這樣看來，韓愈詩語創新的閱讀基礎是——取法虞、夏之書，周誥、《盤庚》、《五經》、《莊》、《騷》、《史記》，司馬相如、揚雄的作品，故「窺陳編以盜竊」(《進學解》)，且「無書不讀，然止用以資為詩」(《登封縣尉盧殷墓誌》)〔註2〕。

從這張書籍榜單看，韓愈完全否定了魏晉以來的文學作品，其書籍取法範圍囿於先秦兩漢經書、諸子書、史書、楚辭及某些漢賦，而非魏晉以來律詩、駢文。這種刻意迴避律詩的說法，恰是因為律詩的形式歷經初盛唐科舉的鼓勵，早已成為不須特別記憶、條件反射式的模式。所以，韓愈的否認並不在於詩歌作品本身，而是負載其上的社會功能。因為韓愈尊儒重道，認定「儒道」的傳承順序是：唐堯→→虞舜→→大禹→→商湯→→周文王、周武王、周公→→孔子→→孟軻。此後，儒道雖傳至荀子、揚雄，但是已是「擇焉而不精，語焉而不詳」(《原道》)。韓愈此種「諸人之所取，乃昭明所不選。」

〔註 2〕 （唐）韓愈：《韓愈文集校注》，馬其昶校注，馬茂元整理，上海古籍出版社 1986 年版，第 365 頁。

《揚州隋文選樓記》）〔註3〕的閱讀，依重的是正統經史書。至於韓愈看重屈原、司馬相如和揚雄三人的賦文，乃是因爲他們的文字以新鮮奇幻取勝，更符合韓愈「惟陳言務去」這類既守道又創新的標準，更有利於語言形式上的技巧革新和創造。因此，閱讀選擇了某類書籍，就等於接受了某種思想的啓發和影響。顯然，屈原、司馬相如、揚雄的作品帶給韓愈更多的是超越經史，「立異標新」的古勁思維和用語習慣。

圖 23

　　貞元十一年，韓愈中進士十三名上書宰相，未獲知遇，以《感二鳥賦》抒懷，「大抵多有取於《離騷》之意」。近代古文名家桐城馬其昶注曰：「此篇蘇子美亦謂其悲激頓挫，有騷人之思，疑其年壯氣銳，欲發其藻章，以耀於世。蘇語少貶，然《進學解》所云不虛矣。」〔註4〕所謂《進學解》所言不虛，是指韓愈努力學習屈原騷賦確爲事實。按柳開的說法，二鳥實爲暗諷當時釋、道興盛，而儒道遇冷的事實（《韓文公雙鳥詩解》）。〔註5〕貞元十三年，韓愈以疾辭官離開汴州時，又有《復志賦》。馬其昶注曰：「此賦句法步驟《離騷》，往往相似。晁無咎嘗取此賦於《變騷》。」〔註6〕由此可見，早在貞元八年（792）中進士前後，韓愈便已學習取法屈原。至元和八年間（813），其過程已持續二十餘年。雖然如此，韓愈所謂「詞必己出」的過程依然艱難，因爲詩文創新不僅需要構建起「陳言務去」的思維，而且總要忍受所謂「其觀於人，不知其非笑之爲非笑」（《答李翊書》）的尷尬。若沒有更好的傳播助力以及志同道合的群體呼應，革新者往往需要孤獨堅持若干年，才有成就的可能。

〔註3〕（清）阮元：《叢書集成初編‧揅經室二集》卷2，鄧經元點校，中華書局 1985 年版，第 365 頁。

〔註4〕（唐）韓愈：《韓愈文集校注》，馬其昶校注，馬茂元整理，上海古籍出版社 1986 年版，第 1 頁。

〔註5〕吳文治：《宋詩話全編》第 1 冊，鳳凰出版社 1998 年版，第 59～61 頁。

〔註6〕（唐）韓愈：《韓愈文集校注》，馬其昶校注，馬茂元整理，上海古籍出版社 1986 年版，第 4 頁。

　　若我們還原當年的情形，韓愈所讀的主要是《五經》、屈原《楚辭》、《莊子》、《史記》、司馬相如賦、揚雄賦等抄本書籍。以當時抄本之難得可貴，韓愈的書籍來源並不簡單。除了抄寫、購買、朋友借閱，主要還與其貞元、元和年間，任職四門館博士、國子監博士以及史館修撰等職務有關。李翱說：「其為國子祭酒也，奏儒生為學官，日使會講。生徒多奔走聽聞，皆喜曰：『韓公為祭酒，國子監不寂寞矣。』」（韓愈《國子監論新注學官牒》有小注）〔註7〕因為有條件閱讀到國子監、史館秘閣等相當數量的抄本圖書，韓愈的詩文革新見解才能產生於這一時期。季鎮淮考證，認為《師說》即撰寫於貞元任職國子監年間。唐德宗貞元十八年，「這年韓愈三十五歲，剛由洛陽閒居進入國子監，為四門學博士，這是一個『從七品』的學官。但他早已有名。」正是從這時開始，「他（韓愈）所提倡和不斷實踐的古文運動，在那一兩年內，正走出少數愛好者的範圍，形成一個廣泛性的運動，他儼然成為這個運動的年輕的領袖」〔註8〕。

　　同樣，柳宗元的文學成就也與書籍閱讀有關。《舊唐書本傳》記載，柳宗元出生官宦貴族家庭，其父柳鎮曾任太常博士、侍御史等職。門第書香的成長環境，柳宗元年輕時「雋傑廉悍，議論證據今古，出入經史百子，踔厲風發，率常屈其座人」（《柳子厚墓誌銘》）。與韓愈早年身處偏僻落寞，柳宗元早年長期生活在京師，享有信息和書籍的優遇。故韓愈《柳子厚墓誌銘》記載柳宗元「以博學宏詞授集賢殿正字」，似乎有意將其官職與學問聯繫起來。貞元十四年，柳宗元登科後，受命為集賢殿書院正字。「正字」是從九品上的小官，負責校理經籍圖書。這段時間，柳宗元「遊鄉黨，入太學，取禮部吏部科，校集賢秘書，出入去來，凡所與言，無非學者，蓋不啻百數」（《送賈山人南遊序》）。柳宗元在京師生活了三十三年，「弱冠遊玄圃，先容幸棄瑕。名勞長者記，文許後生誇」（《同劉二十八述舊懷言》）的詩句，證實了他當年的生活狀態。集賢殿是唐代官方藏書、校書的重要場所，收藏的圖書多達 53915 卷，其中唐朝學者的著作就有 28469 卷。當時集賢殿所有的書籍都抄寫正、副兩份，分別收藏在長安、洛陽的集賢書院。撇開柳宗元的家庭閱讀不提，集賢殿的書籍涉

〔註7〕　（唐）韓愈《國子監論新注學官牒》下有小注，見《韓昌黎文集校注》，上海古籍出版社 1986 年版，第 636 頁。
〔註8〕　季鎮淮：《韓愈〈師說〉的思想和寫作背景》，《語文學習》1959 年第 9 期，第 16 頁。

獵，兼與京都上百位學者的直接交流，對於柳宗元的影響不容置疑。由此可證，在太學、集賢殿、禮部的這段時間，柳宗元不僅完成一生中最豐富的學問積累，也爲後來的文學創作奠定了基礎。

考察《柳宗元集》中的文章，也可證實柳宗元對於「經史百子」的熟識。其《貞符・序》曰：「臣爲尚書郎時，嘗著《貞符》」，貶永州後又說「臣幸以罪居永州，⋯⋯小閒，又盜取古書文句，聊以自娛」〔註9〕，撰有《唐鐃歌鼓吹曲十二篇》。《答問》中，柳宗元模仿《答客難》，自稱「僕少嘗學問，不根師說，心信古書」。《六逆論》、《晉文公問守原議》、《桐葉封弟辯》，證明柳宗元對於《左傳》的熟悉和思考；《辯列子》、《論語辯》、《辯鬼谷子》、《辯晏子春秋》、《辯亢倉子》、《辯鶡冠子》等文章，則證實柳宗元「出入經史百子」的說法並非虛言。因爲《莊子》、《列子》、《管子》相對常見，也是唐代敦煌抄本中較爲常見的子書，但是《亢倉子》、《鶡冠子》、《汲冢周書》〔註10〕這類書籍，若非藏家寶貯，必爲官家秘府之書。

宋人郭熙評價：「柳子厚善論爲文」《林泉高致》。黃庭堅不僅稱讚「柳子厚《晉問》擬枚乘《七發》」，有「文章之美」《跋韓退之送窮文》，甚至說「文之弊已久，自柳河東、王黃州、孫漢公輩相隨而亡，世無文公儒師，天下不知所準的」《與裴員外書》。從《封建論》、《守道論》、《時令論》等文章，可以看到柳宗元的書籍閱讀常帶著「問題意識」，伴隨著積極的理性思考，落實到創作中就是超出常人的思維與見諦。

據文獻資料記載，柳宗元任職禮部員外郎時，曾針對武后時期陳子昂的《復仇議狀》表達自己的異議。在《駁復仇議》文章中，柳宗元表現出來的理智和學識，與陳子昂有很大不同。《復仇議狀》講述了這樣一椿案例：武后時期，同州下邽人徐元慶的父親被縣尉趙師韞殺了。爲報父仇，徐元慶又把趙師韞給殺了，然後到官府自首請罪。

對於這樣的案例，陳子昂呈上議狀向皇帝諫言，主張殺人犯法，應處死罪，而報父仇卻合於禮義，應予表彰。在《駁復仇議》中，柳宗元對陳子昂的觀點予以批駁，認爲這種處理意見不但賞罰不明，而且自相矛盾。柳宗元說：

〔註9〕　（唐）柳宗元：《柳宗元集》（第一冊），中華書局 1979 版，第 13 頁。據統計，《柳河東全集》的 540 多篇詩文中，有 317 篇創作於永州。

〔註10〕　（唐）柳宗元：《柳宗元集》（第一冊），中華書局 1979 版，第 24 頁。《唐鐃歌鼓吹曲十二篇》：「如周王會書，永永傳無窮。」按：《汲冢周書》第 59 篇名《王會》。

　　　　　旌與誅莫得而並焉。誅其可旌，茲謂濫，黷刑甚矣；旌其可誅，

　　　茲謂僭，壞禮甚矣。果以是示於天下，傳於後代，趨義者不知所以

　　　向，違害者不知所以立，以是爲典可乎？（《駁覆仇議》）

柳宗元的意思是：「表彰與處死不能同施於一人。處死可以表彰的人，這就是亂殺，就是濫用刑法。表彰應當處死的人，這就是過失，這會極大地破壞禮義。如果以這樣的處理方式作爲今後施行法律的原則，後果不堪設想。因爲這不僅導致追求正義的人失去前進的方向，而且會讓那些遵法且力避法律加身的百姓，今後不知怎樣處事立身。」

　　意大利哲學家維柯曾說：「推理力愈薄弱，想像力也就成比例地愈旺盛。」〔註 11〕理性思辨能力與個人的經驗、學問關係密切。學問和經驗累積的人，其推理能力越強。相反，不諳世事，沒有經驗或學問的人，也就無所謂推理。因爲沒有過多現成的框架、成見，其想像力越不受束縛，天馬行空。通過陳、柳二人針對同一案例的不同見解，我們清楚地看到柳宗元倚重學問，對於儒家的「禮義」卻有自己理性的、辯證的思考。

　　考察《柳宗元集》的詩賦篇什，《解崇賦》、《夢歸賦》、《閔生賦》呈現出作者對楚辭的深度模仿。除了《江雪》、《溪居》、《漁翁》這類短詩，柳宗元的古、近體詩歌往往會融入《論語》、《左傳》、《史記》，以及《莊子》、《山海經》、東方朔《十洲記》等經史子書的典故。可以設想，若沒有相應的抄本閱讀，柳宗元不可能寫出這樣的詩歌。

　　只是在唐代，類似韓愈、柳宗元那樣任職京城，擁有奢侈閱讀機會的，並非人人能有。像虞世南那樣的博學，坐擁《北堂書鈔》、《藝文類聚》等類書〔註 12〕，也不是一般文人所能夠。雖然《北堂書鈔》、《初學記》這類書籍，本就是爲方便讀者尋找創作素材而編纂的，但是在抄本時代，這樣大部帙的類書，普通讀書人顯然不可能擁有。反而是《切韻》、《唐韻》、《玉篇》等韻書，才更貼近詩人的桌案。因此，《滄浪詩話》說：「本朝人尚理而病於意興，唐人尚意興而理在其中」。抄本有限，唐人多憑感興作詩，而非以學問入詩。

〔註 11〕　〔意〕維柯：《新科學》上冊，朱光潛譯，商務印書館 1989 年版，第 115 頁。

〔註 12〕　「類書」的定義是——「古籍中輯錄各種門類或某一門類的資料，按照一定的方法加以編排，便於尋檢、徵引的一種工具書。」類書是中國古代的百科全書，其編製方法係按類彙編群書，即將當時能搜集到的所有書中的內容拆散，重新按類或主題進行編排，以便需要時能快速地查到。因爲其主要是按類編排的，所以被稱之「類書」。明清時期，也有少數類書是按韻目進行排檢。唐代類書的出現，大大方便了作詩者，從中尋找語詞、典故，有利於唐代詩歌的普及與發展。

當然，唐代詩人也並非都以感興寫詩，故嚴羽遂將盛唐、晚唐詩人加以區別，認爲二者除了個體與時代的差異，更有閱讀的差異。以晚唐詩人所處時代，除南朝以來所傳的詩歌，晚唐詩人還有李杜、元白詩集傳抄，其閱讀借鑒也多於盛唐詩人。

司馬光《馮亞詩集序》載曰：「文章之精者，盡在於詩。觀人文徒觀其詩，斯知其才之遠近矣」（《溫國文正司馬公文集》卷64）。關於作詩，錢鍾書也說：「『持其情志』，可以爲詩；而未必成詩也。藝之成敗，繫乎才也。」何謂「才」？錢鍾書引趙雲松《論詩》曰：「此事原知非力取，三分人事七分天。」〔註13〕按此說法，作詩有七分靠天賦，三分則源於人生的閱歷，這閱歷的來源既有人生直接踐行，還有書籍閱讀或其他消息攝入。當然，最根本的還要詩人具有面對這些「經驗」、「閱歷」時思考的頭腦。僅僅一個「才」字，既囊括了靜態的知識累積，又是創作時動態思維（詩歌構造能力）的過程。將這些過程細化，可以知道唐人作詩依靠的是：**基本學問**（科舉所需經史等知識）+**人生踐行閱歷**（表象累積記憶）+**思維能力**（「感興」造詩的能力）。由於科舉僅限於基本經史書籍，勢必造成多數唐人並沒有韓愈、柳宗元那樣豐富的知識儲備。如晚唐韓定辭《答馬或》詩曰：「崇霞臺上神仙客，學辨癡龍藝最多。盛德好將銀筆述，麗詞堪與雪兒歌。」座內賓客驚訝其妙句，然皆不知「銀筆」、「雪兒」來歷。韓定辭答曰：「昔梁元帝爲湘東王時，好學著書，常記錄忠臣義士及文章之美者。筆有三品，或以金銀雕飾，或用斑竹爲管。忠孝全者用金管書之，德行清粹者用銀筆書之，文章瞻麗者以斑竹書之。故湘東之譽，振於江表。雪兒者，李密之愛姬，能歌舞，每見賓僚文章有奇麗入意者，即付雪兒叶音律以歌之」（《北夢瑣言·逸文》卷2）。由此可見，抄本只給了韓定辭知曉前朝故事的幸運，卻普遍局限了賓客對於詩中「典故」的理解。

宋代「刊刻已行，流傳甚易」，「宋人文集說部皆十倍於唐人，非止經說」〔註14〕。客觀上，以較低門檻給予普通文人，甚至給平民更多閱讀機會。因有印本之盛，蘇軾感慨「今之學者有書而不讀爲可惜也」（《李氏山房藏書記》）。這也使得宋代文人具有「掉書袋」的創作條件。而以蘇軾、黃庭堅等北宋文人正是經由這樣的門檻，實現了韓、柳在唐代需要地位、機緣，才能獲得的傍書創作機會。

〔註13〕 錢鍾書：《談藝錄》，生活、讀書、新知三聯書店2007年版，第107頁。
〔註14〕 （清）皮錫瑞：《經學歷史》，周予同注釋，中華書局1959版，第280頁。

第二節　印本傳播與宋詩學問

范鎮《東齋記事》（卷 4）載曰：「人家置博弈之具者，子孫無不爲博弈。藏書者，子孫無不讀書」。歐陽修少時家貧，州南有李氏大姓者，家有藏書，其子堯輔頗好學。歐陽修嘗於李家見蜀本《昌黎先生文集》六卷，因乞以歸。多年以後，功名成就的歐陽修已藏書萬卷，獨韓集仍爲舊物，感慨不已（《書舊本韓文後》）。〔註 15〕宋代士人鮮有貴胄，在印本普及之前，想閱讀大量書籍確爲難事。那時文人多出下層，以讀書博取功名，改變命運。

黃庭堅早年喪父，其集中接觸書籍的時機，大概有三段：一是喜歡藏書的舅父李常給少年時的黃庭堅提供了書籍大量閱讀的機會；二是在大名府國子監任職期間，黃庭堅閱讀到國子監的書籍；三是元祐任職京城期間，依託京都，書籍更爲豐富。《豫章先生傳》記載，黃庭堅少時「從舅尙書李公公擇學，公擇嘗過家塾，見其書帙紛錯，因亂抽架上書問之，無不通，大驚，以爲一日千里也」〔註 16〕。據黃庭堅年表，這段時間大概在嘉祐四年以後。彼時父親黃庶已逝，黃庭堅從舅父李常遊學淮南。〔註 17〕嘉祐六年，黃庭堅十七歲時曾作詩《清江引》。詩末注云：「趙伯山《中外舊事》云，先生少有詩名，未入館時在葉縣、大名、德州德平，詩已卓絕，後以史事待罪陳留，偶自編《退聽堂詩》，初無意盡去少作……。」〔註 18〕按照注文，在大名府任職前，黃庭堅詩歌就已有聲名。

李常是著名的藏書家，嗜愛讀書。《澠水燕談錄》（卷 9）記載：「李尙書公擇，少讀書於廬山五老峰白石庵之僧舍，書幾萬卷。公擇既去，思以遺後之學者，不欲獨有其書，乃藏於僧舍。其後，山中之人思之，目其居云李氏藏書山房，而子瞻爲之記。」由此，學者程千帆認定，黃庭堅「舅父李常也是詩人，而且是有名的藏書家；兩位岳父孫覺和謝師厚也是積學知名之士。在這樣的環境中，他從小就博覽群書，三教經典以及小說雜書無所不讀。」〔註 19〕黃庭堅作詩，也「自謂得句法於謝師厚」（《艇齋詩話》）。治平三年，黃庭

〔註 15〕　《歐陽文忠公集》卷 73；又見洪邁《容齋續筆》卷 9。
〔註 16〕　（宋）黃庭堅：《黃庭堅全集輯校編年》下冊，鄭永曉整理，江西人民出版社 2008 年版，第 1714 頁。
〔註 17〕　同上，第 1730 頁。
〔註 18〕　（宋）黃庭堅：《黃庭堅全集輯校編年》上冊，鄭永曉整理，江西人民出版社 2008 年版，第 3 頁。
〔註 19〕　程千帆、吳新雷：《兩宋文學史》，上海古籍出版社 1991 年版，第 203 頁。

堅也以詩自誇道：「身入群經作蠹魚，斷編殘簡伴閒居。不隨當世師章句，頗識揚雄善讀書。」《讀書呈幾復二首》雖然《李氏山房藏書記》撰寫時間有「熙寧九年」（1076）、「元豐七年」（1084）的分歧，但是「市人轉相摹刻諸子百家之書，日傳萬紙，學者之於書，多且易致如此」的記載，也說明李常藏書中有相當一部份是印本書籍。

　　儘管有印本的優勢，宋人籠罩在唐詩的影子裏，卻也遭遇「守成」、「開闢」的歷史挑戰。錢鍾書說，有唐詩作榜樣既「是宋人的大幸，也是宋人的大不幸」。原因是「看了這個好榜樣，宋代詩人就學了乖，會在技巧和語言方面精益求精」。但是，「他們也會偷起懶來，放縱了摹仿和依賴的惰性。」〔註20〕一則宋人會「沉沒在文字海裏」，另一則他們也會「像李逵假浪水，探頭探腦地掙扎」〔註21〕看現實。然而，「凡作詩平居須收拾詩材以備用」〔註22〕，因有閱讀假借的便利，宋人更多「從古人各種著作裏收集自己詩歌的材料和詞句，從古人的詩裏孳生出自己的詩來，把書架子和書箱砌成了一座象牙之塔，偶而向人生現實居高臨遠地憑欄眺望一番」〔註23〕。擁有印本，佔有書籍的文人士子愈多，借用或竊取的情況也就愈多。從而，也導致「內容就愈來愈貧薄，形式也愈變愈嚴密。偏重形式的古典主義發達到極端，可以使作者喪失了對具體事物的感受性，對外界視而不見，恰像玻璃缸裏的金魚，生活在一種透明的隔離狀態裏。」〔註24〕

　　當然，「同樣的話語也可能教出些很不同的想法」〔註25〕。同樣的社會環境下，每個人走入貧薄的原因也並不相同。據說北宋李復為了做美官，幼時便學聲律偶儷之文（《潏水集》卷4《答彭元發書》）。作為宋代士人群體而言，造成「貧薄」的緣由是他們專力於科舉，心無旁騖地紮進經籍中。據《東軒筆錄》（卷12）記載，歐陽修年輕時迫於科舉壓力，也寫過官韻詩文。反倒是中舉後，

〔註20〕錢鍾書：《宋詩選注·序》，生活·讀書·新知三聯書店 2007 年版，第 11 頁。
〔註21〕同上，第 14 頁。
〔註22〕（宋）唐庚、強行父《唐子西文錄》載：「凡作詩，平居須收拾詩材以備用。退之作《范陽盧殷墓誌》云『於書無所不讀，然止用資以為詩』是也。詩疏不可不閱，詩材最多，其載諺語，如『絡緯鳴，懶婦驚』之類，尤宜入詩用。」詳見（清）何文煥：《歷代詩話》上冊，中華書局 1981 年版，第 447 頁。
〔註23〕錢鍾書：《宋詩選注·序》，生活·讀書·新知三聯書店 2007 年版，第 14 頁。
〔註24〕同上。
〔註25〕王小波：《王小波全集》第 7 卷《沉默的大多數》，譯林出版社 2012 年版，第 3 頁。

才逐漸擺脫科舉的束縛，開始注重生活的閱歷和感受。然而，「假借」、「孳生」的痕跡依然可尋。至和二年冬，歐陽修賀契丹新君登位，《奉使道中作》詩曰：

客夢方在家，角聲已催曉；

忽忽行人起，共怨角聲早。

馬蹄終日踐冰霜，未到思回空斷腸。

少貪夢裏還家樂，早起前山路正長。

歐陽修《溫庭筠嚴維詩》載曰：「余嘗愛唐人詩云『雞聲茅店月，人跡板橋霜』，則天寒歲暮，風淒木落，羈旅之愁，如身履之」（《文忠集》卷130）。此詩顯然就有溫庭筠《商山早行》的影子。同樣是離鄉遠行人晨起趕路，雖然詩歌句式由五言轉七言，「客夢方在家，角聲已催曉」與「晨起動徵鐸，客行悲故鄉」相比，形象和情感弱了許多。而「忽忽行人起，共怨角聲早。馬蹄終日踐冰霜……早起前山路正長」，也明顯遜色於「雞聲茅店月，人跡板橋霜」濃縮厚重的淒涼，即如歐公《郊島詩窮》所說「羈孤行旅，流離辛苦之態，見於數字之中」（《文忠集》卷130）。這首詩雖然借鑒前人，然而明顯不如歐公「春風疑不到天涯，二月山城未見花」（《戲答元珍》），直接抒寫自己感受的詩句更有感染力。

關於《戲答元珍》這首詩，歐陽修最初的創作思路（構架），只為安慰同樣貶謫夷陵的同僚友人丁寶臣（字元珍）。然而，歐陽修寫出來，詩歌的肌質（審美性）卻突破了原先的創作構架。次聯「殘雪壓枝猶有橘，凍雷驚筍欲抽芽」，選擇了夷陵（宜昌）二月最有特色的景物描寫。如果僅是構架，無論詩人寫什麼，只要能傳達安慰同僚的意思就可以了。但是歐陽修偏要選擇此前沒有，別處沒有的「殘雪有橘」、「凍雷驚筍」〔註26〕，來突破原有的構架。由此，也應證了英國學者蘭色姆所說的「肌質盡力擺脫構架的束縛，使得作品更有魅力」〔註27〕。總結起來，歐陽修能寫出這樣的詩，還是因為貶謫傷懷，突破了慣常的學問思維，有了觸景生情的感受。

類似的突破，在許多貶謫詩人身上都曾有應驗。只是對多數宋人而言，詩歌仍可借印本之便，從書本中模仿學來。他們或者如「西崑體那樣認準了

〔註26〕 宋仁宗景祐三年（1036）五月，歐陽修降職為峽州夷陵（今湖北宜昌）縣令，次年，朋友丁寶臣（元珍）寫了一首題為《花時久雨》的詩給他，歐陽修便寫了這首詩作答。宜昌是著名橘鄉，農曆二月宜昌橘枝上猶有冬天的積雪。可是，春天畢竟來了，枝椏上留的不過是「殘雪」而已。宜昌又是著名的竹鄉，那似乎還帶著冰凍之聲的第一響春雷，將地下冬眠的竹筍驚醒。

〔註27〕 朱立元：《當代西方文藝理論》，華東師範大學出版社2005年版，第107頁。

一家打劫」，或者「像江西派那樣挨門排戶大大小小人家都去光顧」〔註28〕。儘管《奉使道中作》一詩，歐陽修只打劫了溫庭筠，而更多人卻是學黃庭堅打劫了多家古人。〔註29〕

　　關於「打劫」的緣由，既有品德和能力的問題，也有「宋人生唐後，開闢真難爲」（蔣心餘《忠雅堂詩集》卷13《辯詩》）的無奈。當然，也有一些「打劫」，是因爲詩人想構建的詩歌圖像與古人詩歌相似。自有「雞聲茅店月，人跡板橋霜」（《商山早行》）名句，後世不乏仿作者。韋居安評價道「早行詩，前輩多佳作。近世如楊秀詩：『霧外江山看不真，只憑雞犬認前村。渡頭蒲板霜如雪，印我青鞋第一痕。』……詩意高遠」（《梅磵詩話》卷下）。韋居安認爲這不算是「打劫」，只是由於楊秀看到鄉村景色與溫庭筠昔日所見大同小異。黃庭堅《次韻蘇公西湖徙魚》「枯魚雖泣悔何及，莫待西江與東海」兩句，顯然是樂府詩《枯魚過河泣》與蘇軾西湖徙魚的情狀類似。

　　當年，蘇軾有詞曰：「試問嶺南應不好？卻道，此心安處是吾鄉」。原以爲源自王定國歌兒柔奴「此心安處，便是吾鄉」的答語。宋人看書，識得「此語本出於白樂天，東坡偶忘之」。又或是東坡讀書多，忘了出處，以爲佳句乃自己索得。其實，白居易《吾土》詩云：「身心安處是吾土，豈限長安與洛陽」；又，《出城留別》詩云：「我生本無鄉，心安是歸處」；《種桃杏》詩云：「無論海角與天涯，大抵心安即是家」（《憂古堂詩話》）。這些證據，說明蘇軾已將柔奴的回答與白詩做了聯結，最終構造了與白詩「似曾相識」的詩語。大概是「前人爲開其端，而物景又在其目」，「因謂不意平生想見而不能道，以言者乃爲已有，於是益欲希其彷彿」（《文忠集》卷73《題青州山齋》）。然而，一旦學問成了負擔，「活法」便難免匱乏。據說，詩僧惠崇多剿竊詩句，乃致「緇弟作詩嘲之云：『河分崗勢司空曙，春入燒痕劉長卿。不是師兄多犯古，古人言語犯師兄』」（《體泉筆錄》卷上）〔註30〕。而寇準「年十九進士及第，初知巴東縣，有詩

〔註28〕錢鍾書：《宋詩選注・序》，生活・讀書・新知三聯書店2007年版，第19頁。
〔註29〕黃庭堅雖然看重書本材料，但是反對完全套用前人的陳辭濫調。譬如「用典」，黃庭堅更喜歡從冷僻的書籍中引用，對於大眾熟悉的典故，則儘量出人意料地化用。
〔註30〕按：嘲笑者是與惠崇同爲北宋九僧之一的閩僧文兆。文瑩《湘山野錄》（卷中）載：「宋九釋詩惟惠崇師絕出。嘗有『河分崗勢斷，春入燒痕青』之句，傳誦都下，籍籍喧著。餘緇遂寂寥無聞，因忌之，乃厚誣其盜。閩僧文兆以詩嘲之，曰：『河分崗勢司空曙，春入燒痕劉長卿。卿不是師兄偷古句，古人詩句犯師兄。』又，劉攽《中山詩話》以爲嘲笑者是惠崇的弟子。

云：『野水無人渡，孤舟盡日橫。』又嘗爲《江南春》云：『波渺渺，柳依依，孤村芳草遠，斜日杏花飛。江南春盡離腸斷，蘋滿汀洲人未歸。』」（《溫公續詩話》）顯然，寇準的第一首詩源自韋應物「野渡無人舟自橫」，而《江南春》又有溫庭筠「過盡千帆皆不是，斜暉脈脈水悠悠，腸斷白蘋洲」（《夢江南》）的痕跡。因此，文瑩評爲「深入唐人風格」（《湘山野錄》卷上）。由此總結而言，眞正優秀的打劫，其實是崔鷗「但多讀而勿使」（《泊宅編》卷9）的方式，講究廣泛閱讀後，又觸景生情，不露痕跡地化用前人。

　　根據瑞恰茲的見解，語詞（符號）與所指客體之間存在著一種轉嫁關係，即兩者之間並沒有一種直接的或必然的聯繫，它們的關係是約定俗成的。在特定語境裏，這些語詞符號的意義往往「有著多重性」，呈現出文學精妙複雜的複義現象。〔註31〕這樣一來，某些「約定俗成」的關係就有可能源於以往文學經典建構起來的語詞與所指客體的關係，特別指向某些相對固定的意義。而且作者料定，這樣搭建起來的語詞，讀者通過閱讀想像，必然會獲得某些約定俗成的象徵意義。〔註32〕由此，「約定俗成」就是詩歌象徵、隱喻的前提。譬如，李白「浮雲游子意，落日故人情」（《送友人》）與古詩「浮日蔽白日，游子不顧反」（《行行重行行》）關聯，就有了「傷別離」（《雨霖鈴》）的意謂。於是，當詩人使用語詞與自己表述的思想相聯繫時，他們就有可能受到社會和心理因素的影響。這裡影響自然也包括了某些「約定俗成」的意義和象徵。如「楊柳依依」（《詩經·采薇》）與「鬱鬱園中柳」（《青青河畔草》）、「楊柳岸曉風殘月」（《雨霖鈴》），「楊柳」在各自詩句中，都有「別離苦」、「挽留人」的意謂。其中「今宵酒醒何處？楊柳岸曉風殘月」，日常話語的意思是——「今宵酒醒在什麼地方？或許在船上，岸邊都是楊柳，曉風吹拂酒醒。一輪殘月掛在天上，卻似掛柳梢。」然而，在柳永詞中，話語符號的意義還不止於此。其深層意思是：「不忍與朋友相別，楊柳、曉風、殘月，都代表你我離別的心緒——挽留、不捨、失落，淒涼」。正如艾柯所謂，雖然不同讀者可能導致不

〔註31〕朱立元：《當代西方文藝理論》，華東師範大學出版社 2005 年版，第 95～97頁。

〔註32〕法國學者利科認爲，因爲文學文本所使用的語言是不同於一般語言的「話語」，話語的基本特徵就是一詞多義和具有寓意功能，它構成了文學文本象徵和隱喻的基礎。……他還認爲，對於文學文本中象徵所創造的意義，只能從字面和直接意義出發，經過想像才能獲得，想像的世界也就是作品的世界。理解者在想像中參與了作品意義世界的創造。詳見朱立元：《當代西方文藝理論》，華東師範大學出版社 2005 年版，第 274 頁。

同的解釋，但是這類的古詩作品「有與相應審美經驗配套的世界觀」〔註33〕。由此，當詩人有更多的文本閱讀，前人作品傳承有序，「約定俗成」的社會影響更豐富，「打劫古人」就不再是某些個人的行為，而更多成為一種社會現象。因為科舉事關功利，印本又如此方便使用，即如今天網絡搜索如此便利，不試著「打劫」一下，似乎怎麼也說不過去。

按方回《送羅壽可詩序》載：「宋剗五代舊習，詩有白體、崑體、晚唐體」（《桐江續集》卷32）。「以時代而論，則白體為先導，風行於太祖、太宗朝；自太宗後期至真宗時，出現了晚唐派；真宗景德年間，西崑體開始興起，其聲勢達於仁宗朝」〔註34〕。就宋詩發展而言，因為閱讀的緣故，西崑體詩人更注重書籍的借鑒。宋初白體詩人中，儘管不乏徐鉉、李昉這樣的飽學之士，但是「流易有餘而深警不足」（《四庫全書總目》下冊卷152《騎省集》）、「詩務淺切」（吳處厚《青箱雜記》卷1），卻也應證白體詩「其語多得於容易」（《六一詩話》）的說法。晚唐體詩人「喜作五律，崇尚白描，少用典故，但並不忽視鍊字鍊句，……由於苦吟，所以常有沁人心脾的佳句，而且往往在兩聯句上見出工夫」〔註35〕。原因是他們「大抵皆宗賈島輩，謂之賈島格，而於李、杜特不少假借」（《蔡寬夫詩話》）〔註36〕。「假借」的說法，也說明晚唐體詩人對於李、杜多有借鑒。而「九僧」的詩風除了「受賈島的影響外，王維、孟浩然和劉長卿諸家對他們的先導作用也是明顯的」〔註37〕。

五代以藩鎮主事，文事難興。社會動盪，書籍匱乏，導致那時文人的文化水平普遍不高，詩風也以「淺易」為主。一旦天下太平，社會繁榮，兼有科舉與印本的推動，宋詩由淺易樸實的白體轉向講究學問典故的晚唐、西崑，也是宋詩發展的必然。以楊億、劉筠、錢惟演為代表的西崑詩人，「整天在秘閣裏鑽故紙堆，書本知識和辭章修養當然遠遠超過晚唐五代的一些亂世文人」，他們的詩歌「崇尚精麗繁縟詩風，追求用典的貼切，屬對的工巧，音節的和婉，以師法李商隱為主，兼學唐彥謙」〔註38〕。對「用典」、「屬對」貼

〔註33〕 朱立元：《當代西方文藝理論》，華東師範大學出版社2005年版，第251頁。
〔註34〕 程千帆、吳新雷：《兩宋文學史》，上海古籍出版社1991年版，第2頁。
〔註35〕 程千帆、吳新雷：《兩宋文學史》，上海古籍出版社1991年版，第15、16頁。
〔註36〕 吳文治：《宋詩話全編》第一冊《蔡居厚詩話》，鳳凰出版社1998年版，第629頁。
〔註37〕 同上，第14頁。
〔註38〕 程千帆、吳新雷：《兩宋文學史》，上海古籍出版社1991年版，第17、19頁。

切工巧的追求，使得西崑詩人對於書籍，尤其是對前人詩文（主要是李商隱、唐彥謙作品）的借鑒更勝白體和晚唐體。范仲淹雖然認為「楊大年以應用之才，獨步當世」。但是「學者刻辭鏤意，有希彷彿，未暇及古也。其間甚者專事藻飾，破碎大雅，反謂古道不適於用，廢而弗學者久之」（《尹師魯河南集序》）。客觀上看，西崑體的出現，迎合了北宋中期印本普及，文人階層擴大，以及知識階層文化水平提高的趨勢。故《六一詩話》描述，「楊大年與錢劉數公唱和，自《西崑集》出，時人爭傚之，詩體一變」〔註 39〕。而劉攽《中山詩話》亦載：「祥符天禧中，楊大年、錢文僖、晏元獻、劉子儀以文章立朝，為詩皆宗尚李義山，號『西崑體』，後進多竊義山語句。」按歐陽修所言，西崑體流行，經歷亂世的老輩先生皆以其多典故、語言生僻為弊。從側面證實，由於印本增加，新進文人憑藉書籍閱讀，所知曉的典故、辭彙也在增加。由此，導致詩歌已不像從前那般「平易」。而「時人爭傚之」，甚至「剽竊」李商隱詩句，更證明了書籍閱讀、借鑒對於西崑體流行的貢獻。

西崑之後，歐陽修、梅堯臣、蘇舜欽主導了詩歌革新。〔註 40〕梅堯臣等人的革新需要滿足兩方面的追求：一是提供適應宋代平民社會特徵的文學語言，其詩歌表達絕不可以走向「西崑」一路；二是呈現平民階層所追求的詩歌審美趣味，此種詩歌要盡力追求更豐富的審美意味，恢復人們心目中的「詩性」。由此，南宋曾季貍認為呂本中《江西宗派序》「論詩不及梅聖俞，似可恨也。詩之有聖俞，猶文之有穆伯長也」（《艇齋詩話》）。

作為宋詩的開山祖師，梅堯臣除了開拓詩歌題材，倡導平淡詩風，其革新更表現為「運用了樸素的散文化的句法，進一步發揮了韓、歐以文為詩的傳統」〔註41〕。然「平淡」並不等於「淺俗」。梅堯臣作詩「覃思精微，以深遠閒淡為意」，認為「詩句義理雖通，語涉淺俗而可笑者，亦其病也」（《六一詩話》）。這樣的說法，亦如宋代葛立方所謂：「大抵欲造平淡，當自組麗中來，落其華芬，然後可造平淡之境，……今之人多作拙易語，而自以為平淡，識者未嘗不絕倒也」（《韻語陽秋》卷 1）。此後，蘇軾、王安石相繼登上文壇，進一步推動了宋詩的發展。最終，形成了嚴羽所謂「近代諸公乃作奇特解會，遂

〔註39〕 （清）何文煥：《歷代詩話》卷上，中華書局 1981 年版，第 270 頁。
〔註40〕 北宋的宋祁並不認同這一觀點。《宋景文公筆記》（卷上）載：「天聖初以來，縉紳間為詩者益少。惟故丞相晏公殊、錢公惟演、翰林劉公筠數人而已。……其後石延年、蘇舜欽、梅堯臣，皆自謂好為詩，不能自名矣。」
〔註41〕 程千帆、吳新雷：《兩宋文學史》，上海古籍出版社 1991 年版，第 69 頁。

以文字爲詩，以才學爲詩，以議論爲詩，……且其作多務使事，不問興致，用字必有來歷，押韻必有出處」（《滄浪詩話》）〔註42〕的狀態，詩歌「學問化」趨勢也漸漸凸顯了出來。

除了蘇軾、王荊公，黃庭堅也是宋詩「學問化」的代表。熙寧年間，黃庭堅在葉縣任職。這一時期，因閱讀了《晉史》，其詩多有晉代典故。如《觀崇德墨竹歌》，其《序》曰：「姨母崇德君贈新墨竹圖，且令作歌。」歌曰：「……豈如崇德君，學有古人風。揮毫李衛讓神筆，彈琴蔡琰方入室。道韞九歲能論詩，龍女早年先悟佛。弈棋樵客腐柯還，吹笙仙子下緱山。……」〔註43〕詩中衛夫人、蔡琰、謝道韞等人，皆成姨母崇德君繪事的注腳；熙寧三年，葉縣作《讀謝安傳》，詩曰：「傾敗秦師琰與玄，矯情不顧驛書傳。持危又幸桓溫死，太傅功名亦偶然。」〔註44〕又借了謝安淡定擊敗前秦的典故。這些詩歌雖與江西詩派所推崇的典範作品尚有差距，卻代表了宋代文人傍書創作的常態。同樣以書爲伴，閱讀寫詩。北宋文同《讀〈淵明集〉》，便有詩曰：「吏人已散門闌靜，公事才休耳目清。匆下好風無俗客，案頭遺集有先生。文章簡要惟華袞，滋味醇醲是太羹。也得將身學歸去，聖時爭奈正昇平。」〔註45〕於是，（宋）陳輔之懷疑杜甫所謂「讀書破萬卷，下筆如有神」，以爲「萬卷人誰不讀，下筆未必有神」。杜甫之所以下筆有神，乃是因爲「老杜能用所讀之書耳」〔註46〕。其實，杜甫所說的讀書卷數難免有誇大之嫌。根據范鳳書「宋代三百年中，有明確文獻記載的藏書家就達七百人」〔註47〕，且那時藏書家有藏書萬卷以上的統計。〔註48〕以唐代擁有千卷抄本即爲藏書家的情形，李白、杜甫處在顛沛流離的旅途，不太可能讀書萬卷。李、杜尚不能夠，唐代詩人中讀書萬卷的人能有幾何？

〔註42〕　（清）何文煥：《歷代詩話》卷下，中華書局1981年版，第688頁。

〔註43〕　按：古人純是詩性思維，天眞。這幾位先人，多與魏晉有關。可見，這一時期黃庭堅讀《晉史》有收穫。熙寧三年，黃庭堅在葉縣集中看了《晉史》。北宋有國子監印本《晉書》130卷。詳見王國維《五代兩宋監本考》中22。又如熙寧元年葉縣作《讀晉史》：「天下放玄虛，誰知與道俱。唯餘范武子，乃是晉諸儒。」

〔註44〕　熙寧三年，黃庭堅在葉縣集中看了《晉史》。北宋有國子監印本《晉書》130卷。詳見王國維《五代兩宋監本考》卷22。

〔註45〕　吳文治：《宋詩話全編》第1冊，鳳凰出版社1998年版，第340頁。

〔註46〕　同上，第336頁。

〔註47〕　范鳳書：《中國私家藏書史》，大象出版社2001年7月版，第60頁。

〔註48〕　同上，第7頁。

對比唐代，宋代政局穩定，又有印本售賣襄助，宋人「讀書破萬卷」的可能性更大。據陳岩肖《庚溪詩話》（卷上）記載，仁宗皇帝極爲賞識蘇軾。「一日與近臣論人材，因曰：『軾方古人孰比？』近臣曰：『唐李白文才頗同。』上曰：『不然，白有軾之才，無軾之學。』」造成李白與蘇軾學問上的差異，背後的原因就是印本帶給宋人的讀書閱讀量，明顯超越了書籍有限的唐人。所以，莫礪鋒說：「北宋的文化事業比較發達，造紙業和印刷業空前地興旺。……國家和民間的藏書都非常豐富，人們有條件博覽群書。所以，北宋的詩人大多數是讀破萬卷的學問家，他們做起詩來也就比唐人更喜歡用典故，顯學問，並且喜歡在這些方面爭奇鬥巧。」〔註49〕

第三節　唐宋詩歌學問運作程序

宋人學杜、學韓，自然也學「無一字無來處」，學習「讀書破萬卷，下筆如有神」。黃庭堅評畢憲父作詩，稱其「按其筆，語皆有所從來，不虛道，非博極群書者不能讀之昭然」（《畢憲父詩集序》）。對於宋詩，學者向來有「以學問爲詩」的評價。然而，正如錢鍾書所說，詩不分唐宋，「非曰唐詩必出唐人，宋詩必出宋人」〔註50〕。唐人也有「以學問爲詩」者，如杜甫、韓愈、李商隱等人。只是因爲抄本在保存和傳播方面的局限，印本傳播卻給宋人更多依傍學問創作的可能。西崑詩人以典故入詩，歐陽修善化古人詩句，王安石以史料入詩，以及蘇軾、黃庭堅揮灑才學作詩〔註51〕，都坐實了「宋人以學問爲詩」的公論。

正如美國學者米勒所言，「任何詩歌依賴於它之前的詩歌或將之前的詩歌作爲寄生物包容在身，所以具有寄生性，是另一種形式的宿主宿客永恆的顛倒往復」〔註52〕。此種寄生關係，表現在魏野、潘閬、九僧等詩人的詩句中，總是隱約能可見唐人詩歌的影子。「馬放降來地，雕盤戰後雲」（宇昭《塞上贈王太尉》）、「春生桂嶺外，人在海門西」（希晝《懷廣南轉運陳學士狀元》），前兩句有李白《戰城南》的影子，後兩句則有唐人邊塞詩的痕跡。這樣的依賴和借鑒，

〔註49〕莫礪鋒：《江西詩派研究》，齊魯書社1986年版，第11頁。
〔註50〕錢鍾書：《談藝錄》，生活・讀書・新知三聯書店2007年版，第3頁。
〔註51〕羅山鴻：《淺論宋詩「以學問爲詩」的形成過程》，《上海師範大學學報》（哲社版）2001年第3期，第80頁。
〔註52〕Miller，J.Hillis.「The Critic as Host」in Critical Inquiry，Spring.1977：441～447.轉引自《二十世紀西方文論》，北京大學出版社2006年版，第305頁。

或許即如文兆所謂「不是師兄偷古句，古人詩句犯師兄」（《湘山野錄》卷中），寄生和宿主的關係也很難分辨。劉攽說：「杜工部有『峽束蒼江起，岩排石樹圓』，頃蘇子美遂用『峽束蒼江，岩排石樹』作七言句。子美豈竊詩者，大抵諷古人詩多，則往往爲己得也」（《中山詩話》）。他認爲蘇舜欽不可能剽竊杜甫，造成此種情況的原因是宋人寫詩，與古人思路不期而遇。不知孰是誰非？南宋范晞文也認爲，「詩人發興造語，往往不約而合」（《對床夜語》卷 4）。然而，宋人的閱讀依賴卻是客觀存在的事實，只不過晚唐體依賴、打劫的詩歌範圍太過狹窄罷了。其中固有「打劫者」好惡選擇的原因，抄本種類數量的局限也更爲明顯。

古典詩歌辭匯與書籍閱讀

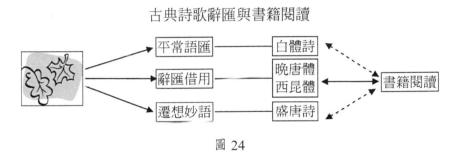

圖 24

「空山不見人，但聞人語響」（《鹿柴》）。王維詩句雖然沒有借鑒的痕跡，但是這類「空」的詩句，如「空山新雨後」（《山居秋暝》）、「夜靜春山空」（《鳥鳴澗》），都有禪宗的影子。佛經日誦夜思，對於王維的影響早已潛移默化，「空」字比較「青」、「蒼」「深」等字，可以有「無限」的指代可能，意涵非空，實爲豐富。於是，當景物呈現眼前時，那篤信釋家的大腦徑直以「空」的意象構建起禪境，而不須硬搬前人的貨色。如「積雨空林煙火盡，蒸藜炊黍餉東菑」（《積雨輞川莊作》）兩句詩，「空林」不等於「無樹」，反而是森林茂密。這裡的「空」，其實是「無人」打擾的「自然」。然而，「煙火」、「蒸藜炊黍」又與「空林靜寂」相悖，可見王維享受的是不擾自己，「靜觀」的自然環境。故才有「山中習靜觀朝槿，松下清齋折露葵」的超然生活狀態。

通常情況，唐詩能讓讀者感同身受，不能說完全與書籍無關，但是唐詩更加發諸詩人內心。宋詩依傍前人好句，依賴書頁典籍，感受出來時，卻又聯想到書籍那裡去了。如王安石《鍾山絕句》：「澗水無聲繞竹流，竹西花草弄春柔。茅簷相對坐終日，一鳥不鳴山更幽。」活脫是王籍「蟬噪林逾靜，鳥鳴山更幽」（《入若耶溪》）與王維「月出驚山鳥，時鳴春澗中」（《鳥鳴澗》）的

改良融合。曾季狸由此嘲諷，「蓋鳥鳴即山不幽，鳥不鳴即山自幽矣，何必言更幽乎？此所以不如南朝之詩為工也」（《艇齋詩話》）。由此，蘇軾批王安石改革如改詩，皆從古人得意處下手。〔註53〕此後，王安石陸續作了集句詩達百韻，「皆集合前人之句，語意對偶，往往親切過於本詩。後人稍稍有效而為者」（《夢溪筆談》卷14）。像王安石這樣讀書多，學問滿腹的人，沒法不去想古人寫過的詩句〔註54〕，眼前感興被學問牽著走，進而思忖「鳥鳴山更幽」之外，鳥不叫山未必不幽，有可能更幽靜。於是，情緒受了節制，感受之外，徒增了「理致思考」的環節。故錢鍾書認為宋詩以筋骨思理取勝。〔註55〕所謂理致，即是思維邏輯性和條理性，而與感覺距離較遠。即如王安石《戲示穎叔》詩云：「但怪傳呼殺風景，豈知禪客夜相投」。禪客悄然夜訪本不願聲張，然傭僕的「傳呼」卻是大煞風景。詩人創作已多了思維辨析，知其表象的弊病。

　　儘管李白批判六朝詩歌「自從建安來，綺麗不足珍」，然唐人寫詩也是有借鑒的，李白、杜甫恰是學習六朝詩最好的詩人。猶如王彥輔所言「古之善賦詩者，工於用人語，渾然出於己意。予於李杜見之」（《杜工部草堂詩話》卷2）。唐人之間，詩句也常有借鑒。如司空曙「雨中黃葉樹，燈下白頭人」（《喜外弟盧綸見宿》）詩句，與王維「雨中山果落，燈下草蟲鳴」（《秋夜獨坐》）詩句頗近似，又與白居易「樹初黃葉日，人欲白頭時」（《途中感秋》）、馬戴「落葉他鄉樹，寒燈獨夜人」（《灞上秋居》）、李商隱「黃葉仍風雨，青樓自管絃」（《風雨》）的詩意勾連。只是當時「詩家不以為襲也」（《對床夜語》卷4），而此詩也確是詩人有感外弟盧綸探望的「感興之作」。然而，讀書多了也是一種負累，感性的唐人卻少有完全借助閱讀的理性思維融入。因此，因科舉規模擴大，文人學問加身，宋詩形成的創作程序是——即便情景感興，總不免想起學問、經驗，經由理致思考之後，以「掉書袋」或「互文複義」呈現出多維的作品形態。

　　南宋嚴羽檢討本朝詩歌，不滿意蘇軾、黃庭堅的創作。他提倡盛唐詩，貶斥江湖派倡導的晚唐詩，蓋因盛唐詩人「直抒胸臆」，用「不說出來」的方法，

〔註53〕　（宋）方勺《泊宅編》（卷1）載：「元祐中，東坡帥杭，予自江西來應舉，……因預薦送，遂獲遊公門。公嘗云：『介甫初行新法，異論者譊譊不已。嘗有詩云：山鳥不應知地盡，亦逢春暖即啾啾。』又更古詩『鳥鳴山更幽』作『一鳥不鳴山更幽』。」

〔註54〕　《二程集·遺書》（卷第2上）載：「上又嘗稱介甫，顥對曰：『王安石博學多聞則有之，守約則未也。』」

〔註55〕　錢鍾書：《談藝錄》，中華書局1984年版，第2頁。

達到了「說不出來」的境界。簡單地說，盛唐詩人具有「言辭表達感覺」的「語言智慧」，而宋代詩人更有結合書本閱讀的「學問智慧」。因此，錢鍾書認為嚴羽所謂「推源漢魏以來而絕然謂當以盛唐為法」，「依然把流當作源，他並未改變摹仿和依傍的態度，只是摹仿了另一個榜樣，依傍了另一家門戶」〔註56〕。同樣，徐俯提倡詩學六朝詩人，認為「若學詩而不知有《選》詩，是大車無輗，小車無軏」，與「近世人學詩，止於蘇黃，又其上則有及老杜者」（《艇齋詩話》），與嚴羽只學盛唐並無本質的區別。他們都是將「流」當作了「源」，沒有找準詩學的核心在於詩人的自我感受，以及使用適當文辭寫出獨特的感受。其實，模仿盛唐詩若得其精髓，並無不可，關鍵就是抒臆感懷。只是，問題仍然是「言辭如何才能更好地『抒臆』或『感懷』」呢，是自鑄偉辭，還是假借文字？

在我看來，盛唐與晚唐詩歌的區別，一個是以切身感受描繪，另一個是通過借用古人語句描繪，力求貼合自己的感受。借鑒者，則以他人語辭應景，思考曲折，抒臆便不能直接。崔顥《黃鶴樓》詩云：「昔人已乘黃鶴去，此地空餘黃鶴樓。黃鶴一去不復返，白雲千載空悠悠。晴川歷歷漢陽樹，芳草萋萋鸚鵡洲。日暮鄉關何處是，煙波江上使人愁。」陸游入蜀過武昌，問老吏，知黃鶴樓舊址正對鸚鵡洲（《入蜀記》卷5）。可見，崔顥詩中描寫的正是登上黃鶴樓可見的景色，詩人借景抒愁而已。除「芳草萋萋」有「兼葭萋萋」的痕跡，再無假借的嫌疑。盛唐詩惟在興趣，實指詩人感興所致，情趣使然的創作。「欲窮千里目，更上一層」，又何嘗不是作者的感興與妙悟呢？實際上，「感興」是一個動態的造詩（興）的過程，唐代殷璠稱之為「興象」（《河嶽英靈集‧集論》）。既有「感物而興」，又有「興（聯想）成意象」的意思。王運熙解釋，「興象」大抵是指自然景物（象）和詩人由此觸發的感受（興）。「它既包含作家濃鬱的情思，又包含外界事物的生動形象，主客觀互相融合，形成情景交融，其內涵與意境比較接近」〔註57〕。又如張戒評杜詩，「子美之志，其素所蓄積如此，而目前之景，適與意會，偶然發於詩聲，六義中所謂興也」（《歲寒堂詩話》卷下）。因此，我認為「興象」，既可靜態地看作形成意境的詩歌意象，又可以動態地解釋為——詩人已有思想積累，受外物刺激，「觸景而得」構成詩歌的「意象」，以及詩歌意象引發閱讀者想像，形成意境的過程。「象」得以「興」，

〔註56〕錢鍾書：《宋詩選注‧序》，生活‧讀書‧新知三聯書店2007年版，第16頁。
〔註57〕王運熙、顧易生：《中國文學批評史新編》上冊，復旦大學出版社2006年版，第191頁。

既因眼前的「象」，又因詩人（或讀者）的思維學養，足以聯想形成腦海中的主觀意識圖像，進而形成詩歌「意象」，所以稱爲「興象」。李益《同崔邠登鸛雀樓》，眼前看到的是「鸛雀樓西百尺牆，汀洲雲樹共茫茫」〔註58〕。興象過後，既有「漢家簫鼓隨流水，魏國山河半夕陽」的歷史感慨，便能道出「事去千年猶恨速，愁來一日即知長」（《墨客揮犀》卷2）的感悟。

如果嚴羽提倡盛唐詩，只是簡單模仿盛唐詩句，那麼他只是「看見了病徵，卻沒有診出病源，所以不知道從根本上去醫治」〔註59〕。然而，從嚴羽的創作實踐來看，錢鍾書認爲，儘管他「力竭聲嘶」，如「嗓子不好的人學唱歌」，其「作品裏倒還有現實感，並非對世事不見不聞，像參禪入定那樣加工精製的麻木」〔註60〕。這說明，「寫出切身感受」確是嚴羽未曾明言，卻是其理論推衍認同的詩歌創作準則。只是宋詩流弊至南宋，多數詩人已是用閱讀取代體驗，以借鑒代替自己的創造。宋代詩人及江西詩派最大的毛病就是「沒感覺」，或者捕捉不到自己的感覺。因爲受到禪宗「不立文字」的影響，一方面，嚴羽認爲「詩有別材，非關書也；詩有別趣，非關理也」（《滄浪詩話》）。但是另一方面，嚴羽也認爲「然非多讀書，多窮理，則不能極其至」（《滄浪詩話》），故學詩者若求妙悟，需取漢魏之詩、晉宋之詩、南北朝之詩、沈宋王楊盧駱陳拾遺之詩、開元天寶諸家之詩、李杜之詩、大曆十才子之詩、元和之詩、晚唐諸家之詩，及至本朝蘇黃以下諸家之詩而熟參之。〔註61〕要做到如此看似矛盾的統一，關鍵是作者要將書籍與自己的閱歷結合起來，需要對生活有更多的參悟。正是依據強幼安《唐子西文錄》、文珦《潛山集》卷3《哭李雪林》、《潛山集》卷5《周草窗吟稿號「蠟屐」爲賦古詩》等相關記載，錢鍾書才說，韓愈所謂「無書不讀，然止用以資爲詩」（《登封縣尉盧殷墓誌》）的觀念在宋代非常流行。〔註62〕然而，僅是讀書仍然不夠，還需詩人有「別趣」（新奇的趣味），對生活有感悟。如劉攽所說，詩歌都會涉及用事，「能令事如己出，天然渾厚，乃可言詩」（《中山詩話》）。宋詩雖有理致之勢，卻又有平衡形象與融

〔註58〕沈括《夢溪筆談》（卷15）載：「河中府鸛雀樓，三層。前瞻中條，下瞰大河。唐人留詩者甚多，唯李益、王之渙、暢諸三篇能狀其景。李益詩曰：『鸛雀樓西百尺牆，汀洲雲樹共茫茫。漢家簫鼓隨流水，魏國山河半夕陽；事去千年猶恨速，愁來一日即知長。風煙並在思歸處，遠目非春亦自傷。』」。

〔註59〕錢鍾書：《宋詩選注·序》，生活·讀書·新知三聯書店2007年版，第16頁。

〔註60〕錢鍾書：《宋詩選注》，生活·讀書·新知三聯書店2007年版，第435頁。

〔註61〕（清）何文煥：《歷代詩話》，中華書局1981年版，第686、687頁。

〔註62〕錢鍾書：《宋詩選注·序》，生活·讀書·新知三聯書店2007年版，第13頁。

舊創新的難題。「妙悟」一說，源出禪宗「頓悟」，實質是人們對於事物心有感悟後的結果，這與嚴羽「推崇盛唐，注重感興」的主張十分契合，只是因爲詩歌雅蘊，需要將「感悟」以更爲「奇妙」、「絕妙」的語言說出，故將此種感悟稱爲「妙悟」。

　　胡適說過，「詩須要用具體的做法，不可用抽象的說法。凡是好詩，都是具體的；越偏向具體的，越有詩意味。凡是好詩，都能使我們腦子裏發生一種——或許多種——明顯逼人的影像。這便是詩的具體性」（《談新詩》）〔註63〕。詩歌向來以形象生動取勝，即便稍有哲理，也不敢奪了讀者的聯想與智慧，反而期待讀者的閱讀感受。故宋人「理致思考」的詩歌，通常表現爲兩種狀態，某些詩可以體現出詩人的妙悟哲理，而有些詩人借鑒他人詩句，依然能夠還原出某些生活的「質感」。秦觀《春日五首》（其一）詩曰：「一夕輕雷落萬絲，霽光浮瓦碧參差。有情芍藥含春淚，無力薔薇臥曉枝。」直接將傍晚霽光中，下雨給人「絲」般的亮感呈現出來，又將雨後芍藥上的雨珠移入了情感，給人以春日芍藥流淚的感受。用字平常且精準，狀物生動傳神，全因作者細膩的感受。由此，薔薇臥枝的自然現象也有了幾分美人的倦態。王安石《北山》詩曰：「北山輸綠漲橫陂，直塹回塘灔灔時。細數落花因坐久，緩尋芳草得歸遲。」此詩頗有王維「坐久落花多」（《從岐王過楊氏別業應教》）、劉長卿「芳草獨尋人去後」（《長沙過賈誼宅》）詩句的影子，但卻眞的還原了荆公在北山（南京紫金山）閒居，日長無事，看到、感受到的情景——綠塘波光，閒坐數著落花，流連於芳草而忘了歸返。又，黃庭堅《和答元明黔南贈別》詩云：「萬里相看忘逆旅，三聲清淚落離觴。朝雲往日攀天夢，夜雨何時對榻涼？急雪脊令相併影，驚風鴻雁不成行。歸舟天際常回首，從此頻書慰斷腸。」此詩用典繁富，先後化用了《古樂府》「猿鳴三聲落沾裳」、宋玉《高唐賦序》「旦爲朝雲，暮爲行雨」、白居易《雨中招張司業宿》「能來同宿否，聽雨對床眠？」、謝朓《之宣城出新林浦向板橋》「天際識歸舟，雲中辨江樹」等詩句。表面上，這首詩表達了黃庭堅對於兄長離去的難捨之情，然而細細品味，由於每句詩都優先考慮了借鑒並重新鍛造他人詩句，遲滯了情感，竟而將詩人情感的質感與深度給丟失了。除了「夜雨何時對榻涼」、「從此頻書慰斷腸」這些共性情境，尚有動人的感覺，詩中難以看到屬於詩人自己的獨特感受和領悟。反而是「小黠大癡螳捕蟬，有餘不足夔憐蚿」（《寺齋睡起二首》），更有詩人「妙悟」的特質。

―――――――――――――

〔註63〕　胡適：《胡適學術代表作》上卷，安徽教育出版社2007版，第59頁。